ERIC HOBSBAWM

Bandidos

ERIC HOBSBAWM

Bandidos

Tradução de
DONALDSON M. GARSCHAGEN

9ª edição

Paz & Terra
Rio de Janeiro
2023

copyright©2000 Eric Hobsbawm

First published by Weidenfeld & Nicolson, Londres

Traduzido do original em inglês: Bandits

Tradução: Donaldson M. Garschagen

Direitos de edição da obra em língua portuguesa no Brasil adquiridos pela EDITORA PAZ E TERRA. Todos os direitos reservados. Nenhuma parte desta obra pode ser apropriada e estocada em sistema de bancos de dados ou processo similar, em qualquer forma ou meio, seja eletrônico, de fotocópia, gravação etc., sem a permissão do detentor do copyright.

Editora Paz e Terra Ltda.
Rua Argentina, 171, 3° andar – São Cristóvão
Rio de Janeiro, RJ – 20921-380
http://www.record.com.br

Seja um leitor preferencial Record.
Cadastre-se e receba informações sobre nossos lançamentos e nossas promoções.
Atendimento e venda direta ao leitor:
sac@record.com.br

Texto revisado segundo o Acordo Ortográfico da Língua Portuguesa de 1990.

CIP-BRASIL. CATALOGAÇÃO NA FONTE
SINDICATO NACIONAL DOS EDITORES DE LIVROS, RJ

H599b
9.ed.

Hobsbawm, Eric J. (Eric J.), 1917-2012
    Bandidos / Eric J. Hobsbawm; tradução de Donaldson M. Garschagen. – 9.ed. – Rio de Janeiro: Paz e Terra, 2023.
    252p.:il.

    Tradução de: Bandits
    Apêndices
    Inclui índice

    ISBN 978-85-7753-119-6

    1. Bandidos e salteadores. I. Título

10-0804

CDD 364.1552
CDU 343.91:343.711-0519

Impresso no Brasil
2023

Sumário

	Lista de ilustrações	7
	Prefácio	9
	Retrato de um bandido	15
1	Bandidos, Estados e poder	21
2	O que é banditismo social?	35
3	Quem são os bandidos?	51
4	O ladrão nobre	65
5	Os vingadores	83
6	Os *haiduks*	97
7	A economia e a política do banditismo	111
8	Os bandidos e a revolução	127
9	Os expropriadores	143
10	O bandido como símbolo	163
Apêndice A:	As mulheres e o banditismo	171
Apêndice B:	A tradição do bandido	175
Pós-escrito		195
	Leituras complementares	231
	Índice	241

Lista de ilustrações

1. Dick Turpin (Weidenfeld Archive)
2. Robin Hood — página de uma balada (Weidenfeld Archive)
3. Robin Hood retratado por volta de 1700 (Weidenfeld Archive)
4. Robin Hood — folheto publicado em 1769 (Weidenfeld Archive)
5. Errol Flynn no papel de Robin Hood (National Film Archive)
6. Louis-Dominique Cartouche (Roger-Viollet, PRIS)
7. Johannes Bückler, conhecido como "Schinderhannes" (Weidenfeld Archive)
8. A execução de Johannes Bückler (Weidenfeld Archive)
9. Folha de rosto do drama de Schiller Os ladrões (Weidenfeld Archive)
10. Bandidos modernos da Córsega (Weidenfeld Archive)
11. O bandoleiro (Weidenfeld Archive)
12. Fantoches sicilianos (A. Ucello / Weidenfeld Archive)
13. Representação popular do banditismo na Catalunha (MAS)
14. Giuseppe Musolino (Weidenfeld Archive)
15. A região da Barbagia, na Sardenha (National Film Archive)
16. O salteador romantizado (Weidenfeld Archive)
17. Salvatore Giuliano vivo (Keystone Press / Hulton Getty)
18. Salvatore Giuliano morto (Keystone Press / Hulton Getty)
19. Cena do filme de Francesco de Rosi sobre Salvatore Giuliano (National Film Archive)
20. A Sardenha na década de 1960 (Camera Press)
21. Jesse James (Weidenfeld Archive)

22. Os irmãos James como heróis de ficção popular (Weidenfeld Archive)
23. Henry Fonda no filme *Jesse James* (National Film Archive)
24. Lampião, o famoso bandido-herói do Brasil (Editora Gráfica/ Weidenfeld Archive)
25. Cena do filme *O cangaceiro* (1953) (National Film Archive)
26. Pancho Villa
27. Panayot Hitov (Academia de Ciências Búlgara/Weidenfeld Archive)
28. Giorgios Volanis (Instituto de Estudos Balcânicos)
29. Constantine Garefis com seu bando (Instituto de Estudos Balcânicos)
30. Sandor Rósza, o famoso bandido-guerrilheiro húngaro (Museu Nacional Húngaro)
31. Cena do filme *Szegénylegények* (1966, no Brasil, *Os sem esperança*), de Miklós Jancsó (National Film Archive)
32. Representações de Wu Sung e Chieh Chen, do século XVI (Weidenfeld Archive)
33. Execução de piratas de Namoa
34. Um Pindari (Weidenfeld Archive)
35. "Kamo" (Semyon Arshakovitch Ter-Petrossian) (Novosti Press Agency)
36. Francisco Sabaté ("El Quico") (Coleção do autor)
37. *Cabeças de salteadores*, de Salvador Rosa (Weidenfeld Archive)
38. *Chefe de bandidos*, de Salvador Rosa (Weidenfeld Archive)
39. O bandido selvagem, de Goya (MAS)
40. *Bandido dos Apeninos*, de Sir Charles Eastlake (Weidenfeld Archive)
41. *Ned Kelly*, de Sidney Nolan (Arts Council)

Prefácio

EM ALGUM MOMENTO, no começo da década de 1950, percebi com surpresa um fato curioso: a vida de certos tipos de bandidos era cercada exatamente pelas mesmas histórias e pelos mesmos mitos, que os mostravam como portadores de justiça e redistribuição social em toda a Europa. Na verdade, como ficou cada vez mais claro, em todo o mundo. Se seguirem a prescrição do Dr. Samuel Johnson, segundo a qual

>   deve a observação, com uma visão ampla,
>   examinar a humanidade da China ao Peru,

os leitores deste livro os encontrarão nesses dois países e, na realidade, em todos os continentes habitados. Essa descoberta serviu de base a um ensaio: "O bandido social", primeiro capítulo do livro *Primitive Rebels* (Manchester, 1959), em que eu analisava formas arcaicas de movimentos sociais. Dez anos depois, com base em novos estudos, sobretudo na América Latina, esse livro foi ampliado e tornou-se a primeira edição do presente livro (*Bandits*, Londres, 1969). Na verdade, essa obra veio a constituir o ponto de partida dos estudos contemporâneos sobre a história do banditismo, uma área em rápido crescimento. (Grande parte desses estudos — seguramente desde a crítica de Anton Blok em 1971 — não aceita a tese do "banditismo social", ao menos em sua forma original.) Edições posteriores (da Penguin Books, 1971, e de uma editora americana, Pantheon Books, 1981), ambas esgotadas atualmente, revisaram e ampliaram o texto original e levaram em conta o grande volume de novos materiais e aquelas críticas que me pareceram pertinentes. O que o leitor tem em mãos agora é a edição revista de *Bandidos*.

Houve três razões principais para que eu a preparasse, além do fato de várias editoras ainda julgarem que o livro não perdeu seu interesse. A primeira, e mais óbvia, é que desde 1981 apareceram várias obras importantes sobre a história do banditismo — sobre bandidos da China, da Turquia otomana e dos Bálcãs, da América Latina, da área do Mediterrâneo e de várias regiões mais remotas, para não falar da longamente esperada biografia de Pancho Villa, de Friedrich Katz. Esses trabalhos não só acrescentaram novos materiais à historiografia, como também ampliaram bastante a maneira como podemos refletir sobre o banditismo na sociedade. Fiz o melhor possível para levar em conta nesta edição essas análises. (Por outro lado, a apreciação crítica a respeito da tese de *Bandidos* permanece mais ou menos onde estava.)

Em segundo lugar, a rápida desintegração do poder e da administração por parte do Estado em muitas partes do mundo, bem como o notável declínio da capacidade até mesmo de países fortes e desenvolvidos para manter o nível do "império da lei" que criaram nos séculos XIX e XX, estão novamente familiarizando os leitores com o tipo de condições históricas em que viceja o banditismo endêmico e, às vezes, epidêmico. Diante da Chechênia contemporânea, interpretamos a explosão de banditismo no Mediterrâneo de uma maneira diferente da que fazíamos na década de 1960.

A terceira razão é que o próprio autor, embora orgulhoso de ter sido o fundador de todo um ramo da história, não pode resistir à tentação de tentar responder à questão levantada pela recensão que um bom historiador fez há dez anos de dois livros sobre o banditismo: "Pouca coisa da tese de Hobsbawm ainda continua de pé."[1] Se isso fosse mesmo verdade, não haveria motivo para uma nova edição de *Bandidos*. O livro estaria simplesmente anacrônico e seria impossível salvá-lo mediante uma mera revisão e correções pontuais, embora talvez merecesse ser lido como um documento de sua época. Em minha opinião, não é esse o caso de *Bandidos*. As principais críticas à tese original são examinadas na primeira parte do Pós-escrito a esta edição, que modifica e amplia o Pós-escrito incluído na edição de 1981.

Não obstante, mais de trinta anos após a primeira publicação do livro, é claro que tanto sua tese quanto sua estrutura requerem uma certa reformulação substancial, assim como atualização. Foi o que tentei fazer, basicamente inserindo o banditismo, sobretudo o banditismo social, de modo mais sistemático no quadro político — de senhores e Estados, das estruturas e estratégias de ambos — em que ele atua. Embora essa dimensão do tema esteja presente em edições anteriores do livro, procurei agora, mais claramente do que antes, ver "a (...) história *política* do papel do banditismo (...) [como] central".[2]

Levei em conta também a crítica mais convincente levantada contra o livro — o uso que fiz de canções e histórias de bandidos, tanto para traçar a natureza do *mito* do bandido social, quanto, de forma hesitante, para ver "até que ponto os bandidos fazem jus ao papel social que lhes foi atribuído no drama da vida camponesa". Está claro agora que eles não podem, de maneira alguma, ser usados com sensatez para a segunda finalidade. Seja como for, os homens identificáveis em torno dos quais se formaram esses mitos eram na vida real muito diferentes de sua imagem pública (inclusive muitos daqueles mencionados como "bandidos bons" nas versões iniciais deste livro). Também está claro agora que eles não podem ser usados para a primeira finalidade sem uma plena análise prévia desse gênero de composição literária, das transformações do público, de suas tradições, *topoi*, modos de produção, reprodução e distribuição. Em suma, as baladas, como as fitas gravadas de história oral, acham-se contaminadas pela forma como passaram de geração a geração. Ainda assim, elas podem e devem ser usadas para certos fins. Espero que eu não tenha, desta vez, ultrapassado os limites do bom senso ao fazê-lo.

Por conseguinte, esta é uma edição substancialmente ampliada e revista, ainda que os nove capítulos originais e o Apêndice "Mulheres e banditismo" (agora Apêndice A) — ainda que modificados onde necessário —, não tenham sido reescritos em profundidade. Os principais acréscimos em relação à última edição britânica (1971) são os seguintes: (1) um texto introdutório, "Retrato de um bandido" (originalmente publicado como a maior parte do prefácio à edição americana de 1981); (2) um novo capítulo, intitulado "Bandidos, Estados e poder"; (3) um Apêndice B, "A tradição do bandido" e um "Pós-escrito" em duas partes (modificado e ampliado em relação ao da edição de 1981). Como mencionei, esse novo Pós-escrito examina as críticas a meu trabalho e também analisa a sobrevivência de atividades que constituem a tradição clássica do banditismo no fim do século XX. Os prefácios às edições anteriores foram omitidos.

A título de agradecimento, só preciso repetir o que disse na edição original. A maior parte do livro fundamenta-se em materiais publicados e em informações obtidas junto a amigos e colegas cientes de meu interesse pelo assunto (ou, no mais das vezes, prestadas por eles com entusiasmo) e em seminários, em vários países, que criticaram as teses do livro e me conduziram a fontes adicionais. Minhas dívidas para com o crescente volume de estudos sobre o banditismo são reconhecidas com alegria e satisfação, tanto mais porque grande parte desses estudos, a partir de 1969, baseia-se em pesquisas primárias estimuladas pela primeira edição de *Bandidos*. Meu próprio contato direto como o assunto do livro foi reduzido. O capítulo 9 baseia-se em várias semanas de pesquisa, em 1960, sobre a carreira de proscritos anarquistas catalães, que eu não poderia ter realizado sem a ajuda de M. Antoine Tellez, de Paris, e sem os contatos por ele intermediados. A tese fundamental do capítulo 4 foi confirmada por um dia na companhia de Don José Avalos, de Pampa Grande, na província de Chaco, Argentina, fazendeiro e ex-sargento da polícia rural. Em 1981, depois de uma conferência sobre bandidos e proscritos na Sicília, tive a oportunidade de me avistar com dois ex-membros do bando de Salvatore Giuliano e com outras pessoas que tiveram contato direto com suas atividades. Todavia, devo mais a vários amigos e colegas na Colômbia, na Itália e no México que tiveram contatos pessoais bem mais amplos com o mundo dos marginais armados. Devo muito a Pino Arlacchi e, com relação à Colômbia, a Carlos Miguel Ortiz, Eduardo Pizarro e Rocío Londoño e seus amigos, alguns já falecidos. Minha dívida para com a obra de Gonzalo Sánchez e Donny Meertens fica evidente no texto.

Londres, junho de 1999
E. J. Hobsbawm

Notas

1. William Doyle, "Feuds and Law and Order", *London Review of Books*, 14 de setembro de 1989, p. 12.
2. Cf. E. J. Hobsbawm, Introdução a G. Ortalli, org., *Bande armate, banditi, banditismo e repressione di giustizia negli stati europei di antico regime*, Roma, 1986, p. 16.

Retrato de um bandido

A MELHOR MANEIRA DE PENETRAR no assunto complicado que é o "banditismo social", tema deste livro, é através da história de um bandido social. Eis aqui uma. Foi redigida por um aluno desconhecido da Universidade de Adis Abeba, Etiópia, cuja dissertação me foi fornecida por seu professor. Na época em que recebi esse documento, baseado em informantes locais e em fontes jornalísticas em inglês e tigrínia, não me foi confiado o nome do autor, por motivos relacionados à conturbada situação política da Etiópia e da Eritreia na época. Se por acaso esta edição chegar a suas mãos e ele desejar se fazer conhecer, ficarei mais do que feliz por reconhecer minha dívida para com ele.

Aqui, pois, de forma um tanto sumária, vai a história de Weldegabriel, o mais velho dos irmãos Mesazgi (1902/3-1964). Que ela própria fale por si.

> No tempo em que a Eritreia era uma colônia italiana, o pai de Weldegabriel, camponês da vila de Beraquit, no distrito de Mereta Sebene, morreu na prisão, onde se achava por ser um dos representantes da vila que se opunham à nomeação de um novo governador distrital que não era natural dali. A viúva culpou o impopular governador pela morte do marido e quis uma vendeta de sangue, mas seus filhos eram jovens demais, a opinião das pessoas do lugar estava dividida com relação à culpa do governador e, de qualquer forma, os italianos haviam proibido as rixas de sangue. Seus quatro filhos cresceram e se estabeleceram pacificamente como agricultores. Weldegabriel se alistou nas tropas coloniais como ascari*

---

*Nos países do norte da África, soldado que servia nos exércitos coloniais. (N. do T.)

e, com dois de seus irmãos, serviu com os italianos na Líbia durante a guerra ítalo-etíope de 1935-1936 e na ocupação de Etiópia (1936-1941). Depois da vitória britânica, voltaram para casa com algumas economias, noções de italiano e um bom conhecimento de armas e qualificações militares, e continuaram dedicados à agricultura. Weldegabriel tinha sido um bom soldado e fora promovido a suboficial.

A ordem colonial italiana havia desmoronado e os ingleses administravam provisoriamente o território. Nas turbulentas circunstâncias do pós-guerra, o banditismo floresceu e os numerosos ascaris desmobilizados constituíam uma reserva natural de possíveis recrutas para os bandos. Os empregos eram escassos e os italianos continuavam a discriminar os eritreus. Os imigrantes etíopes tinham menos oportunidades ainda. Nas montanhas, os grupos étnicos atacavam-se uns aos outros, competindo pela terra e pelo gado. Recomeçaram as rixas de sangue, já que não havia mais uma administração italiana para impedir o cumprimento desse dever sagrado. Além disso, naquela situação o banditismo parecia proporcionar perspectivas razoáveis de carreira, pelo menos durante algum tempo. Os irmãos Mesazgi entraram para criminalidade por via da antiga rixa de família, embora seja possível que as privações da vida civil os tenha estimulado a retomar a vendeta.

Quis o destino que o governador do distrito, filho do homem que podia ser apontado como responsável pela morte do pai dos irmãos Mesazgi, também se tornasse malquisto por motivos muito semelhantes aos do pai: por nomear para determinado cargo um membro de um clã minoritário, radicado na aldeia de Beraquit mas nascido em outro lugar. Weldegabriel foi encarcerado por fazer-lhe oposição em nome do povoado, mas, posto em liberdade ao fim de um ano, passou a ser alvo de mais ameaças. Os irmãos decidiram matar o novo governador — isso era legítimo de acordo com as leis da vendeta — e com isso em vista se divorciaram de suas mulheres, para que a polícia não as punisse, e com o divórcio recuperaram a liberdade de movimentos sem a qual os fora da lei não podem agir. Depois de matá-lo a tiros, refugiaram-se numa floresta próxima, onde os amigos e parentes lhes levavam alimentos e o que mais precisassem. A maioria dos conterrâneos os apoiava como defensores dos direitos da aldeia, e de qualquer maneira os irmãos não podiam ofender seus antigos vizinhos roubando deles.

Como era natural, o clã minoritário e os parentes do governador se opuseram a eles e ajudavam as autoridades britânicas. Os Mesazgi se abstiveram de matá-los, mas procuraram, com bastante sucesso, dificultar-lhes a vida no lugar. A maior parte deles foi embora dali, e a popularidade dos irmãos aumentou, porque a terra dos que partiram ficou à disposição dos outros aldeões. Entretanto, os demais habitantes do distrito os consideravam simples bandidos porque havia dúvidas sobre a legitimidade da rixa de sangue. Eram tolerados porque tinham o cuidado de não molestar as pessoas do lugar, desde que os deixassem em paz.

Como necessitavam de mais apoio, entre outros motivos, para atormentar a família do governador, os irmãos começaram a ir de uma aldeia a outra, instando os camponeses a não trabalhar nos terrenos atribuídos ao governador e a reparti-los entre eles. Valendo-se de uma mistura de persuasão e de coerção, administrada judiciosamente, convenceram várias aldeias a denunciar aqueles direitos semifeudais, e com isso eles puseram fim ao direito dos senhores de dispor de terra e mão de obra grátis no distrito de Mereta Sebene. A partir desse momento, deixaram de ser vistos como simples bandidos e passaram a ser considerados bandidos "especiais" ou sociais. Por isso gozavam de proteção contra os policiais que as autoridades enviaram à região para combatê-los — à custa dos aldeões. Como a polícia os isolasse de suas fontes de abastecimento, os irmãos tiveram que passar a assaltar na estrada principal da região. Outros bandidos se uniram a eles. Mas como roubar de compatriotas eritreus podia dar origem a novas rixas, preferiam roubar de italianos. Um dos irmãos foi morto, e, para se vingarem, os outros dois começaram a matar todos os italianos que encontravam, e com isso ganharam fama de paladinos dos eritreus. Embora provavelmente não tenham matado mais de onze, a opinião local exagerou suas façanhas e lhes atribuiu as habituais qualidades heroicas e a invulnerabilidade do bandido social. Em torno deles formou-se um mito. E além disso, como as estradas se tornaram perigosas para os motoristas italianos, os eritreus foram autorizados a dirigir, coisa que antes a administração italiana e a britânica lhes proibiam. A medida foi bem acolhida porque representava um aumento de *status* social e por causa dos empregos que agora ficaram ao alcance deles. Muita gente dava vivas aos filhos de Mesazgi e dizia: "Graças a eles agora podemos dirigir carros". Os irmãos haviam entrado para a política.

Nessa época (1948) a incerteza com relação ao futuro da ex-colônia complicava a política na Eritreia. Os defensores da união com a Etiópia se opunham aos partidários de várias fórmulas para uma futura independência da Eritreia. Unionistas de destaque procuraram o apoio dos bandidos e quase todos os cristãos o aceitaram, pois esse apoio lhes dava uma sensação de identidade e segurança contra os partidários da independência, entre os quais predominavam os muçulmanos. No entanto, conquanto os irmãos apoiassem a união, como homens sensatos não matavam eritreus por motivos políticos, a fim de evitar rixas de sangue, e Weldegabriel tampouco incendiava casas ou colheitas. A Etiópia proporcionava aos bandidos não só armas e dinheiro, como também refúgio do outro lado da fronteira. Todavia, ainda que Weldegabriel contribuísse para o terror contra a Eritreia, a fim de convencê-la a uma federação com a Etiópia, e lutasse contra os muçulmanos, fazia questão de não se envolver a si mesmo ou seu distrito natal, Mereta Sebena, em lutas que não a afetassem diretamente.

Depois que a ONU finalmente aprovou a federação, os bandidos perderam o apoio dos unionistas e do governo etíope. Quase todos foram anistiados em 1951, mas Weldegabriel resistiu até 1952 e foi um dos quatorze bandidos que os ingleses consideraram demasiado perigosos para permitir-lhes ficar na Eritreia. Por isso, os ingleses tomaram providências para que se asilassem na Etiópia, onde receberam do imperador um pouco de terra na província de Tigré e um subsídio mensal. Infelizmente, agora eram eles os estrangeiros, e os camponeses do lugar se mostraram hostis. O imperador lhes prometeu terras num lugar mais tranquilo, um subsídio melhor e educação gratuita para seus filhos, mas a promessa nunca se concretizou. Pouco a pouco, todos os bandidos, exceto Weldegabriel, voltaram para a Eritreia.

Weldegabriel poderia ter regressado para Beraquit, já que era um membro respeitado da comunidade depois de abandonar o banditismo. Tinha voltado a se casar com sua mulher, pois agora ela não corria mais risco algum, e ele, por seu lado, já não tinha de levar uma vida errante. Mas como os parentes do falecido governador, seus inimigos, ainda eram poderosos em Mereta Sebene, e Weldegabriel e sua família continuavam a ter uma rixa de sangue com eles, preferiu passar o resto da vida em Tigré. Morreu com 61 anos em um hospital de Adis Abeba. Em Beraquit foi realizado um serviço fúnebre por ele. Segundo informou um jornal da Eritreia, muitos eritreus importantes compareceram à solenidade e cantores fúnebres louvaram seus feitos. Os patriotas eritreus se dividem com relação a Weldegabriel: um bandido popular, mas um bandido que contribuiu para fazer com que seu país fizesse parte da Etiópia. No entanto, suas ideias políticas não eram as do século XX. Eram as antigas ideias políticas de Robin Hood em luta com o xerife de Nottingham.

É possível que para os leitores ocidentais, no terceiro milênio de seu calendário, a carreira de homens como os filhos de Mesazgi pareça estranha e de difícil compreensão. Espero que os capítulos que seguem ajudem a explicá-la.

1
BANDIDOS, ESTADOS E PODER

> *Exigia que o chamassem de "Senhor"*
> *Aqueles traidores de seu bando,*
> *Seus superiores desprezava:*
> *Queria ser mais (...)*
>
> *Ó vós, gente humilde e desarmada,*
> *apegai-vos aos campos e os roçados,*
> *deixai de carregar essas pistolas:*
> *cavar é o que mais vos convém (...)*
> *Voltai aos trabalhos rurais (...)*
> *Não volteis a perturbar o mundo.*
>
> Balada sobre a morte do bandido
> Giacomo del Gallo, 1610[1]

NAS MONTANHAS E NAS FLORESTAS, bandos de homens violentos e armados, fora do alcance da lei e da autoridade (tradicionalmente, mulheres são raras), impõem suas vontades a suas vítimas, mediante extorsão, roubo e outros procedimentos. Assim, o banditismo desafia simultaneamente a ordem econômica, a social e a política, ao desafiar os que têm ou aspiram a ter o poder, a lei e o controle dos recursos. Esse é o significado histórico do banditismo nas sociedades com divisões de classe e Estados. O "banditismo social", o tema deste livro, é um aspecto desse desafio.

Portanto, como fenômeno específico, o banditismo não pode existir fora de ordens socioeconômicas e políticas que possam ser assim desafiadas. Por exemplo — e isso, como veremos, é importante —, nas sociedades sem Estado, onde a "lei" assume a forma de rixas de sangue (ou de acordo negociado entre os parentes dos culpados e os das vítimas), os que matam não são proscritos, e sim, por assim dizer, beligerantes. Só se transformam em proscritos e são puníveis como tais onde são julgados de acordo com um critério de ordem pública que não é o seu.*

Desde o surgimento da agricultura, da metalurgia, das cidades e da escrita (por exemplo, da burocracia) os camponeses viveram, em geral, em sociedades nas quais veem a si próprios como um grupo coletivo separado e inferior ao grupo dos ricos e poderosos, embora seja frequente que, individualmente, seus membros dependam de um ou outro deles. O ressentimento está implícito nessa relação. Como demonstram os versos do poetastro da cidade, o banditismo faz com que essa possível rejeição da inferioridade seja explícito, pelo menos no mundo dos homens. Com sua simples existência, implica um desafio à ordem social. Não obstante, antes do advento da moderna economia capitalista, as relações sociais e econômicas mudavam lentamente, e isso quando chegavam a mudar. É quase certo que a balada sobre Giacomo del Gallo tivesse mais ou menos o mesmo significado para seus ouvintes de Bolonha em qualquer momento compreendido entre os séculos VIII e XVIII, muito embora, como veremos, provavelmente ele não fosse chamado de "bandido" antes do século XVI.²

Portanto, do ponto de vista social, a história do banditismo se divide em três partes: seu nascimento, quando as sociedades ante-

---

*O conto *The Two Drovers*, de Walter Scott, ilustra à perfeição esse conflito de leis. Durante uma viagem às cidades do sul, um tropeiro das Highlands da Escócia discute com um criador inglês por causa de pastagens. O inglês derruba o escocês e este o mata, já que, de acordo com seus princípios, só assim poderia vingar o insulto. O juiz inglês que julga o escocês por assassínio diz aos jurados que, segundo sua própria lei, o réu não é um criminoso, e sim um homem que cumpriu seu dever. No entanto, de acordo com a lei do Reino Unido, eles não têm opção senão condená-lo como criminoso.

riores ao bandido passam a fazer parte de sociedades com classes e Estado; sua transformação a partir da ascensão do capitalismo, local e mundial; e sua longa trajetória sob Estados e regimes sociais intermediários. A primeira parte, que em alguns aspectos parece a mais remota do ponto de vista histórico, na realidade não o é, porque o banditismo como fenômeno de massa pode surgir não só quando as sociedades sem classes opõem resistência à ascensão ou à imposição de sociedades de classes, como também quando as tradicionais sociedades de classes rurais resistem ao avanço de outras sociedades de classes, outros Estados ou outros regimes rurais (por exemplo, a agricultura sedentária contra o pastoreio nômade ou transumante), urbanos ou estrangeiros. Com efeito, como veremos, como expressão dessa resistência coletiva o banditismo tem sido historicamente muito comum, sobretudo porque, nessas circunstâncias, goza de considerável apoio por parte de todos os elementos de sua sociedade tradicional, inclusive por parte dos detentores do poder. É isso que têm em comum a economia seminômade dos pastores dos clãs, da qual tradicionalmente saía a maior parte dos bandidos dos Bálcãs e da Anatólia,[3] os *gauchos* livres dos pampas da Argentina oitocentista, que resistiam à cidade e às leis burguesas sobre a propriedade junto com seus caudilhos rurais, e os cafeicultores colombianos do século XX, que protegem "seus" bandidos. Todos resistem à invasão do poder da autoridade e do capital procedentes de fora.[4]

À parte essa situação especial, o banditismo, como fenômeno social na longa segunda fase de sua história, está relacionado à classe, à riqueza e ao poder nas sociedades camponesas. Referindo-se à situação em sua ilha natal, a Sardenha, no começo do século XX, Antonio Gramsci disse: "a luta de classes se confunde com o banditismo, a chantagem, o incêndio premeditado de florestas, a mutilação do gado, o sequestro de mulheres e crianças, os ataques contra repartições municipais".[5] Como veremos, na medida em que o banditismo continua a existir no campo, numa era de capitalismo plenamente desenvolvido, ele expressa, mais do que qualquer outra coisa (exceto, talvez, a aversão a um governo remoto), o ódio dirigido contra os que emprestam dinheiro e ligam os agricultores ao mercado em geral.

Há, no entanto, uma diferença importante entre o banditismo das duas primeiras fases e o da terceira. É a fome. Durante os séculos XIX e XX, nas regiões de agricultura capitalista onde existe banditismo — penso nos Estados Unidos, na Argentina e na Austrália —, a população do campo já não corria perigo de morrer de fome. Na maioria das regiões clássicas de banditismo na Idade Média e no começo da era moderna (por exemplo, em torno do Mediterrâneo), os camponeses viviam constantemente à beira da fome. "O ritmo da fome determinava a estrutura básica do ritmo do banditismo."[6] A grande época do cangaço brasileiro começa com a mortífera seca de 1877-1878 e alcança seu apogeu quantitativo com a de 1919.[7] Ou, como dizia o antigo provérbio chinês: "É melhor infringir a lei que morrer de fome."[8] As regiões pobres eram regiões de bandidos. Os meses do ano agrícola em que o alimento escasseava e não havia muito o que fazer no campo eram a temporada dos roubos. Quando inundações destruíam os cereais, multiplicava o banditismo.

Entretanto, o que interessa ao historiador social e econômico é principalmente a estrutura do banditismo, social ou de outro tipo, mais que os efeitos das atividades dos bandidos na história geral dos acontecimentos de seu tempo. E, na verdade, a maioria dos bandidos que chegaram a ser figuras autenticamente famosas em canções e histórias é de pessoas de âmbito e horizontes puramente locais. Seus nomes e os detalhes de suas façanhas importam pouco. Com efeito, para o mito do bandido, a realidade de sua existência pode ser secundária. Poucas pessoas, nem sequer os ratos de biblioteca, se interessam realmente por identificar o Robin Hood original, se é que essa pessoa existiu realmente. Sabemos que Joaquín Murieta, da Califórnia, é uma ficção literária. Apesar disso, ele é parte do estudo estrutural do banditismo como fenômeno social.

Do ponto de vista político, a história do banditismo é muito mais impressionante. O que aconteceu é importante, e às vezes de maneira bastante significativa. Muitos reis e imperadores começaram como chefes de bandidos, como — segundo foi informado — o imperador Tewodros (Teodoro) II, que governou a Etiópia no período 1855-1858, ou o guerreiro Chang Tsolin (Zhang Zuo-lin), que governou a Manchúria entre a queda do Império Chinês e a conquista japonesa. Aliás, já houve quem argumentasse, com certa plausibilidade, que José Antonio Artigas, o fundador do Uruguai como república independente, tanto da Argentina quanto do Brasil, começou sua carreira como bandido ou antes ladrão de gado e contrabandista profissional, o que não é tão diferente.[9] Ademais, a história do banditismo é em grande parte a história de suas ocasionais explosões de massas — a transformação de uma situação modestamente endêmica em numerosos ambientes geográficos em epidemias generalizadas ou até mesmo — como já se argumentou no caso de China durante a década de 1930 — em uma pandemia. De fato, a história moderna do banditismo, a história levada a sério, começa provavelmente com a descoberta por Fernand Braudel (em seu magnífico livro sobre o Mediterrâneo) da extraordinária explosão de banditismo em toda a área mediterrânea nas últimas décadas do século XVI e na primeira do século XVII.[10]

Isto porque a história do *poder*, isto é, da capacidade de controlar pessoas e recursos por meio da coerção, foi submetida a uma variedade e uma mutabilidade muito maiores que as estruturas da ordem econômica e social, cuja transformação foi lenta.

Portanto, para compreender o banditismo e sua história devemos vê-lo no contexto da história do poder, ou seja, do controle, por parte dos governos ou outros centros de poder (no campo, principalmente os donos da terra e do gado), daquilo que sucede nos territórios e entre as populações sobre as quais pretendem exercer controle. Esse controle se limita sempre a determinados territórios e populações, já que até hoje todos os Estados ou pretendentes ao poder, inclusive os impérios mais poderosos, sempre tiveram que coexistir com outros territórios e populações que se acham fora de seu alcance. De mais a mais, mesmo dentro de seu suposto alcance, durante a maior parte da história o poder esteve limitado por três causas: porque os meios de controle de que as autoridades dispunham eram inadequados para seu propósito; porque a adequação desses meios de controle depende até certo ponto da disposição dos súditos a obedecer e de sua capacidade de evitar obedecer; e porque (em parte por essa razão) as autoridades só tentavam controlar diretamente algumas áreas da vida de seus súditos. Mesmo hoje em dia, por exemplo, o governo da Colômbia não consegue controlar várias áreas de seu território, a não ser mediante incursões militares periódicas, e o Royal Ulster Constabulary sabe que em alguns bairros de Belfast com maior concentração de católicos, o policiamento *de facto* é feito não pelo Estado, e sim por agressivos esquadrões de "republicanos".

Os bandidos, por definição, resistem a obedecer, estão fora do alcance do poder, são eles próprios possíveis detentores do poder e, portanto, rebeldes potenciais. Na verdade, a palavra bandido provém do italiano *bandito*, que significa um homem "banido", "posto fora da lei" seja por que razão for, ainda que não surpreenda que os proscritos se transformassem facilmente em ladrões. De início os "bandidos" eram meramente membros de grupos armados que não pertenciam a nenhuma força regular. (O sentido moderno da palavra data de fins do século XV.) Já *bandoleros*, que é o nome que comumente se dá aos bandidos em castelhano, derivou do termo catalão que designava membros de grupos armados que participavam das agitações e dos conflitos civis que tomaram conta da Catalunha entre os séculos XV e XVII "e que mais adiante degeneraram em banditismo".[11] *Celali* era o nome dado aos bandidos dos séculos XVI e XVII no Império Otomano, que, segundo um estudo recente, serviam antes para reforçar o poder do sultão que para debilitá-lo; no entanto, o termo vem da rebelião (islâmica heterodoxa) ideológica de Seyh Celal em 1519, que levou o governo "a usar o nome para justificar a repressão aos bandidos, mesmo quando eles nada tinham do conteúdo ou da viabilidade rebelde dos *celali* originais".[12] Segundo fui informado, um conhecido dicionário amárico define os *shiftas* do Chifre da África como bandidos que, tendo rejeitado a autoridade do rei ou imperador, vivem nas florestas ou no deserto, causam perturbações e se negam a pagar impostos ou tributos; em suma, como ladrões-rebeldes. E, pelo menos na China tradicional, o vínculo potencial entre o banditismo e a derrubada periódica das dinastias era um lugar-comum do pensamento político.

Por conseguinte, a história do banditismo, inclusive do banditismo social, não pode ser entendida nem adequadamente estudada exceto como parte da história do poder político, o qual, em seus níveis mais altos, é o poder dos impérios e dos Estados. Nas sociedades de classes anteriores à era do capitalismo moderno, o poder da coerção física, em última análise, era também o fundamento principal do poder econômico. Ou seja, o principal mecanismo para a apropriação da riqueza excedente gerada por aqueles que realmente a produziam — basicamente a partir da terra — era a força ou a ameaça de força.[13] Não é mais esse o caso, ainda que o poder político, isto é, a possibilidade de coerção física, continue a ser o fundamento da receita que os Estados arrancam aos habitantes de seus territórios. A recusa a pagar impostos é um delito sujeito às penas da lei, e a recusa a obedecer à lei é punida com o cárcere.

Durante a maior parte da história da sociedade agrícola, o poder político sob o qual viviam as comunidades de camponeses comuns em circunstâncias normais era local ou regional. Viviam sob o mando de senhores, com ou sem o benefício de parentesco ou o apoio sobrenatural, que podiam mobilizar os homens e construir sistemas de força e clientela. Os reinos ou impérios, onde existiam, eram antes visitantes ocasionais que residentes permanentes, mesmo onde o rei ou o imperador conseguia substituir — ou pelo menos complementar — a lei local pela lei e pelos juízes do Estado, como na

Inglaterra medieval e no Império Otomano (entre seus súditos muçulmanos sunitas). Na realidade, a maior parte do poder enfeixado nas mãos do rei ou imperador, à parte seu poder como grande cliente ou senhor, era exercido por mediação de clientes locais ou radicados em localidades, clientes esses que respondiam mais a negociações do que a ordens.

A força dos senhores e dos Estados era grande, mas intermitente. Sua fraqueza decorria do fato de carecerem dos meios materiais, inclusive das forças da coerção e da lei, para exercer um controle *constante* sobre suas populações — inclusive da parte desarmada delas — ou de algum controle real sobre as áreas mais inacessíveis de seus territórios. Isso acontecia até mesmo no caso de poderosos locais, que estavam mais próximos de sua terra e de sua gente que os príncipes distantes. Seja como for, num mundo de muitos senhores e de rivalidades entre famílias em geral havia espaço para a evasão. A própria instituição da marginalidade formalizada, da qual os bandidos recebem este nome, indica a superficialidade do sistema de poder. *Todo mundo* tinha direito de matar o proscrito, porque nenhuma autoridade estava em condições de aplicar-lhe sua lei.

Se examinamos os Estados, o contraste é especialmente notável. Nos últimos dois séculos e meio, a faculdade de exercer o controle físico concentrou-se cada vez mais no chamado Estado territorial ou "Estado nacional", que reivindica e exerce, por meio do aparelho de funcionários públicos ou autorizados pelo Estado, um monopólio praticamente absoluto do poder sobre tudo aquilo que sucede dentro de suas fronteiras. O aparelho do Estado central chega diretamente a todas as pessoas no território nacional; e, ao menos nas democracias, todos os cidadãos adultos, por terem o direito de voto, têm contato direto com o governo nacional porque o elegem. Os poderes desse governo são imensos, muito superiores, mesmo nas democracias liberais, aos que tinham os maiores e mais despóticos impérios antes do século XVIII. Na verdade, foi essa concentração de poder no moderno Estado territorial que acabou por eliminar o banditismo rural, endêmico ou epidêmico. No fim do século XX parece que essa situação talvez esteja para terminar, e as consequências dessa regressão do poder do Estado ainda não podem ser previstas.

Tendemos a esquecer que antes do século XIX nenhum Estado cujo território não pudesse ser atravessado a pé em um ou dois dias possuía um conhecimento suficiente, atualizado com regularidade, de quem nascia, vivia e morria dentro de suas fronteiras. Ninguém era capaz de identificar sequer pessoas fora de seus domicílios ou até mesmo — como indica o estudo do caso de "Martin Guerre", feito por Natalie Davis — no interior deles.[14] Nenhum Estado, antes da estrada de ferro e do telégrafo, antepassados da moderna revolução das comunicações, podia saber o que ocorria em suas áreas mais distantes ou enviar seus agentes com rapidez suficiente para que agissem. Dificilmente um Estado antes do século XIX podia pretender controlar suas fronteiras, tentava controlá-las ou, na realidade, tinha fronteiras demarcadas claramente. Nenhum Estado antes do século XIX tinha capacidade de manter uma força de polícia rural eficaz que atuasse como agente direto do governo central e abarcasse todo o território. Com efeito, fora do Império Otomano, nenhum Estado europeu antes do século XVII tinha capacidade de manter um exército nacional permanente, recrutado, pago e administrado diretamente pelo governo central. Além disso, por mais que reis e príncipes desejassem restringir a posse e o uso de armas a seus próprios servidores, isso era algo que não estava a seu alcance. Nas sociedades feudais organizadas, quase todos os camponeses tinham sido desarmados — a situação era bastante diferente nas áreas desorganizadas e nas zonas de fronteira —, mas não os nobres e os ricos. Só no século XIX tornou-se possível o monopólio efetivo das armas por parte do Estado, e, de fato, os governos ocidentais, com algumas exceções notáveis, como os Estados Unidos, procuraram eliminá-las quase por completo da vida não oficial, até mesmo da aristocracia — e, aliás, conseguiram fazê-lo, pelo menos até a década de 1970.

Assim, antes do triunfo do moderno Estado nacional o poder esteve limitado pela incapacidade dos governos centrais de exercer um monopólio efetivo dos armamentos, por sua incapacidade de manter e suprir continuamente um corpo de servidores armados e civis suficientemente numeroso, e, naturalmente, pela insuficiência técnica das informações, das comunicações e dos transportes. Em todo caso, até nos reinos e impérios mais formidáveis a força física, fosse ela dos governantes ou de senhores de menor importância ou até mesmo — como mostra o excelente filme *Os sete samurais*, de Kurosawa — de comunidades rurais que procuravam defender-se, dependia de uma reserva de guerreiros que pudessem ser mobilizados em casos de especial necessidade e de uma reserva desses guerreiros que estivessem disponíveis de forma mais ou menos permanente. Por outro lado, o poder político era medido pelo número de guerreiros que um líder pudesse mobilizar com regularidade.

A debilidade do poder propiciava o potencial para o banditismo. Com efeito, até mesmo os impérios mais fortes — o Chinês, o antigo Império Romano em seu apogeu[15] — consideravam que certo grau de banditismo era normal e endêmico nas áreas fronteiriças dedicadas ao pastoreio e em zonas congêneres. Contudo, onde a estrutura de poder era estável, a maior parte dos bandidos potenciais, a menos que vivessem fora de seu alcance, tendia a ligar-se àqueles que pudessem recompensá-los: como servidores ou sicários e agentes dos senhores, como soldados, guardas ou policiais dos Estados. Como fenômeno de massa (vale dizer, como ação independente de grupos de homens violentos e armados), o banditismo somente ocorria onde o poder era instável, estava ausente ou havia entrado em colapso. Nessas situações, o banditismo passava a ser epidêmico, ou até pandêmico, como aconteceu às vezes na China entre a queda do império e a vitória dos comunistas. Em tais momentos, líderes independentes de homens armados podiam penetrar eles próprios no mundo do poder real, do mesmo modo como, em outra época, clãs de cavaleiros e salteadores nômades haviam conquistado, por terra ou por mar, reinos e impérios. E é claro que, mesmo para aqueles que não nutriam grandes ambições sociais, políticas ou ideológicas, as oportunidades de roubar eram muito maiores do que em outras ocasiões. A época das guerras do século XVII na Alemanha, tal como a era das guerras revolucionárias francesas, foram a idade de ouro dos bandos de salteadores (ver adiante, p. 128). Com o declínio ou até mesmo a ruptura e dissolução do poder do Estado a que estamos assistindo no fim do século XX, é possível que grande parte do mundo esteja voltando a entrar em uma era semelhante.

Não obstante, nos últimos quinhentos anos da história do banditismo, o poder raras vezes esteve ausente ou desestruturado durante tempo suficiente para que os líderes de grupos armados autônomos se vissem como importantes atores independentes no cenário político e social. Raras vezes tiveram força suficiente para isso. Fossem quais fossem suas próprias ideias ou objetivos, tinham que ser realistas no plano político. Sua melhor atitude consistia em manter certo grau de autonomia e, sem jamais comprometer-se inteiramente com nenhum lado, negociar com quem estivesse disposto a pagar o preço mais alto por seu apoio, ou seja, com aqueles que não fossem capazes de atingir seus objetivos sem esse apoio. Mas, em última análise, tinham que chegar a um acordo com os centros de poder superior que se dispusessem a tolerá-los, ou sucumbir.

Daí as constantes negociações entre o governo e os grupos ou comunidades armados e independentes no Império Otomano — os combatentes das montanhas que podiam opor resistência ao Estado ou a seus agentes, ou a ambos ao mesmo tempo. Por isso, durante a Segunda Guerra Mundial, os emissários britânicos não conseguiram provocar um levante contra os ocupantes alemães e italianos entre os clãs marciais livres e declaradamente não comunistas das montanhas da Albânia. Foi-lhes dito (pelo genro de Winston Churchill) que, se não se sublevassem, era inevitável que o futuro da Albânia depois da guerra caísse nas mãos do movimento de resistência comunista, mas, embora não fizessem objeção quanto a lutar contra quem quer que fosse, eles não se convenceram. A proposta de pôr em risco o futuro do clã fechando todas as suas opções políticas — exceto uma, evidentemente — não fazia nenhum sentido em seu mundo. Como veremos (pp. 136-137), um conflito parecido de estratégias e táticas pôs fim à simbiose entre bandidos e comunistas na Revolução Chinesa. Para os bandidos, os comunistas eram apenas um grupo entre vários possíveis aliados ou clientes provisórios. Na prática não eram diferentes dos líderes guerreiros independentes ou dos japoneses, embora teoricamente talvez se aproximassem mais que os outros da ideologia da grande narrativa de bandidos da China imperial, o *Shuihu Zhuan*. Para os comunistas, um apego sentimental à tradição das rebeliões de bandidos, e até mesmo o recrutamento de grande número de bandidos por parte do jovem Exército Vermelho, não podiam ocultar o fato de que a longo prazo a libertação nacional e social não deveria ser conquistada dessa maneira.

Assim sendo, de que modo o elemento social do banditismo, que defende os fracos contra os fortes, os pobres contra os ricos, os que buscam justiça contra o governo dos injustos, se enquadra na história política do banditismo, que faz dos bandidos homens poderosos que logicamente são atraídos para o universo do poder? É o que espero explicar nos capítulos seguintes.

Notas

1. G. C. Croce, *Barzeletta sopra la morte di Giacomo del Gallo famosissimo bandito*, Bolonha, 1610, versos 26-29, 131-154.
2. Giovanni Cherubini, "La tipología del bandito nel tardo medioevo", in G. Ortalli, org., op. cit., p. 353.
3. Fikret Adanir, "Heiduckentum und osmanische Herrschaft: Sozialgeschichtliche Aspekle der Diskussion um das fruehneuzeitliche

Räuberwesen in Sudosteuropa", *Sudost-Forschungen,* XLI (1982), pp. 43-116.
4. Ver Gonzalo Sánchez e Donny Meertens, *Bandoleros, gamonales y campesinos: el caso de la violencia en Colombia,* Bogotá, 1983, e meu prefácio para esse livro.
5. Antonio Pigliaru, *Il banditismo in Sardegna: La vendetta barbaricina,* Varese, 1975, p. 419.
6. Bronislaw Geremek, "II pauperismo nell'eta preindustriale", *Einaudi Storia "Itália",* vol. V, Turim, 1973, p. 695.
7. Billy Jaynes Chandler, *The Bandit King: Lampião of Brazil,* A & M Press, Texas, 1978. Edição brasileira, *Lampião: o rei dos cangaceiros* Rio de Janeiro, Paz e Terra, 1981, p. 27.
8. Phil Billingsley, *Bandits in Republican China,* Stanford, 1988, p. 20. Ver também p. 16: "A pobreza (...) sempre espreitava por trás da eterna presença dos bandidos, e a fome dava um forte impulso à marginalidade. Um bandido capturado em Sichuan, por exemplo, disse ao militar que o interrogou que a razão pela qual tinha entrado para o banditismo estava em seu estômago, como poderiam verificar se por acaso se dessem ao trabalho de abri-lo. Intrigado, o oficial assim procedeu, depois da execução: o estômago do homem não continha nada senão capim."
9. Hugo Chumbita, "El bandido Artigas", *Todo Es Historia,* n° 356, Buenos Aires, março de 1997, p. 8-27.
10. Fernand Braudel, *The Mediterranean and the Mediterranean World in the Age of Phillip II.* Paris, 1949, ed. orig.
11. P. Imbs, org., *Trésor de la langue francaise,* vol. 4, Paris, 1975, v. "brigand"; J. Corominas, *Diccionario etimológico de la lengua castellana,* vol. 1, Berna, 1954, v. Bando II (edição de 1992, Londres, segunda parte, 5.3, citado *in* Luigi Lacché, *Latrocinium, giustizia, scienza pénale e repressione del banditismo in antico regime,* Milão, 1988, p. 45).
12. Karen Barkey, *Bandits and Bureaucrats: The Ottoman Route to State Centralization.* Ithaca-Londres, 1994, pp. 153-154.
13. "Os impérios aristocráticos (despóticos) caracterizavam-se por operações de espoliação: quando as elites queriam mais, não pensavam em termos de aumento da produtividade (...) Simplesmente apertavam e oprimiam com mais força, e em geral encontravam um pouco

de suco escondido. Às vezes, erravam no cálculo e espremiam com força excessiva, o que podia acarretar fugas, distúrbios e oportunidades para a rebelião." David S. Landes, *The Wealth and Poverty of Nations*, Nova York-Londres, 1998, p. 32.

14. Ver Daniele Marchesini, "Banditi e identitá", *in* G. Ortalli, op. cit., pp. 471-478.
15. Brent D. Shaw, "Bandits in the Roman Empire", *Past & Present*, 105 (1984), pp. 3-52.

2
O QUE É BANDITISMO SOCIAL?

Somos tristes, é verdade, mas porque somos sempre perseguidos. Os nobres usam a pena; nós, a carabina. Eles mandam na planície; nós, nas montanhas.

Um velho salteador de Roccamandolfi[1]

Se um bandido típico deseja uma longa carreira, deve ser ou parecer um filantropo, mesmo matando e roubando da melhor forma que puder. De outra forma, arrisca-se a perder apoio popular e a ser tomado por um assassino ou ladrão comum.[2]

PARA A LEI, QUEM QUER QUE PERTENÇA a um grupo de homens que atacam e roubam com violência é um bandido, desde aqueles que se apoderam do salário recém-recebido de um trabalhador numa esquina de cidade até rebeldes ou guerrilheiros organizados que não sejam oficialmente reconhecidos como tal. Hoje em dia eles tendem a ser descritos, de forma igualmente indiscriminada, como "terroristas", o que é um sinal do declínio histórico da imagem do bandido na segunda metade do século XX. No entanto, os historiadores e sociólogos não podem utilizar uma definição tão vaga. Trataremos neste livro de apenas alguns tipos de ladrões, ou seja, aqueles que a opinião pública não considera criminosos comuns. Trataremos essencialmente de uma forma de rebelião individual ou minoritária nas sociedades camponesas. Por conveniência, omitiremos o equivalente urbano do bandido-rebelde rural, e pouco nos referiremos aos inúmeros facínoras rurais que não são camponeses nem por nascimento nem por solidariedade, e sim cavalheiros-salteadores empobrecidos. A cidade e o campo são demasiado diferentes, como comunidades humanas, para serem discutidas facilmente nos mesmos termos, e, seja como for, os bandidos rurais, como a maioria dos camponeses, não confiam nos citadinos e os odeiam. A nobreza marginalizada (representada sobretudo pelos "cavalheiros salteadores" da Alemanha, no fim da Idade Média) mistura-se muito mais aos camponeses, mas o relacionamento, que será discutido mais adiante (pp. 58-59, 118-121), é obscuro e complexo.

O principal com relação aos bandidos sociais é que são proscritos rurais que o senhor e o Estado encaram como criminosos, mas que continuam a fazer parte da sociedade camponesa, que os considera heróis, campeões, vingadores, pessoas que lutam por justiça, talvez até mesmo vistos como líderes da libertação e, sempre, como homens a serem admirados, ajudados e sustentados. Nos casos em que uma sociedade tradicional resiste às intromissões e ao avanço histórico de governos centrais e de Estados, nacionais ou estrangeiros, eles podem ser ajudados e apoiados até pelos donos do poder local. É essa relação entre o camponês comum e o rebelde, o proscrito e o ladrão, que confere interesse e significado ao banditismo social. Além disso, ela o distingue de dois outros tipos de criminalidade rural: as atividades de grupos originários do "submundo" profissional ou de meros larápios ("ladrões comuns") e das comunidades para as quais a pilhagem faz parte da vida normal, como, por exemplo, os beduínos. Em ambos os casos, vítimas e atacantes são estranhos e inimigos. Os ladrões profissionais e os pilhadores veem os camponeses como sua presa, e têm consciência de sua hostilidade. Por sua parte, as vítimas veem os atacantes como criminosos, segundo seus próprios termos, e não apenas porque assim diz a lei oficial. Para um bandido social, seria impensável apossar-se da colheita dos camponeses (mas não a do senhor) no próprio território em que ele vive, e talvez também não o fizesse em outro lugar. Por conseguinte, aqueles que assim procedem carecem daquela qualidade peculiar que caracteriza o banditismo "social". É claro que, na prática, tais distinções são muitas vezes menos claras do que na teoria. Um homem pode ser um bandido social em suas montanhas natais e um simples ladrão na planície. Não obstante, a análise exige que estabeleçamos a diferença.

Essa espécie de banditismo social é um dos fenômenos sociais mais universais da história, e um daqueles que apresentam mais espantosa uniformidade. Praticamente todos os casos pertencem a dois ou três tipos claramente inter-relacionados, e suas variações são relativamente superficiais. Ademais, essa uniformidade não decorre de uma difusão cultural, mas constitui reflexo de situações semelhantes nas sociedades camponesas, ocorram elas na China, no Peru, na Sicília, na Ucrânia ou na Indonésia. Geograficamente, o banditismo social é encontrado nas Américas, na Europa, no mundo islâmico, na Ásia meridional e oriental, e até na Austrália. Do ponto de vista social, parece ocorrer em todos os tipos de sociedade humana que se situam entre a fase evolucionária da organização tribal e familiar de um lado e a sociedade capitalista e industrial moderna de outro, mas incluindo as fases de desintegração da sociedade familiar e a transição para o capitalismo agrário.

As sociedades tribais ou familiares praticam correntemente a pilhagem, mas lhes falta a estratificação interna que cria o bandido como uma figura de protesto e rebelião social. Contudo, quando tais comunidades, especialmente aquelas familiarizadas com as rixas de sangue e a pilhagem, como as de caçadores e pastores, desenvolvem seus próprios sistemas de diferenciação de classe, ou quando são absorvidas por sistemas econômicos maiores, construídos sobre o conflito de classes, podem gerar um número desproporcionalmente grande de bandidos sociais, como no Império Otomano do século XV ao XVIII, nos locais onde alguns historiadores praticamente equipararam banditismo e pastoreio. Os melhores exemplos no século XIX ocorrem na zona da Barbagia, na Sardenha, ou no

Kuncság húngaro (a região dos cumanos, um dos últimos grupos de pastores nômades da Ásia Central a se estabelecer na Europa). Quando se estuda essas regiões, é difícil dizer precisamente em que ponto a prática da pilhagem e as desavenças familiares se convertem em banditismo social, quer na forma de resistência aos ricos, a conquistadores ou opressores estrangeiros, quer como resistência a outras forças que estejam destruindo a ordem tradicional das coisas — e tudo isso pode estar ligado nas mentes dos bandidos e, com efeito, na realidade. No entanto, com alguma sorte talvez possamos fixar cronologicamente a transição no espaço de uma ou duas gerações. Nas montanhas da Sardenha, por exemplo, pode-se fixar essa transição no meio século que mediou entre a década de 1880 e a de 1930.

Na outra extremidade do desenvolvimento histórico, os modernos sistemas agrários, tanto capitalistas como pós-capitalistas, já não são os da sociedade camponesa tradicional e deixam de produzir bandidos sociais, salvo nos países com aquilo que tem sido chamado de *"settler capitalism"* — Estados Unidos, Austrália e Argentina. No país que deu ao mundo Robin Hood, o paradigma internacional de banditismo social, não há registros de verdadeiros bandidos sociais após, digamos, o começo do século XVII, embora a opinião pública continuasse a encontrar um substituto mais ou menos inadequado na idealização de outros tipos de criminosos, como o salteador de estradas. Num sentido mais lato, a "modernização" (vale dizer, a combinação de desenvolvimento econômico, comunicações eficientes e administração pública) priva qualquer banditismo, inclusive o social, das condições nas quais floresce. Na Rússia czarista, por exemplo, onde o banditismo era endêmico ou epidêmico em quase todo o país, até meados do século XVIII, no fim daquele século já desaparecera da vizinhança imediata das cidades, e por volta de meados do século XIX já recuara, de modo geral, para as regiões não colonizadas e ainda não pacificadas, sobretudo para aquelas habitadas por grupos étnicos minoritários. A abolição da servidão em 1861 assinalou o fim de uma longa série de decretos governamentais contra o banditismo. O último deles parece ter sido promulgado em 1864.

Visto de outro ângulo, o banditismo social constitui um fenômeno universal, encontrado em todas as sociedades baseadas na agricultura (inclusive nas economias pastoris) e compostas principalmente de camponeses e trabalhadores sem terras, governados, oprimidos e explorados por alguém: por senhores, cidades, governos, advogados ou até mesmo bancos. É encontrado em uma ou outra de suas três formas principais, cada uma das quais será discutida num capítulo próprio: o *ladrão nobre*, ou Robin Hood; o combatente que encarna uma forma primitiva de resistência ou o grupo daqueles que chamarei de *haiduks*; e, possivelmente, também o *vingador* que semeia o terror.*

Não é fácil determinar até que ponto é corrente esse tipo de banditismo. Embora as fontes nos proporcionem, em abundância, exemplos de bandidos, raramente se encontram estimativas quanto ao número total de bandidos em atividade numa dada época ou comparações quantitativas entre o nível de banditismo em diferentes épocas. Devemos, naturalmente, fazer distinção entre a marginalidade rural normal e as regiões e os períodos históricos em que, por uma razão ou por outra, grupos armados grandes e duradouros conseguem se manter ou certas comunidades organizam suas vidas segundo uma combinação regular de atividades agrárias e banditismo. Por exemplo, os mirditas albaneses (católicos romanos), que em 1703 um bispo visitante descreveu, contristado, como sendo *"di genio bellicoso, dediti alle rapine, alli assassini"* ("de índole belicosa, dados à ladroagem e ao homicídio"), ou as "aldeias de bandidos" das montanhas Hen ocidentais da China.

---

*Possivelmente, e quando menos em parte, se deveria fazer uma exceção para as peculiares sociedades hinduístas de castas do sul da Ásia, onde o banditismo social é inibido pela tendência que têm os ladrões, como todos os demais setores da sociedade, a formar castas e comunidades fechadas. Entretanto, como veremos, há afinidades entre alguns tipos de *dacoits* e os bandidos sociais.

Em períodos de colapso do governo, como na era pós-imperial de líderes militares independentes, o número de bandidos podia ser elevado. Se tomarmos como base uma estimativa japonesa para meados da década de 1920, podemos supor que esses bandidos constituíam entre 0,5% e 0,8% da população total da Manchúria, entre 0,7% e 1,0% em Henan e Shandong, não se contando 1,5 milhão de soldados (em toda a China), recrutados em grande parte entre bandidos reais ou potenciais. Mas esta é uma situação de todo excepcional. Em 1962, após o fim da fase mais agitada dos conflitos políticos na Colômbia, os seis departamentos mais conturbados daquele país tinham 161 bandos, com 2.760 membros (estimativas da polícia). Embora esse número seja maior do que o constante em edições anteriores deste livro, não representa mais do que um bandido por mil habitantes da população total das áreas envolvidas.[3] No começo do século XX, havia na Macedônia um número sensivelmente maior de grupos semelhantes, para uma população de, digamos, um milhão de habitantes. No entanto, como eram em grande parte financiados e organizados por vários governos, também representam muito mais do que o banditismo espontâneo a se esperar em tal área. Ainda assim, é duvidoso que o número total de bandidos ultrapasse um ou dois mil.[4]

O nível normal de banditismo era claramente modesto. No século XIX, na Córsega, o número máximo de "foragidos" contados ou de bandidos estimados (para 355 vilarejos) era de 600. Um número entre 200 e 300 seria mais plausível. (Ainda em 1933 supunha-se haver cem proscritos na ilha.)[5] Em 1847, um ano de perturbações moderadas, havia, segundo as autoridades, 600-700 bandidos ativos, distribuídos entre 50-60 bandos na Calábria, tradicionalmente uma região de criminalidade elevada.[6] Na época, sua população total, predominantemente rural, devia girar em torno de um milhão de habitantes. Se considerarmos que os bandidos não constituem mais do que 0,1% da população rural, estaremos, com toda certeza, fazendo uma estimativa mais que generosa.

Existem, decerto, notáveis variações de região para região. Tais variações se devem em parte à geografia, em parte à tecnologia e à administração, e em parte à estrutura social e econômica. Segundo a crença geral, o banditismo floresce em áreas remotas e inacessíveis, tais como montanhas, planícies não cortadas por estradas, áreas pantanosas, florestas ou estuários, com seu labirinto de canais e cursos d'água, e é atraído por rotas comerciais ou estradas importantes, nas quais a locomoção dos viajantes, nesses países pré-industriais, é lenta e difícil. Frequentemente, basta a construção de estradas modernas, que permitam viagens fáceis e rápidas, para reduzir bastante o nível de banditismo. Favorecem-no a ineficiência administrativa e a burocracia. Não foi por acaso que, no século passado, o império dos Habsburgos resolveu o problema do banditismo com mais sucesso do que o decrépito e descentralizado Império Otomano, ou do que regiões fronteiriças — melhor ainda, regiões de fronteiras múltiplas, como a Alemanha central ou as partes da Índia divididas entre os britânicos e os inúmeros principados —, que viviam em perpétuas dificuldades. As condições ideais para o banditismo são aquelas em que os homens que exercem a autoridade são cidadãos naturais do lugarejo, operando em complexas situações locais, e em que uma viagem de poucos quilômetros pode colocar o bandido fora do alcance ou mesmo do conhecimento de um conjunto de autoridades e no território de outras, que não se importam com o que acontece "no exterior". Historiadores já compilaram listas de áreas (na Rússia, por exemplo[7]) particularmente associadas ao banditismo.

Não obstante, esses fatores óbvios não explicam inteiramente as acentuadas e frequentes disparidades regionais, e que levaram o código criminal da China imperial, por exemplo, a estabelecer distinção entre "áreas de banditismo" (como as províncias de Szechuan, Honan, Anhwei, Hupeh, Shansi, partes de Kiangsu e Xantungue) e outras.[8] Nos departamentos peruanos de Tacna e Moquegua, em tudo mais perfeitamente adequados à presença de bandoleiros, não havia banditismo. Por quê? Porque, afirma um historiador, "não existem aqui senhores de terras, monopolizadores do comércio, contratadores de mão de obra, capatazes, nem domínio pleno, absoluto e irrevogável sobre os suprimentos d'água".[9] Em outras palavras, porque era menor a insatisfação dos camponeses. Por outro lado, uma área como Bantam, no norte de Java, era um centro permanente de banditismo no século XIX, mas também um centro permanente de rebelião. Só um cuidadoso estudo regional pode mostrar por que o banditismo era endêmico em certas áreas e débil em outras partes do mesmo país ou da mesma região. Da mesma forma, somente um estudo histórico pormenorizado pode explicar todas as suas variações "diacrônicas". No entanto, podem-se fazer com segurança as seguintes generalizações:

O banditismo tendia a tornar-se epidêmico em épocas de pauperismo ou de crise econômica. O nítido aumento do banditismo no Mediterrâneo em fins do século XVI, para o qual Fernand Braudel chamou atenção, refletiu o acentuado declínio das condições de vida dos camponeses nesse período. Os *aheriya* de Uttar Pradesh (Índia), sempre uma tribo de caçadores, criadores de aves e ladrões, "não se transformaram em assaltantes de estradas senão por ocasião da grande fome de 1833".[10] Numa escala de tempo muito menor, o banditismo nas montanhas da Sardenha na década de 1960 atingia o máximo, a cada ano, sempre que vencia o arrendamento das terras utilizadas pelos pastores. Essas observações são de tal forma óbvias que dispensam maiores explicações. Do ponto de vista do historiador, é mais relevante estabelecer distinção entre as crises que traduzem mudanças históricas de grande envergadura e aquelas de importância secundária, embora a distinção só lentamente venha a ser percebida pelos camponeses envolvidos, se é que chegam a percebê-la.

Todas as sociedades rurais do passado estavam habituadas à escassez periódica — más colheitas e outras crises naturais — e a catástrofes ocasionais, imprevisíveis pelos aldeões, mas que certamente viriam a ocorrer mais cedo ou mais tarde, como guerras, conquistas ou o rompimento do sistema administrativo do qual eles eram uma parte pequena e remota. Todas essas catástrofes tendiam a multiplicar o banditismo de um tipo ou de outro. Todas elas tendiam a passar, muito embora as perturbações políticas e as guerras tendessem também a deixar atrás de si bandos de saqueadores e outros tipos de marginais por um tempo considerável, sobretudo se os governos eram fracos ou divididos. Um eficiente Estado moderno, como a França após a Revolução, foi capaz de liquidar em poucos anos a enorme epidemia de banditismo (não social) que assolou a Renânia na década de 1790. Por outro lado, a desagregação social provocada pela Guerra dos Trinta Anos deixou como saldo, na Alemanha, uma rede de bandos de salteadores, alguns dos quais persistiram durante pelo menos outro século. Não obstante, no que tange à sociedade rural, as coisas tendem a voltar ao normal (inclusive ao volume normalmente esperado de banditismo, social e de outros tipos) após tais perturbações tradicionais do equilíbrio.

A situação muda um pouco quando os fatos que desencadeiam uma epidemia de banditismo não são — para usarmos comparações geográficas — semelhantes aos terremotos no Japão ou às inundações na Holanda, e sim reflexos de mudanças de vulto, como o avanço de geleiras numa era glacial, ou modificações irreversíveis como a erosão do solo. Em tais circunstâncias, as epidemias de banditismo representam algo mais que uma simples multiplicação de homens fisicamente aptos que, para não passar fome, se apoderam pelas armas daquilo de que necessitam. Essas epidemias podem refletir a desagregação de toda uma sociedade, a ascensão de novas classes e o surgimento de novas estruturas sociais, a resistência de comunidades ou povos inteiros à destruição de suas maneiras de viver. Ou podem refletir, como se vê na história da China, a exaustão do "mandato do céu", a decomposição social que não se deve a forças adventícias, mas é indício do fim iminente de um ciclo histórico relativamente longo, prenunciando o fim de uma dinastia e o surgimento de outra. Em tais épocas, o banditismo pode preludiar ou acompanhar movimentos sociais de vulto, como revoluções camponesas. Ou então ele próprio pode modificar-se, adaptando-se à nova situação social e política, ainda que, se isso ocorrer, quase certamente o banditismo deixará de ser social. No caso típico dos dois últimos séculos, de transição de uma economia pré-capitalista para uma economia capitalista, a transformação social pode destruir completamente o tipo de sociedade agrária que dá origem aos bandidos, o tipo de campesinato que os sustenta, e, ao assim fazer, colocar um ponto final na história daquilo que constitui o tema deste livro. Os séculos XIX e XX foram o grande momento do banditismo social em muitas partes do mundo, tal como foram os séculos XVI, XVII e XVIII, provavelmente, em muitas partes da Europa. No entanto, hoje em dia, ele já se encontra quase extinto, salvo em algumas poucas áreas.

Na Europa, o fenômeno só subsiste com certa extensão nas montanhas da Sardenha, muito embora as consequências de duas guerras mundiais e de revoluções o tenham reavivado em várias regiões. No entanto, no sul da Itália, região clássica dos *banditi*, o banditismo social atingiu seu momento culminante há somente um século e meio, por ocasião da grande rebelião camponesa e das guerrilhas dos bandoleiros (1861-1865). Na Espanha, a outra pátria clássica dos bandidos, estes eram conhecidos por todos os viajantes no século XIX. Ainda ocorre, como previsível perigo para o turismo da era eduardiana, no *Homem e super-homem* de Bernard Shaw. Contudo, já estava se aproximando do fim ali. Francisco Rios ("El Pernales"), que atuava nessa época, foi o último bandoleiro realmente lendário da Andaluzia. Na Grécia e nos Bálcãs, suas lembranças são ainda mais recentes. No Nordeste do Brasil, onde o banditismo entrou em sua fase epidêmica após 1870, atingindo o apogeu no primeiro terço do século XX, o fenômeno chegou ao fim em 1940 e desde então extinguiu-se. Existirão decerto regiões — sobretudo, talvez, no sul e no leste da Ásia, e em uma ou duas partes da América Latina — onde o banditismo ao velho estilo ainda pode ser encontrado ocasionalmente, não sendo impossível que ele venha a surgir na África subsaariana numa escala mais significativa que aquela de que temos notícia no passado. De modo geral, entretanto, o banditismo social é um fenômeno do passado, embora às vezes de um passado bastante recente. O mundo moderno o matou, substituindo-o por suas próprias formas de rebelião primitiva e de criminalidade.

Nessas transformações da sociedade, que papel desempenham os bandidos, se é que desempenham algum? Como pessoas, eles são menos rebeldes políticos ou sociais, e menos ainda revolucionários, do que camponeses que se recusam à submissão, e que ao fazê-lo se destacam entre seus companheiros, ou são, ainda mais simplesmente, homens que se veem excluídos da trajetória habitual que lhes é oferecida, e que, por conseguinte, são forçados à marginalidade e ao "crime". Tomados em conjunto, representam pouco mais do que sintomas de crise e tensão na sociedade em que vivem — de fome, peste, guerra ou qualquer outra coisa que abale essa sociedade. Portanto, o banditismo, em si, não constitui um programa para a sociedade camponesa, e sim uma forma de autoajuda, visando a escapar dela, em determinadas circunstâncias. Os bandidos, deixando-se à parte sua vontade ou capacidade de rejeitar a submissão individual, não têm outras ideias senão as do campesinato (ou da parte do campesinato) de que fazem parte. São ativistas, e não ideólogos ou profetas dos quais se deva esperar novas visões ou novos planos de organização política. São líderes, na medida em que homens vigorosos e dotados de autoconfiança tendem a desempenhar tal papel; mesmo como líderes, porém, cabe-lhes limpar o caminho, e não descobri-lo. Vários chefes de salteadores do sul da Itália na década de 1860, como Crocco e Ninco Nanco,* demonstraram dons de comando que chamaram a atenção dos oficiais que os combatiam; mas, embora

---

*Tendo se unido ao exército dos Bourbons, Carmine Donatelli ("Crocco"), trabalhador rural e vaqueiro, matou um companheiro numa contenda, desertou e viveu como proscrito durante dez anos. Aderiu aos rebeldes liberais em 1860, na esperança de uma anistia para seus crimes do passado, e posteriormente tornou-se um dos mais temíveis chefes guerrilheiros e líder da facção dos Bourbons. Mais tarde fugiu para os Estados Papais, foi entregue ao governo italiano e sentenciado à prisão perpétua. Muitos anos depois, na prisão, escreveu uma interessante autobiografia. Giuseppe Nicola Summa ("Ninco Nanco"), trabalhador sem terras de Avigliano, fugira da cadeia durante a libertação garibaldina de 1860. Na qualidade de lugar-tenente de Crocco, demonstrou também extraordinários dotes como guerrilheiro. Morreu em 1864.

os "anos de bandoleirismo" sejam um dos raros exemplos de um importante levante camponês dirigido por bandidos sociais, não parece que em algum momento os líderes tenham pedido a seus comandados que ocupassem a terra, e às vezes pareciam até incapazes de imaginar aquilo que hoje é chamado de "reforma agrária".

Na medida em que os bandidos têm um "programa", ele é a defesa ou restauração da ordem de coisas tradicionais "como devem ser" (o que nas sociedades tradicionais significa a maneira como se acredita que tenham sido em algum passado real ou mítico). Os bandidos corrigem os erros, desagravam as injustiças e, ao assim proceder, põem em prática um critério mais geral de relações justas e equitativas entre os homens em geral, em particular entre os ricos e os pobres, os fortes e os fracos. Trata-se de um objetivo modesto, que permite que os ricos continuem a explorar os pobres (mas não além daquilo que tradicionalmente se aceita como "justo"), que os fortes oprimam os fracos (mas dentro dos limites do aceitável, e tendo-se em mente seus deveres sociais e morais). Não exige que não haja mais senhores, nem mesmo que os senhores não tomem as mulheres dos servos, mas apenas que, depois de fazê-lo, não fujam à obrigação de dar educação aos filhos bastardos.* Nesse sentido, os bandidos sociais são reformadores, e não revolucionários.

No entanto, seja ele reformista ou revolucionário, o banditismo em si não constitui um *movimento* social. Pode ser uma alternativa disso, como ocorre quando camponeses admiram Robin Hoods como seus defensores, por falta de uma atividade mais positiva por parte deles próprios. Pode até ser um sucedâneo dele, como ocorre quando o banditismo se institucionaliza numa parte ousada e combativa do campesinato e passa a inibir o desenvolvimento de outras formas de luta. Ainda não se documentou com clareza a ocorrência desses casos, mas há certos indícios de que podem ocorrer. No Peru, por exemplo, a pressão do campesinato pela reforma agrária

---

*Tiro este exemplo de conversas com camponeses no Peru.

foi (e em 1971 continuava a ser) notavelmente mais débil nos departamentos de Huanuco e Apurimac, onde os problemas agrários não eram absolutamente menos sérios, mas onde havia (e ainda há) uma tradição profundamente arraigada de roubo de gado e bandoleirismo. Todavia, tal como muitos outros aspectos do banditismo, a questão ainda espera uma pesquisa cuidadosa.*

Contudo, dois fatores podem converter esse objetivo modesto, ainda que violento, dos bandidos — e do campesinato a que pertencem — em verdadeiros movimentos revolucionários. O primeiro se dá quando ele se torna o símbolo, ou mesmo a ponta de lança, da resistência por parte de toda a ordem tradicional contra as forças que a desagregam ou destroem. Uma revolução social não será menos revolucionária por ocorrer em nome daquilo que o mundo externo considera uma "reação" ao que ele considera "progresso". Os bandidos do reino de Nápoles, como seus camponeses, que se levantaram contra os jacobinos e os estrangeiros em nome do papa, do rei e da Santa Fé, eram revolucionários, como não eram nem o papa nem o rei. (Como um líder de salteadores com um nível de refinamento pouco frequente nesses ambientes disse, na década de 1860, a um advogado cativo, que alegou que também ele apoiava os Bourbons: "O senhor é um homem culto e um advogado: acredita realmente que estejamos arriscando a pele por causa de Francisco II?"**)[11] Combatiam não pela *realidade* do reino Bourbon — muitos deles, na verdade, haviam ajudado a derrubá-lo meses antes, sob o comando de Garibaldi —, e sim pelo ideal da sociedade "boa de antigamente", simbolizada naturalmente pelo ideal da igreja "boa de antigamente" e do rei "bom de antigamente". Em política, os bandidos tendem a ser tradicionalistas revolucionários.

---

*Sou grato ao Dr. Mario Vázquez, a Enrique Mayer e a várias autoridades da Zona X de Reforma Agrária (Peru central) por algumas informações relevantes.
**Com efeito, Cipriano La Gala, "negociante" analfabeto de Nola, que em 1855 foi condenado por roubo com violência e que fugiu da cadeia em 1860, não era um líder salteador típico.

O segundo motivo pelo qual os bandidos se tornam revolucionários é inerente à sociedade camponesa. Mesmo aqueles que aceitam a exploração, a opressão e a submissão como norma da vida humana sonham com um mundo em que esses males não existam: um mundo de igualdade, fraternidade e liberdade, um mundo totalmente *novo*, livre do mal. Raramente isto será algo mais que um sonho. Raramente será mais que uma expectativa apocalíptica, embora em muitas sociedades persista o sonho do milênio: o Imperador Justo um dia aparecerá, a Rainha dos Mares do Sul um dia desembarcará (como na versão javanesa dessa esperança submersa), e tudo mudará e ficará perfeito. No entanto, há momentos em que o apocalipse parece iminente; em que toda a estrutura da sociedade existente, cujo fim total o apocalipse simboliza e prevê, parece realmente prestes a desmoronar e em que a minúscula luz da esperança se torna a luz de uma possível alvorada.

Em tais momentos, os bandidos também se empolgam, como todos mais. Não são sangue do sangue de sua gente? Não são homens que, em sua própria maneira limitada, mostraram que a vida selvagem no agreste pode trazer liberdade, igualdade e fraternidade para aqueles que pagam o preço da falta do lar, do perigo e da morte quase certa? (Um sociólogo moderno comparou seriamente os cangaceiros brasileiros a "uma espécie de irmandade ou confraternidade leiga", e uma coisa que impressionava os observadores era a honestidade sem paralelos das relações pessoais no seio dos bandos de cangaceiros.)[12] Não reconhecem eles, consciente ou inconscientemente, a superioridade do movimento revolucionário ou milenarista sobre suas próprias atividades?

Na verdade, nada é mais surpreendente que essa coexistência subordinada do banditismo com revoluções camponesas de vulto, para as quais muitas vezes ele serve de precursor. A área de Andaluzia tradicionalmente associada a *bandoleros*, "nobres" ou não, tornou-se, duas décadas após sua decadência, a área tradicionalmente associada ao anarquismo rural. O sertão do Nordeste brasileiro, região clássica dos cangaceiros, era também a dos *beatos*, os líderes messiânicos rurais. Ambos os fenômenos floresceram juntos, mas os beatos foram mais importantes. Em uma das muitas baladas que cantam suas façanhas, Lampião

> Jurou vingar-se contra todos,
> Dizendo "Nesse mundo só respeito
> O Padim Ciço e mais ninguém".[13]

E, como veremos, foi o padre Cícero, o Messias de Juazeiro, quem, segundo a opinião pública, concedeu credenciais "oficiais" a Lampião. Historicamente, o banditismo e o milenarismo — as mais primitivas formas de reforma e de revolução — caminham de mãos dadas. E quando sobrevêm os grandes momentos apocalípticos, os grupos de bandidos, aumentados pela fase de tribulação e expectativa, podem insensivelmente converter-se em outra coisa. Podem, como em Java, fundir-se com os enormes contingentes de aldeões que abandonam campos e casas para vaguear numa exaltada esperança; podem, como no sul da Itália em 1861, transformar-se em exércitos camponeses; podem, como Crocco em 1860, deixar de ser bandidos e vestir a farda de soldados da revolução.

Quando o banditismo se funde assim com um movimento de maiores proporções, torna-se parte de uma força capaz de mudar a sociedade, e que efetivamente a muda. Já que os horizontes dos bandidos são estreitos e circunscritos, como os do próprio campesinato, os resultados de suas intervenções na história talvez não sejam aqueles que esperavam. Podem mesmo ser o oposto do que previam. Entretanto, isto não faz do banditismo uma força histórica menor. E, seja como for, quantos daqueles que realizaram as grandes revoluções sociais do mundo previram os resultados reais de seus esforços?

Notas

1. Molise, citado *in* F. Molfese, *Storia del brigantaggio doppo l'unitá*, Milão, 1964, p. 131.
2. Enrique Morselli-Sancte De Sanctis, *Biografía de un bandito, Giuseppe Musolino difronte alla psichiatria e alla sociologia. Studio medico-legate e considerazioni*, Milão, 1903; citado *in* L. Lombardi Satriani e M. Meligrana, orgs., *Diritto popolare: la Calabria negli studi di demologia gioridina*, Vibo Valentia, 1975, p. 478.
3. Carlos Miguel Ortiz Sarmiento, *La violencia en Colombia*, Bogotá, 1964, II, pp. 287-297.
4. *Le brigandage en Macédoine: un rapport confidentiel au gouvernement bulgare*, Berlim, 1908, p. 38; informação dada pelo professor D. Dakin, do Birkbeck College.
5. Stephen Wilson, *Feuding, Conflict and Banditry in Nineteenth Century Corsica*, Cambridge, 1988, pp. 55, 336.
6. Gaetano Cingari, *Brigantaggio, proprietari e contadini nel sud (1799-1900)*, Reggio Calabria, 1976, p. 141.
7. D. Eeckaute, "Les brigands en Russie du dix-septième au dix-neuvième siècle", *Revue d'Histoire Moderne et Contemporaine.*, XII, 1965, pp. 174-175.
8. E. Alabaster, *Notes and Commentaries on the Chinese Criminal Law*, Londres, 1899, pp. 400-402.
9. E. López Albujar, *Los caballeros del delito*, Lima, 1936, pp. 75-76.
10. W. Crooke, *The Tribes and Castes of the North West Provinces and Oudhe*, Calcutá, 4 vols., 1896, I, p. 49.
11. F. Molfese, op. cit., p. 130.
12. M. I. P. de Queiroz, *Os cangaceiros: Les bandits d'honneur brésiliens*, Paris, 1968, pp. 142, 164.
13. R. Rowland, "'Cantadores' del nordeste brasileño", *Aportes*, 3 de janeiro de 1967, p. 138. Para as relações reais entre o bandido e o clérigo, um tanto mais sutis, ver E. de Lima, *O mundo estranho dos cangaceiros*, Salvador, Bahia, 1965, pp. 113-114; e O. Anselmo, *Padre Cícero*, Rio de Janeiro, 1968.

3
Quem são os bandidos?

Na Bulgária, só são livres os pastores, os vaqueiros e os haiduks.
Panayot Hitov[1]

O BANDITISMO É A LIBERDADE, mas numa sociedade camponesa poucos podem ser livres. Em geral as pessoas estão presas ao duplo grilhão do senhor e do trabalho, um reforçando o outro. O que torna os camponeses vítimas do senhor e da coerção não é tanto sua vulnerabilidade econômica — em quase todos os casos são praticamente autossuficientes — quanto sua imobilidade. Suas raízes estão fincadas na terra e na propriedade rural, e ali devem permanecer, como árvores, ou antes como anêmonas-do-mar ou outros animais aquáticos sésseis, que se acomodam depois de uma fase de jovial mobilidade. Assim que um homem se casa e adquire uma propriedade, está amarrado. Os campos têm de ser semeados, e é preciso colher; até mesmo as rebeliões camponesas têm de ser interrompidas para que se façam as colheitas; as cercas não podem ficar muito tempo sem ser reparadas. Mulher e filhos são como uma âncora que prendem um homem a um local identificável. Somente a catástrofe, a aproximação do milênio ou a grave decisão de emigrar podem interromper o ciclo fixo da vida agrícola, porém mesmo o imigrante tem de logo se reinstalar em outro lugar, a menos que deixe de ser camponês. A espinha do camponês está curvada socialmente, porque em geral ela tem de estar curvada no trabalho físico em seu campo.

Isto limita seriamente o recrutamento de bandidos. Não impossibilita que um camponês adulto se torne um bandido, mas faz com que isso seja muito difícil, tanto mais porque o ciclo anual do roubo segue o mesmo ritmo do da agricultura, chegando ao auge na primavera e no verão e decaindo durante o outono e o inverno. (Contudo, as comunidades para as quais as excursões de rapina proporcionam parte regular da renda devem combiná-las com a agricultura ou o pastoralismo, e por isso suas atividades rapinantes ocorrem fora da estação regular, como acontecia com os *chuars** de Midnapur (Bengala) no começo do século XIX; ou são efetuadas por grupos especiais que deixam atrás de si um número de gente suficiente para levar adiante a faina agrícola). Para compreendermos a composição social do banditismo, então, devemos examinar basicamente a margem móvel da sociedade camponesa.

A fonte básica de bandidos, e talvez a mais importante, se encontra naquelas formas de economia ou de ambiente rural onde a procura de mão de obra é relativamente pequena, ou que são demasiado pobres para empregar todos os seus homens aptos; em outras palavras, na população rural excedente. As economias pastoris e as áreas de montanhas e solo pobre, duas coisas que geralmente andam juntas, proporcionam um excedente permanente dessa espécie, que tende a criar suas soluções institucionalizadas nas sociedades tradicionais: emigração sazonal (como nos Alpes ou nas cordilheiras Cabílias, na Argélia), o alistamento militar (como na Suíça, Albânia, Córsega e Nepal), o roubo ou banditismo. O "minifundismo" (preponderância de propriedades demasiado pequenas para manter uma família) pode ter o mesmo efeito.

Provoca-o também, por motivos ainda mais óbvios, a falta de terras. O proletário rural, desempregado durante grande parte do ano, é "mobilizável", de uma forma como não o é o camponês.

---

*Membros de tribos aborígines das áreas de selva de Midnapur (Bengala) que se dividem entre a agricultura e o bandoleirismo.

Dos 328 "bandidos" (ou antes rebeldes e guerrilheiros rurais), cujos processos passaram em 1863 pela Corte de Apelação de Catanzaro (Calábria, Itália), 201 foram descritos como trabalhadores rurais ou diaristas, apenas 51 como camponeses, quatro como fazendeiros, 24 como artesãos.[2] É óbvio que nesse contexto são numerosos os homens que não só podem abandonar, pelo menos temporariamente, a economia rural, como *têm* de procurar outras fontes de renda. Nada mais natural que alguns deles se transformem em bandidos, ou que as regiões montanhosas e pastoris se tornem as zonas clássicas de banditismo.

Ainda assim, nem todos os homens de tais regiões tendem a se tornar proscritos, ainda que sempre haja grupos cuja posição social lhes dá a necessária liberdade de ação. O mais importante desses grupos compreende os homens jovens, entre a puberdade e o casamento, isto é, antes que as responsabilidades de família lhes pesem nas costas. (Fui informado de que, nos países onde se permite um fácil divórcio unilateral, o período entre o repúdio de uma esposa e outro casamento pode constituir outro episódio de relativa liberdade, mas, como acontece na situação análoga dos viúvos, tal liberdade só poderá ocorrer se não houver filhos pequenos a cuidar ou quando parentes se encarregam deles.) Mesmo nas sociedades camponesas, a juventude é uma fase de independência e de rebelião em potencial. Muitas vezes unidos em grupos formais ou informais da mesma idade, os jovens podem borboletear de emprego a emprego, brigar e errar pelo mundo. Os *szégeny légeny* ("rapazes pobres") das planícies húngaras representavam um exemplo desses bandidos em embrião; inofensivos quando sós, embora não avessos a furtar um ou dois cavalos, passavam facilmente ao banditismo quando unidos em bandos de vinte ou trinta, com um esconderijo inacessível. A "vasta maioria" dos bandidos chineses era de rapazes de pouca idade porque "o breve período antes que assumissem os encargos de casamento e de família era a época em que tinham mais liberdade do que já tinham tido até então e que jamais voltariam a ter". Também por isso, 30 anos era a idade crucial em que os bandidos eram instados a abandonar aquela atividade e se assentar, e os não bandidos que não haviam se casado e assentado tinham poucas alternativas a viver à margem da sociedade.[3] Pode-se acrescentar que o número desses marginais era ampliado em decorrência do infanticídio seletivo de bebês do sexo feminino, capaz de, em certas regiões da China, levar a um excedente de 20% de homens em relação às mulheres. Seja como for, não resta dúvida de que o bandido típico era jovem, e seus equivalentes, como, por exemplo, os guerrilheiros colombianos da década de 1990, quase todos com idade entre 15 e 30 anos, ainda são.[4] Dois terços dos salteadores de Basilicata, na década de 1860, tinham menos de 25 anos. De 59 bandidos de Lambayeque (Peru), 49 eram solteiros.[5] Diego Corrientes, o bandido-herói clássico de Andaluzia, morreu com 24 anos; Janošik, seu equivalente eslovaco, com 25; Lampião, o famoso cangaceiro do Nordeste brasileiro, começou sua carreira entre 17 e 20 anos; e o verdadeiro Don José, personagem de *Carmen*, com 18. O prognóstico médio de vida dos chefes de quadrilhas de bandidos na Manchúria, na década de 1920, era de 25-26 anos. Os escritores podem ser bons observadores: "Mehmed Magro", o herói de uma saga popular turca, homiziou-se nas montanhas Taurus na adolescência.

Em termos numéricos, o segundo grupo de homens livres mobilizáveis para o banditismo é formado por aqueles que, por um motivo ou outro, não se acham integrados na sociedade rural e que, por isso, são também forçados à marginalidade. Os bandos de *rasboiniki* (bandidos) que infestavam as áreas sem estradas e esparsamente povoadas da velha Rússia se compunham de tais elementos — muitas vezes migrantes em demanda dos espaços livres do sul e do leste, onde ainda não haviam chegado a senhoria, a servidão e o governo, em busca daquilo que mais tarde se tornaria a perspectiva conscientemente revolucionária de *Zemlya i Volya* (Terra e Liberdade). Alguns jamais chegavam lá, mas enquanto isso todos tinham de viver. Assim, servos foragidos, homens livres arruinados, fugitivos de fábricas senhoriais ou governamentais, evadidos de seminários, prisões, do Exército ou da Marinha, homens sem lugar determinado na sociedade, como os filhos de popes, formavam ou se uniam a bandos de salteadores, que se podiam fundir com as atividades de rapina de comunidades fronteiriças como os cossacos e minorias nacionais ou tribais. (Com relação aos cossacos, ver o capítulo 8).

Entre esses marginais, desempenhavam papel importante os soldados, os desertores e ex-militares. Boas razões tinha o czar para fazer com que a conscrição de seus soldados fosse perpétua, ou praticamente perpétua, de modo que seus parentes realizavam para eles um serviço fúnebre ao se despedirem deles à saída da aldeia. Homens que voltam de longe, sem amo nem terra, representam um perigo para a estabilidade da hierarquia social. Os ex-militares, tal como os desertores, constituem matéria-prima natural para engrossar as fileiras do banditismo. Com frequência, vemos líderes dos salteadores do sul da Itália, depois de 1860, serem descritos como "ex-soldado do exército dos Bourbons" ou "trabalhador sem terras, ex-soldado". Na verdade, em certas áreas essa transformação era normal. Por que, perguntava um boliviano progressista em 1929, os ex-militares que voltam para seus povoados entre os índios aimará não atuam como educadores e agentes da civilização, em lugar de "se transformarem em parasitas e degenerados que se convertem em líderes dos bandidos dessa região"?[6] A pergunta era justa, mas retórica. Os ex-militares podem servir como líderes, educadores ou funcionários municipais, e todos os regimes socialmente revolucionários usam seus exércitos como escolas de treinamento com esse fim. Mas quem realmente esperaria que isso acontecesse na Bolívia feudal?

Com exceção dos soldados que regressam, poucas pessoas se acham de todo, posto que, temporariamente, alheias à economia da aldeia, embora ainda integradas à sociedade camponesa (como normalmente não acontece com os ciganos e outros *Volk fahrendes*, ou nômades). Não obstante, a economia rural oferece algumas ocupações que se acham fora da rotina comum do trabalho e da faixa imediata de controle social, quer por parte dos governantes, quer por parte da opinião pública dos governados. Lá estão, mais uma vez, os pastores, sozinhos ou em grupos — grupos especiais, às vezes secretos —, nos planaltos durante o verão, ou vagueando como seminômades pelas amplas planícies. Lá estão os homens armados e os guardas dos campos, cuja função não é trabalhar nas plantações, os tropeiros, os carroceiros e os contrabandistas, os menestréis e outros. Não são vigiados, mas antes vigiam. Na verdade, na maioria das vezes as montanhas constituem seu mundo comum, no qual os senhores das terras e os lavradores não entram, e onde os homens não comentam muito o que veem ou o que fazem. Nesse meio os bandidos se encontram com pastores, e os pastores cogitam se devem ou não se tornar bandidos.

As fontes de bandidos em potencial que até aqui consideramos são todas coletivas, ou seja, categorias sociais de homens mais tendentes a abraçar o banditismo do que os membros de alguma outra categoria. Evidentemente, são importantíssimos. Permitem-nos, por exemplo, formular generalizações breves e aproximadas, porém não fundamentalmente equivocadas, como: "O grupo de bandidos típico de uma área montanhosa é formado por pastores jovens, trabalhadores sem terras e ex-soldados, sendo improvável que conte com artesãos ou homens casados com filhos." Uma afirmação desse tipo não esgota o problema, mas cobre uma parte surpreendentemente grande do campo. Por exemplo, dos líderes de bandoleiros do sul da Itália na década de 1860, aqueles dos quais dispomos de descrições ocupacionais, incluem 28 "pastores", "boiadeiros", "ex-militares", "trabalhadores sem terras" e "guardas de campos" (ou combinações dessas ocupações) e apenas cinco outros.[7] No entanto, cabe observar que os líderes de bandidos, à diferença dos situados em outros níveis hierárquicos, provêm no mais das vezes desses "outros", isto é, de camadas da sociedade rural acima do proletário e dos que não possuem propriedade.

Entretanto, há outra categoria de bandidos em potencial, de certa forma a mais importante; a participação nessa categoria é, por assim dizer, individual e voluntária, ainda que possa mesclar-se com as outras. Formam-na os homens que não estão dispostos a aceitar o papel social dócil e passivo do camponês submisso; os arrogantes e recalcitrantes, os rebeldes individuais. São eles, na frase familiar clássica do camponês, os "homens que se fazem respeitar".

Talvez não haja muitos deles na sociedade camponesa comum, mas sempre se encontram alguns. São os homens que, diante de um ato de injustiça ou de perseguição, não se curvam docilmente à força ou à superioridade social, preferindo tomar o caminho da resistência e da marginalidade. Pois cumpre lembrar que, se a resistência a tais atos de opressão é o ponto de partida característico da carreira de um ladrão "nobre", para cada camponês que resiste há dezenas e dezenas que aceitam a injustiça. Um Pancho Villa, que defende a honra de uma irmã violada, constitui a exceção em sociedades em que os senhores e seus asseclas fazem o que querem com as moças aldeãs. São esses os homens que alardeiam seu direito de serem respeitados por todos, inclusive por outros camponeses, ao dispor-se a lutar — e que com essa atitude automaticamente usurpam o papel social de seus "superiores", que, como no sistema social clássico da Idade Média, detêm o monopólio da luta. Eles podem ser os durões, que apregoam sua valentia com fanfarronadas, portando armas ou bastões, mesmo quando os camponeses não têm o direito de usá-los, vestindo-se de maneira descuidada e bizarra, assumindo gestos que simbolizam a valentia. O "bastonador" da velha aldeia chinesa (em geral traduzido como "valentão de aldeia" pelos primeiros ocidentais que escreveram sobre a China) usava o rabicho solto, com a extremidade enrolada em volta da cabeça e do pescoço; os sapatos deliberadamente gastos no salto; as perneiras abertas para mostrar o tecido caro de que era feito o forro. Muitas vezes se dizia que ele provocava o magistrado "por pura gabolice".[8] A roupa de *vaquero* dos boiadeiros mexicanos, que se tornou o traje clássico dos caubóis dos filmes de faroeste, e as vestimentas mais ou menos equivalentes dos *gauchos* e *llaneros* dos pampas sul-americanos, dos *bétyars* da *puszta* húngara,* dos *majos* e *flamencos*** da Espanha são exemplos de símbolos semelhantes de inconformismo no mundo ocidental. É possível que esse simbolismo tenha encontrado sua expressão mais elaborada nas roupas adornadas de ouro e aço do *haiduk* ou *klepht* balcânico. Isto porque, como em todas as sociedades tradicionais e de lenta transformação, até mesmo o grupo fluido dos pobres inconformistas se formaliza e se faz reconhecer através de sinais exteriores. A roupa do valentão rural é um código que diz: "Este homem não é dócil."

Aqueles "que se fazem respeitar" não se transformam automaticamente em bandidos, ou ao menos em bandidos sociais. Podem fugir ao destino dos camponeses tornando-se guardas da aldeia, servidores do senhor ou soldados (o que significa bandidos oficiais de várias espécies). Podem cuidar de sua própria vida e vir a formar uma burguesia rural despótica, como os *mafiosi* da Sicília. Podem ainda tornar-se o tipo de marginal a respeito dos quais os homens cantam baladas: paladinos, heróis e justiceiros. A rebelião deles é individual, social e politicamente indeterminada, e em condições normais — isto é, não revolucionárias — não constitui a vanguarda de uma revolta popular, e sim o produto e a contrapartida da passividade geral dos pobres. Esses homens representam a exceção que confirma a regra.

As categorias analisadas acima mais ou menos esgotam as fontes nas quais são recrutados os bandidos camponeses. Contudo, convém que consideremos sucintamente outros dois reservatórios rurais de violência e roubo, às vezes corretamente, mas quase sempre erroneamente, confundidos com o banditismo camponês: *robber barons**** e criminosos.

Gauchos, llaneros: vaqueiros argentinos e colombianos. *Bétyars*: proscritos.
**Majo* e *flamenco* são descrições de um vestuário e de um comportamento definidos num dicionário espanhol do século XVIII como sendo "de um homem que aparenta coragem e desenvoltura em palavras e atos".
***Numa tradução aproximada, "barões do crime". (*N. do T.*)

Salta aos olhos que fidalgos rurais empobrecidos proporcionam uma fonte infinda de valentões. As armas são privilégio deles; a luta é sua vocação e a base de seu sistema de valores. Boa parte dessa violência é institucionalizada em atividades como a caça, a defesa da "honra" pessoal e familiar, duelos, desagravos etc., ou canalizada por governos cuidadosos para fins politicamente úteis ou pelo menos inofensivos, como o serviço militar ou a administração colonial. Os Mosqueteiros de Dumas, produtos da Gasconha, notório berço de cavalheiros sem vintém, eram evidentemente pouco mais do que valentões bem-nascidos e portadores de licença oficial, em tudo mais semelhantes aos desordeiros contratados como guardas pelos latifundiários italianos ou ibéricos. Assim eram também muitos dos conquistadores espanhóis. Contudo, há situações em que tais fidalgotes empobrecidos se tornam verdadeiros marginais ou ladrões (ver o capítulo 6). Podemos conjecturar que é mais provável que o cavalheiro fora da lei ingresse no domínio do mito e da balada populares (a) quando chega a fazer parte de um movimento geral de resistência de alguma sociedade arcaica contra forasteiros ou contra conquista externa, ou (b) quando a tradição de ativa rebelião camponesa contra a injustiça senhorial é débil. É menos provável que isso aconteça quando os elementos de luta de classes são muito marcados, ainda que, naturalmente, em países com alta proporção de "nobres", como a Polônia, a Hungria ou a Espanha, onde formavam talvez 10% da população total, constituíssem grande público para as baladas e romances a respeito deles próprios.*

---

*Dois fatores complicam a classificação de canções e baladas de bandidos. O primeiro é a tendência da cultura "oficial" a elevá-los socialmente como preço para assimilá-los (por exemplo, transformando Robin Hood num injustiçado conde de Huntingdon); o segundo, a tendência de todos os homens livres das sociedades rurais do tipo feudal a equiparar seu próprio *status* ao único modelo corrente de "liberdade", ou seja, o *status* da "nobreza". É possível que essa última causa explique a crença de que certos bandidos camponeses húngaros de fama indiscutível no século XIX, como Sandor Rósza e Sóbry Jószi, eram nobres de antiga cepa; é possível que isso fosse verdade no caso de Rósza.

Há ainda uma divisão mais nítida entre os bandidos rurais e o submundo de elementos urbanos ou nômades que existiam nos interstícios da sociedade rural, mas que claramente não pertenciam a ela. Nas sociedades tradicionais, os criminosos são quase por definição excluídos, que formam sua própria sociedade isolada, se não uma antissociedade de "transviados", que reflete a das "pessoas decentes". Normalmente, falam sua própria linguagem *(argot, cant, calá, Rotwelsch,* gíria). Relacionam-se com outros profissionais proscritos ou com comunidades marginais, como os ciganos, cujo idioma deu uma forte contribuição para a gíria dos criminosos franceses e espanhóis, e os judeus, que contribuíram ainda mais para o vocabulário alemão. (A maioria dos bandidos camponeses não fala nenhum tipo de gíria, mas simplesmente uma versão do dialeto local.) São inconformistas, ou, antes, anticonformistas, por prática e por ideologia; tomam o lado do diabo, e não o de Deus;*[9] se são religiosos, favorecem a heresia, em oposição à ortodoxia. No século XVII, vilãos cristãos da Alemanha requereram licença para participar dos serviços religiosos dos judeus na cadeia, e há bons indícios (que ecoam na peça *Os ladrões,* de Schiller) de que bandos alemães do século XVIII serviam de valhacouto para sectários libertinos ou antinomianos, como os sobreviventes do anabatismo da Alemanha central.[10] Os bandidos camponeses não são heterodoxos em nenhum sentido, mas partilham do sistema de valores dos camponeses comuns, o que inclui sua carolice e sua desconfiança em relação a estranhos. (Assim, exceto nos Bálcãs, em geral os bandidos sociais da Europa central e oriental eram antissemitas.)

Onde bandos de ladrões criminosos vagueiam pelos campos, como em certas partes da Europa central nos séculos XVII e XVIII, ou na Índia, normalmente é fácil distingui-los dos bandidos sociais,

---

*"Um ladrão que não houvesse feito pacto com o diabo era algo inimaginável, sobretudo no século XVI, e até épocas recentes o diabo ocupou o lugar preponderante no sistema dogmático dos ladrões."

tanto por sua composição, como por sua maneira de atuar. Tendem a ser formados por membros de "tribos e castas criminosas" ou por pessoas oriundas de grupos proscritos. Assim, a quadrilha de Crefeld e Neuss, da década de 1790, tal como o bando de Keil, era composta em sua maior parte de amoladores de facas, ao passo que em Hesse-Waldeck havia um bando formado principalmente por maltrapilhos. Cerca de metade do bando de Salembier, que aterrorizava o Pas-de-Calais no mesmo período, era constituída de mascates, negociantes de artigos de segunda mão, saltimbancos etc. O temível bando dos Países Baixos, como a maioria de suas diversas subunidades, era em grande parte formado por judeus. E assim por diante. As vocações criminosas eram frequentemente hereditárias: a ladra bávara Schattinger mantinha uma tradição familiar de duzentos anos, e mais de vinte de seus parentes, inclusive o pai e uma irmã, estavam na cadeia ou haviam sido executados.[11] Não surpreende que não tentassem insinuar-se junto aos camponeses, que, como todas as pessoas "de bem", eram seus inimigos, opressores e vítimas. Assim, os bandos de criminosos careciam das raízes locais dos bandidos sociais ou pelo menos as ocultavam, mas ao mesmo tempo não estavam confinados pelos limites do território além do qual os bandidos sociais raramente podiam aventurar-se com segurança. Faziam parte de redes, amplas, posto que frouxas, de um submundo que se podia estender sobre meio continente, e que certamente adentravam nas cidades que constituíam *terra incognita* para os bandidos camponeses, que as temiam e odiavam. Para os vagamundos, nômades, criminosos e outros elementos dessa estirpe, a espécie de área em que atuava a maioria dos bandidos sociais era tão-somente o local de tantos mercados ou feiras anuais, uma área a ser ocasionalmente pilhada, ou, no máximo (por exemplo, se situada estrategicamente perto de várias fronteiras), um quartel-general adequado para operações mais amplas.

Entretanto, não se pode simplesmente excluir os criminosos do estudo do banditismo social. Em primeiro lugar, onde, por um motivo ou outro, o banditismo social não floresceu ou havia sido extinto, era provável que se idealizassem e se conferissem os atributos de Robin Hood a ladrões criminosos, sobretudo quando se concentravam em assaltar mercadores, viajantes ricos e outras pessoas que não desfrutavam de muita simpatia dos pobres. Assim, na França, Inglaterra e Alemanha do século XVIII celebravam-se personagens como Dick Turpin, Cartouche e Schinderhannes, que substituíam os verdadeiros Robin Hoods que na época já haviam desaparecido nesses países.*

Em segundo lugar, os excluídos involuntariamente do campesinato, como ex-soldados, desertores e pilhadores, que abundavam nos períodos de desordem e de guerras, serviam como elo entre o banditismo social e o antissocial. Tais homens ter-se-iam ajustado facilmente a bandos sociais, mas ligavam-se com a mesma facilidade aos outros, levando para eles alguns dos valores e pressupostos de seu ambiente nativo. Em terceiro lugar, os impérios pré-industriais estabelecidos e permanentes haviam desde muito criado um submundo duplo: não só o do proscrito, mas também aquele da defesa mútua e da oposição não oficial, exemplificado pelas grandes e duradouras sociedades secretas da China imperial ou do Vietnã, ou talvez por organizações como a máfia siciliana. Tais sistemas e redes políticas não oficiais, ainda muito mal compreendidos e conhecidos, podiam procurar aproximar-se de todos aqueles que se encontravam fora da estrutura oficial do poder e contra ela, inclusive os bandidos sociais e os grupos marginais. Podiam, por exemplo, proporcionar a uns e a outros alianças e recursos que, em certas circunstâncias, transformavam o banditismo num núcleo de efetiva rebelião política.

---

*Dick Turpin, 1705-1739; Cartouche, 1693-1721; "Schinderhannes" (Johannes Puekler, 1783-1803). O outro herói-bandido francês do século XVIII, Robert Mandrin (1724-1755), era um candidato um pouco menos conveniente à idealização. Era um contrabandista profissional da região de fronteira franco-suíça, profissão que ninguém jamais considerou criminosa, exceto os governos; além disso, estava empenhado numa campanha de vingança.

Todavia, ainda que na prática o banditismo social nem sempre possa ser separado nitidamente de outros tipos de banditismo, isto não afeta a análise fundamental do bandido social como um tipo especial de protesto e rebelião camponesa. Este é o tema principal deste livro.

Notas

1. Autobiografia *in* G. Rosen, *Die Balkan-Haiduken*, Leipzig, 1878, p. 78.
2. F. Molfese, op. cit., pp.127-128.
3. Phil Billingsley, *Bandits in Republican China*, Stanford, 1988, pp. 75-76.
4. Informação dada pelo Dr. Eduardo Pizarro. Para estatísticas, ver Carlos Miguel Ortiz Sarmiento, *La violence en Colombie: Racines historiques et sociales*, Paris, 1990, p. 192, n. 45.
5. E. Hobsbawm, *Primitive Rebels*, Manchester, 1959; López Albujar, op. cit., p. 126.
6. Alejandro Franco, "El Aymara del siglo XX", *in Amauta*, Lima, 23, 1929, p. 88.
7. De acordo com Moliese, op. cit., pp. 367-382.
8. A. H. Smith, *Village Life in China*, Nova York-Chicago-Toronto, 1899, pp. 213-217.
9. F. C. B. Avé-Lallemant, *Das Deutsche Gaunerthum* (1858-1862), II, p. 91n.
10. Para detalhes, ver G. Kraft, *Historische Studien zu Schillers Schauspiel 'Die Räuber'*, Weimar, 1959.
11. F. C. B. Avé-Lallemant, op. cit., I, p. 241. Para confirmação das diferenças entre criminosos e bandidos, dada por um especialista em medicina legal, ver E. de Lima, op. cit., *passim*; G. Sangnier, *Le brigandage dans le Pas-de-Calais* (Blangermon, 1962), pp. 172, 196.

4
O LADRÃO NOBRE

Naquela noite a lua estava baça e a luz das estrelas enchia o céu. Haviam avançado pouco mais de cinco quilômetros quando viram o grande número de carroças, e nos estandartes sobre eles se lia claramente: "O grão dos justos e a Toca dos Ladrões Leais".

O Shuihu Zhuan[1]

perverso: Um homem que mata cristãos sem um motivo profundo.

De um teste de associação de palavras dado ao famoso bandido calabrês Musolino[2]

ROBIN HOOD, O LADRÃO nobre, é o tipo de bandido mais famoso e popular em todo o mundo, o herói mais comum de baladas e canções na teoria, ainda que não seja de modo algum na prática.* Nenhum mistério existe nessa desproporção entre a lenda e o fato, não mais do que na divergência entre as realidades da cavalaria medieval e o sonho cavalheiresco. Robin Hood é aquilo que todos os bandidos camponeses deviam ser. Entretanto, sendo as coisas como são, poucos deles possuem o idealismo, a abnegação ou a consciência social para corresponder a seu papel, e talvez poucos possam dar-se

---

*Para as finalidades deste livro, Robin Hood não passa de mito. Embora baladas a seu respeito remontem ao século XIV, normalmente ele não era visto como herói até o século XVI. Se existiu realmente um Robin Hood ou como eram os bandos medievais nas florestas são questões que deixo para os especialistas em história da Idade Média.

a esse luxo. No entanto, aqueles que o fazem — e há registros de autênticos Robin Hoods — recebem a veneração devida aos heróis, e até aos santos. Diego Corrientes (1757-1781), o ladrão nobre da Andaluzia, foi, segundo a opinião popular, semelhante a Cristo: foi traído, entregue a Sevilha num domingo, julgado numa sexta-feira de março, e, no entanto, jamais matara alguém.³ Juro Janošik (1688-1713), uma figura real, era, como a maioria dos bandidos sociais, um ladrão provinciano de algum confim perdido dos Cárpatos, cuja existência dificilmente atrairia a atenção das autoridades da capital. Entretanto, centenas de canções a seu respeito sobrevivem até nossos dias. Por outro lado, é tamanha a necessidade de heróis e paladinos que, não existindo exemplos autênticos, candidatos pouco adequados são levados a representar o papel à força. Na vida real, a maioria dos Robin Hoods estava longe de ser nobre.

Convém, portanto, que comecemos com a "imagem" do ladrão nobre, que define tanto seu papel social quanto sua relação com os camponeses comuns. Seu papel é o do paladino, aquele que corrige os erros, que ministra a justiça e promove a equidade social. Sua relação com os camponeses é de solidariedade e identidade totais. A "imagem" reflete ambas as coisas, e pode ser sintetizada em nove pontos.

Primeiro, o ladrão nobre inicia sua carreira de marginalidade não pelo crime, mas como vítima de injustiça, ou sendo perseguido pelas autoridades devido a algum ato que estas, mas não o costume popular, consideram criminoso.

Segundo, ele "corrige os agravos".

Terceiro, "tira dos ricos e dá aos pobres".

Quarto, "nunca mata, a não ser em legítima defesa ou vingança justa".

Quinto, se sobrevive, retorna à sua gente como cidadão honrado e membro da comunidade. Na verdade, nunca deixa realmente a comunidade.

Sexto, é admirado, ajudado e mantido por seu povo.

Sétimo, invariavelmente morre em decorrência de traição, uma vez que nenhum membro decente da comunidade auxiliaria as autoridades contra ele.

Oitavo, é — pelo menos em teoria — invisível e invulnerável.

Nono, não é inimigo do rei ou imperador, fonte de justiça, mas apenas da nobreza, do clero e de outros opressores locais.

Com efeito, os fatos em grande parte confirmam a imagem, na medida em que ela representa a realidade e não a realização de desejos. Na grande maioria dos casos registrados, os bandidos sociais realmente começam sua carreira com alguma disputa de caráter não criminoso, com uma questão de honra ou como vítimas daquilo que eles e seus vizinhos têm na conta de injustiça (e que pode não passar da consequência automática de uma disputa entre um representante dos pobres e um personagem rico e influente). Angelo Duca ou "Angiolillo" (1760-1784), bandido napolitano do século XVIII, tornou-se um proscrito devido a um litígio, a respeito de reses extraviadas, com um guarda de campo do duque de Martina; Pancho Villa, no México, vingando a honra de sua irmã, vítima de um proprietário de terras; Labareda, como praticamente todos os cangaceiros do Brasil, por causa de uma questão de honra familiar; Giuliano, um simples contrabandista — ocupação tão honrosa quanto qualquer outra nas montanhas —, por resistir a um coletor de impostos e ser pobre demais para suborná-lo. E assim por diante. Na verdade, é essencial que o Robin Hood comece dessa maneira, pois como poderia desfrutar do apoio incondicional de sua comunidade se fosse um criminoso *de verdade*, segundo os padrões éticos dela?

Começar como vítima da injustiça significa estar imbuído da necessidade de desagravar pelo menos uma afronta: a que foi cometida contra o próprio bandido. É muito natural que os verdadeiros bandidos demonstrem muitas vezes aquele "espírito selvagem de justiça" que os observadores percebiam em José María "El Tempranillo" (o Don José original de *Carmen*), que atuou nas montanhas andaluzas entre 1816 e 1832. Na lenda, muitas vezes esse desagravo de afrontas toma a forma de uma literal transferência de riqueza. Consta que Jesse James (1847-1882) emprestou a uma viúva pobre oitocentos dólares para que ela saldasse sua dívida com um banqueiro, e depois assaltou o banqueiro e recuperou o dinheiro; por tudo que sabemos a respeito dos irmãos James, trata-se de uma história pouco plausível.* Em casos extremos, como no drama *Os ladrões,* de Schiller, o bandido nobre oferece sua própria vida em troca de justiça para algum pobre. Da mesma forma, na vida real (ou terá sido na lenda contemporânea?), Zelim Khan, o Robin Hood do Daguestão do começo do século XX, encurralado numa caverna de montanha, mandou uma mensagem ao comandante opositor, através de um pastor:

> Vai dizer ao chefe do distrito que eu me entregarei a ele quando me mostrar um telegrama ou um documento do czar, dizendo que suspenderá todas as multas impostas a inocentes; e, além disso, que serão perdoados todos os que foram presos ou exilados por minha causa. Mas se isso não acontecer, diga então ao príncipe Karavlov que esta mesma noite, antes da meia-noite, fugirei desta caverna, a despeito de tudo e de todos. Até lá, espero sua resposta.

Na prática, o mais comum é que a justiça dos bandidos tome a forma de vingança e retaliação. Zelim Khan, para citá-lo mais uma vez, escreveu a um oficial muçulmano, um certo Donugayev:

> Observe que mato os representantes da autoridade porque ilegalmente exilaram minha pobre gente para a Sibéria. Quando o coronel Popov administrava o distrito de Grozniy, houve um levante e os representantes da autoridade e do Exército acharam que tinham de se afirmar massacrando vários infelizes. Ao saber disto, juntei meu grupo e saqueei um trem em Kadi-Yurt, onde matei russos por vingança.[4]

---

*Uma história idêntica tem como protagonista "Mate Cosido", o mais conhecido bandido social do Chaco argentino na década de 1930.

Seja como for, não há dúvida de que o bandido é visto como um agente de justiça, um restaurador da moralidade, e que muitas vezes considera-se assim ele próprio.

Se ele tira dos ricos para dar aos pobres é um ponto muito discutido, embora seja evidente que ele não se pode permitir tirar dos pobres do lugar, para que estes continuem a apoiá-lo contra as autoridades. Não resta dúvida de que os bandidos "nobres" gozam da reputação de redistribuir riqueza. "O banditismo em Lambayeque sempre se distinguiu", escreve o coronel Victor Zapata, da *Guardia Civil*, "por sua galhardia, coragem, refinamento e pelo desprendimento dos meliantes. Nem cruéis nem sanguinários, eles costumavam, na maioria dos casos, distribuir seu butim entre os pobres e famintos, demonstrando com isso que não estavam isentos de sentimentos de caridade e que seus corações não tinham endurecido."[5] A distinção entre os bandidos que têm essa reputação e os que não a têm está muito clara no espírito da população local, inclusive (como leva a crer a citação anterior) da própria polícia. Não resta dúvida também de que às vezes os bandidos dão aos pobres, seja sob a forma de beneficência pessoal ou de magnanimidade indiscriminada. Pancho Villa distribuiu da seguinte forma o butim de seu primeiro grande golpe: 5.000 pesos para sua mãe, 4.000 para parentes próximos e

> Comprei uma alfaiataria para um homem chamado Antonio Retana, que tinha a vista muito ruim e uma família grande e necessitada. Contratei um homem para dirigi-la e lhe dei a mesma soma de dinheiro. E assim foram indo as coisas. Ao fim de oito ou dez meses, tudo o que havia sobrado dos 50.000 pesos foi usado para ajudar pessoas carentes.[6]

Por outro lado, Luis Pardo, o Robin Hood do banditismo peruano (1874-1909), parece ter preferido espalhar punhados de prata entre as multidões em *fiestas*, como em sua Chiquian natal, ou "lençóis, sabão, biscoitos, latas de alimentos, velas etc.", comprados em lojas do lugar, como em Llaclla.⁷ Sem dúvida, muitos bandidos podem ter adquirido sua reputação de generosidade simplesmente pagando com liberalidade pelos serviços, alimentos e abrigo proporcionados pela população. Essa, ao menos, é a tese de Esteban Montejo, um antigo cubano nada romântico e pouco propenso a idealizar os bandidos de sua juventude.⁸ Contudo, mesmo ele admite que "quando roubavam uma boa bolada, dividiam-na". Nas sociedades pré-industriais, naturalmente, a liberalidade e a caridade são uma obrigação moral para o rico e o poderoso que deseja mostrar-se "bom". Às vezes, como ocorre entre os *dacoits* da Índia, tais qualidades se acham formalmente institucionalizadas. Os *Badhaks* — a mais famosa comunidade de ladrões do norte da Índia — separaram 4.500 rupias de um butim de 40.000 para caridade e sacrifícios aos deuses. Os Minas eram famosos por seus atos de caridade.⁹ Por outro lado, não existem baladas a respeito dos insolventes bandidos de Piura, fato que os estudiosos do banditismo peruano explicam por serem eles demasiado pobres para distribuir algum quinhão entre outros pobres. Em outras palavras, tirar dos ricos para dar aos pobres é um costume corrente e arraigado, ou pelo menos uma obrigação moral ideal, seja na frondosa floresta de Sherwood, seja no sudoeste americano de Billy the Kid, que, segundo consta, "era bom para os mexicanos. Era como Robin Hood; roubava dos brancos e dava aos mexicanos, que por isso julgavam que ele agia certo".¹⁰

A moderação no uso da violência constitui parte igualmente importante da imagem de Robin Hood. "Ele rouba os ricos, ajuda os pobres e não mata ninguém", dizia uma frase corrente a respeito de Diego Corrientes, da Andaluzia. Ch'ao Kai, um dos líderes de salteadores da novela chinesa clássica *À margem d'água* (*Shuihu Zhuan*) pergunta após um ataque: "Alguém morreu?", e respondem-lhe que ninguém foi ferido. "Ch'ao Kai, ao ouvir isso, exultou e disse: 'De hoje em diante, não feriremos pessoas.'"¹¹ Melnikov, um ex-cossaco que agia perto de Oremburgo, "só raramente matava". Pelo menos nas baladas, os bandoleiros catalães dos séculos XVI e XVII só podiam matar em defesa da honra; até mesmo Jesse James e Billy the Kid, segundo a lenda, só matavam em legítima defesa e por outras razões justas. Essa abstenção de violência indiscriminada é tanto mais surpreendente quanto se sabe que no ambiente onde os bandidos atuam todos os homens andam armados, o assassinato é fato corriqueiro e a máxima mais segura é aquela que manda atirar primeiro e fazer perguntas depois. Seja como for, custa acreditar que contemporâneos que os conheciam julgassem seriamente que os irmãos James ou Billy the Kid pensavam duas vezes antes de matar alguém.

É muito pouco provável que qualquer bandido real jamais tenha estado em condições de obedecer continuamente a esse requisito moral imposto por sua condição. Tampouco se pode afirmar com certeza se realmente se esperava que ele se comportasse desse modo; isto porque, embora os imperativos de uma sociedade camponesa sejam claros e definidos, homens habituados à miséria e ao desvalimento geralmente fazem também clara distinção entre os mandamentos que são genuinamente compulsórios em praticamente todas as circunstâncias — por exemplo, não dar com a língua nos dentes à polícia — e aqueles que, por necessidade ou desuso, podem ser abandonados.* Todavia, a própria familiaridade com a morte e a violência torna os homens extremamente sensíveis a distinções morais não percebidas por sociedades mais pacíficas. Existe a morte justa e legítima, como também o assassinato injusto, desnecessário e indiscriminado; há atos louváveis e atos vergonhosos. Tal distinção se aplica tanto ao julgamento daqueles que são vítimas potenciais da violência armada, os camponeses submissos e dóceis, como aos próprios combatentes, cujo código bem pode ser o de um grosseiro cavalheirismo, que desaprova a morte infligida a pessoas desvalidas e até mesmo ataques "desleais" a adversários reconhecidos, como a polícia *local*, com a qual o bandido pode man-

---

*Juan Martinez Alier expôs essa questão com muito vigor, baseado numa série de entrevistas com trabalhadores rurais da Andaluzia em 1964-1965.[12]

ter uma relação de mútuo respeito. (As regras que se aplicam aos forasteiros são um tanto diferentes.)* Qualquer que seja a definição de assassinato "justo", o "bandido nobre" deve pelo menos procurar permanecer dentro dela, e é provável que o verdadeiro bandido social o faça. Mais tarde teremos oportunidade de examinar o tipo de bandido a quem não se aplica esse tipo de restrição.

Como o bandido social não é um criminoso, quando deixa de estar fora da lei tem pouca dificuldade para regressar à sua comunidade, como membro respeitado.** Quanto a esse ponto, os documentos são unânimes. Na verdade, às vezes ele jamais deixa de fato a comunidade. Na maioria dos casos, tende a atuar dentro do território de sua aldeia ou parentela, as quais o mantêm como questão de dever familiar, bem como de bom senso, pois, se não o alimentarem, não seria ele forçado a transformar-se num ladrão comum? Tanto um estudante Habsburgo quanto um oficial corso da República Francesa chamam a atenção para essa questão com igual convicção: "É melhor alimentá-los, para que não venham a roubar."[14] Em áreas remotas ou inacessíveis, onde os agentes da lei só podem penetrar em incursões ocasionais, o bandido poderá inclusive morar na aldeia, a menos que avisem que a polícia está a caminho; assim acontece nos ermos da Calábria ou da Sicília. Na verdade, nas províncias mais remotas, onde a lei e o governo exercem pouquíssima influência, o bandido pode não só ser tolerado e protegido, como também ser membro influente da comunidade, como tantas vezes ocorre nos Bálcãs.

---

*O romance Mehmed, meu gavião, de Yashar Kemal, oferece bons exemplos desse tipo de relação. Ao surpreender, por acaso, o sargento local, que passa a maior parte do tempo a persegui-lo, o herói manda que ele busque proteção. Em outra passagem, o sargento encurrala Mehmed numa caverna, juntamente com sua mulher, seu filho recém-nascido e outra mulher. Para salvá-los, Mehmed oferece sua rendição. O sargento adianta-se para prendê-lo, mas uma das mulheres zomba dele: "Você pensa que o capturou numa luta leal, mas só venceu porque ele não pode deixar a criança morrer." E o sargento vê-se impossibilitado de efetuar a captura do famoso bandido, pois não haveria glória nessa vitória, e o deixa fugir.
**Luis Borrego, comparsa do famoso "El Tempranillo", conseguiu até tornar-se prefeito de Benamejí, sabidamente uma localidade que por tradição nada tinha contra os bandidos.[13]

Vejamos o caso de um certo Kota Christov, de Roulia, nos confins da Macedônia, no fim do século XIX. Christov era o bandido mais temido da região, mas ao mesmo tempo o cidadão mais eminente de sua aldeia, seu alcaide, mercador, estalajadeiro e homem de sete instrumentos. Em defesa de sua aldeia, resistia aos proprietários de terras locais (na maioria albaneses) e desafiava os funcionários turcos que vinham requisitar alimentos para soldados e gendarmes, com os quais ele sempre passava o dia e que nunca tentavam perturbá-lo. Cristão devoto, ajoelhava-se diante do santuário do mosteiro bizantino da Santíssima Trindade após cada uma de suas façanhas, e lamentava a matança de cristãos (ainda que não deplorasse, podemos supor, a morte de albaneses de qualquer religião).* Incontestavelmente, Kota não era um ladrão comum e, embora extremamente vacilante, segundo os padrões ideológicos modernos — lutou primeiro pelos turcos, depois pela Organização Revolucionária Macedônia Interna, e ainda mais tarde pelos gregos — defendia sistematicamente os direitos de "seu" povo contra a injustiça e a opressão. Além disso, parece que fazia clara distinção entre ataques permissíveis e não permissíveis, o que pode refletir tanto um senso de justiça quanto sensibilidade às conveniências da política local. Seja como for, expulsou de seu bando dois elementos que haviam matado um certo Abdin Bey, embora ele próprio já houvesse mandado desta para melhor vários outros tiranos locais. O único motivo pelo qual tal homem não pode ser classificado simplesmente como um bandido social é que, nas condições políticas da Macedônia turca, não se pode afirmar que ele estivesse fora da lei, ou ao menos continuamente. Onde as restrições do governo e da senhoria se mostravam frouxas, o Robin Hood era um reconhecido líder comunitário.

É muito natural que o paladino do povo fosse, pelos padrões locais, não só honesto e respeitável, como digno de toda admiração.

---

*Curiosamente, ele se tornou herói entre os albaneses, que têm uma canção a seu respeito.[15]

Como vimos, a "imagem" de Robin Hood exige ações moralmente positivas, como roubar os ricos e não exagerar no morticínio; mais que isso, porém, exige os atributos convencionais do cidadão de moral ilibada. As sociedades camponesas estabelecem distinções muito claras entre os bandidos sociais que merecem tal aprovação (ou que são tidos como merecedores dela) e aqueles que, embora às vezes reputados, temidos ou mesmo admirados, não a merecem. Com efeito, em muitas línguas há palavras diferentes para esses diversos tipos de ladrões. São abundantes as baladas que terminam com o ladrão famoso confessando seus pecados no leito de morte, ou expiando feitos tenebrosos, como o voivoda *haiduk* Indje (que a terra expeliu de suas entranhas três vezes) e só encontrando repouso no túmulo quando um cachorro morto foi colocado ali.[16] Contudo, não é este o destino do ladrão nobre, que não cometeu crime algum. Pelo contrário, as pessoas rezam por ele, como as mulheres de San Stefano, em Aspromonte (Calábria), que oram pelo grande Musolino.[17]

> Musolino é inocente.
> Foi condenado injustamente;
> Nossa Senhora, São José,
> Guardai-o sempre sob vossa proteção (...)
> Oh, Jesus, oh, minha Nossa Senhora,
> Protegei-o de todo mal
> Agora e para sempre, amém.

Isto porque o bandido nobre é *bom*. Para citarmos um caso em que há um certo conflito entre a realidade e a imagem, afirma-se que Jesse James jamais roubou pregadores, viúvas, órfãos e ex-confederados. Além disso, diz-se dele ter sido batista devoto, que dava aulas numa escola de canto da igreja. Dificilmente os pequenos agricultores do Missouri poderiam expedir para ele um melhor atestado de bons antecedentes.

Com efeito, o bom bandido pode, depois de morto, adquirir uma elevadíssima estatura moral, a de seres intermediários entre os homens e a divindade. É notável o número de cultos que se formaram em torno dos túmulos de *gauchos* valentões na Argentina, na maioria ex-combatentes nas guerras civis políticas do século XIX que se transformaram em bandidos, e suas sepulturas, onde as pessoas rezam por milagres, muitas vezes ostentam as cores do partido.

Obviamente, um homem de tais qualidades contaria com a ajuda de todos, e como ninguém auxiliaria a lei contra ele, o bandido estaria praticamente à prova de descoberta por inábeis soldados e gendarmes na região que ele conhecia tão bem, e só a traição poderia ensejar sua captura. Diz uma balada espanhola:

> Dois mil escudos de prata
> Dão só por sua cabeça.
> Muitos desejam esse prêmio,
> Mas ninguém há de ganhá-lo,
> Se não for um camarada
> Traidor de sua própria tropa.[18]

Na prática, bem como na teoria, os bandidos morrem pela traição, ainda que a polícia possa reivindicar para si o triunfo, como no caso de Giuliano. (Existe até um provérbio na Córsega a respeito: "Morto depois da morte, como um bandido pela polícia.") As baladas e os contos estão cheios desses traidores execrados, desde o tempo do próprio Robin Hood até o século XX: Robert Ford, que traiu Jesse James; Pat Garrett, o Judas de Billy the Kid; Jim Murphy, que entregou Sam Bass:

> Ah, como Jim será escaldado
> Quando Gabriel soprar a trombeta.

Também encontramos traidores nas histórias documentadas da morte de bandidos: Oleksa Dobvuš, o bandido cárpato do século XVIII, não morreu por traição de sua amante Eržika, como dizem as canções, mas com um tiro pelas costas dado pelo camponês Stepan Dzvinka, a quem ele ajudara. Salvatore Giuliano foi traído, bem como Angiolillo e Diego Corrientes. De outra forma, como poderiam tais homens morrer?

Não eram eles invisíveis e invulneráveis? Assim se crê que sejam todos os "bandidos do povo", provavelmente ao contrário de outros fora da lei, e a crença reflete sua identificação com o campesinato. Sempre viajam pelo interior do país com disfarces impenetráveis, ou com roupas comuns, sem serem reconhecidos pelos agentes da lei, até eles próprios se identificarem. Assim, como ninguém os denunciará, e como são indistinguíveis do homem comum, são *praticamente* invisíveis. As histórias que deles se contam apenas dão expressão simbólica a essa relação.

Sua invulnerabilidade parece ser fenômeno mais complexo. Em certa medida, também reflete a segurança que os bandidos desfrutam entre sua gente e em seu próprio território. De certa forma, expressa o desejo de que o paladino do povo não possa ser derrotado, a mesma espécie de desejo que produz os mitos eternos do rei bom — e do bandido bom — que na verdade não morreu e um dia retornará, a fim de restaurar a justiça. A recusa de aceitar a morte de um ladrão constitui critério seguro dessa "nobreza". Assim, o sargento Romano na verdade não morreu, e pode ser visto ainda vagando pelos campos em segredo e solidão; Pernales (um dos vários bandidos andaluzes a respeito dos quais se contam tais histórias) "na verdade" fugiu para o México; Jesse James, para a Califórnia. Isto porque a derrota e a morte do bandido é a derrota de sua gente; e, pior ainda, a morte da esperança. Os homens podem viver sem justiça — e geralmente têm de aceitar a situação —, mas não sem esperança.

Contudo, a invulnerabilidade do bandido não é apenas simbólica. Quase invariavelmente ela se deve a artes mágicas, o que reflete o interesse benevolente das divindades em suas atividades. Os bandidos do sul da Itália portavam amuletos bentos pelo papa ou pelo rei, e consideravam-se sob a proteção da Virgem; os do sul do Peru apelavam para Nossa Senhora de Luren, e os do Nordeste brasileiro para os beatos locais. Em certas sociedades em que existe um banditismo muito institucionalizado, como no sul e no sudeste da Ásia, o elemento mágico se mostra mais desenvolvido ainda, e seu significado talvez seja mais claro. Assim, o bando *rampok* tradicional de Java é, essencialmente, um "agrupamento de natureza mágico-mística" e seus membros estão unidos, além de outros laços, pelo *ilmoe* (elmu), um sortilégio que pode consistir em uma palavra, um amuleto, um adágio, porém às vezes é simplesmente uma convicção pessoal, adquirida por sua vez através de exercícios espirituais, como meditação e coisas análogas, mediante dádiva ou compra, ou que um homem adquire ao nascer, predestinando-o à sua vocação. É isso que torna os ladrões invisíveis e invulneráveis, que paralisa suas vítimas ou as faz dormir e lhes permite fixar, por adivinhação, o lugar, o dia e a hora de suas atividades — mas que também lhes proíbe modificar o plano depois de determinado por inspiração divina. O curioso nessa magia dos bandidos indonésios é que ela pode, em certas circunstâncias, ser generalizada. Em momentos de intensa excitação milenarista, quando as próprias massas se levantam, tomadas de expectativa, também elas se creem magicamente invulneráveis. Por conseguinte, a magia pode exprimir a legitimidade espiritual da ação do bandido, a função de liderança no bando, a força propulsora da causa. Mas talvez ela possa também ser vista como uma dupla apólice de seguro: um seguro que suplementa a habilidade humana,* mas que também

---

*Os líderes de bandidos da Indonésia só gozam dos benefícios da magia forte se também provarem sua capacidade de conduzir as ações com êxito; os *dacoits aheriya* de Uttar Pradesh consultavam os oráculos antes dos roubos, mas os *jemadars* (líderes) mais valentes não se preocupavam em fazê-lo.[19] Como de costume, uma canção a respeito de Lampião esclarece a questão. O bandido foi tratado por um pai de santo com a magia africana, que, como todos sabem, é a mais forte, para torná-lo invulnerável a armas de fogo e armas brancas; mas o milagreiro também lhe recomendou que, em caso de necessidade, apelasse para "São Pernas, São Vigilante, São Fuzil, São Desconfiança, São Cuidado" etc.

explica o fracasso de um homem. Porque se os presságios foram augúrios mal interpretados ou se uma ou outra das condições mágicas não se cumpriu, a derrota do herói invulnerável não implica a derrota do ideal que ele representa. E, infelizmente, os pobres e os fracos sabem que seus campeões e defensores não são realmente invulneráveis. Podem reerguer-se muitas vezes, mas acabarão sendo derrotados e mortos.

Finalmente, como o ladrão nobre é justo, não pode entrar em conflito real com a *fonte* da justiça, seja ela divina ou humana. Existem várias versões da história de conflito e reconciliação entre bandido e rei. Só o ciclo de Robin Hood contém diversas. O rei, aconselhado por maus consultores, como o xerife de Nottingham, persegue o nobre proscrito. Lutam, porém o rei não consegue vencê-lo. Encontram-se frente a frente, e o monarca, que, como é natural, reconhece as virtudes do sedicioso, permite-lhe levar avante seu bom trabalho, ou até mesmo o toma a seu próprio serviço.* O significado simbólico dessas histórias é claro. Menos evidente é que, mesmo que não sejam absolutamente verídicas, se baseiem em experiências que as tornam suficientemente plausíveis para as pessoas dos tipos de região onde abunda o banditismo. Onde o Estado for remoto, ineficiente e fraco, ele se sentirá tentado a estabelecer boas relações com qualquer grupo forte local que não consiga derrotar. Se os ladrões dispuserem de força suficiente, o Estado terá de conciliar-se com eles, como com qualquer outro centro de força armada. Quem quer que tenha vivido em épocas em que o banditismo se tornou descontrolado sabe que as autoridades locais têm de estabelecer um *modus vivendi* com os chefes dos ladrões, do mesmo modo como qualquer cidadão de Nova York sabe que a polícia possui relações análogas com os bandidos urbanos (ver p. 116). Não é inacreditável ou inédito que a autoridade perdoe bandidos famosos e lhes

---

*Os historiadores têm até tentado autenticar a existência de Robin Hood pesquisando as contas reais em busca de salários pagos pelo rei a um R. Hood.

dê cargos oficiais. Isso ocorreu, por exemplo, com El Tempranillo (Don José), na Andaluzia. Tampouco é inverossímil que os Robin Hoods, cuja ideologia é exatamente a mesma dos camponeses que o cercam, se considerem "leais e justos". A única dificuldade é que quanto mais um bandido se aproxima do ideal camponês de um "ladrão nobre", isto é, um paladino socialmente consciente dos direitos dos pobres, menos provável será que as autoridades abram os braços para recebê-lo. Muito mais provável será que o vejam como um subversivo e o persigam.

Normalmente, isto não lhes custará mais que dois ou três anos, a média da carreira de um Robin Hood, a menos que este atue numa região muito remota e/ou que desfrute de enorme proteção política.* Pois se as autoridades realmente destacarem para sua captura um número suficiente de soldados (operação cujo efeito é menos assustar o bandido que infernizar a vida dos camponeses que o protegem) e oferecerem um prêmio suficientemente grande, seus dias estarão contados. Apenas uma moderna e bem organizada campanha de guerrilhas pode resistir sob tais condições; mas os Robin Hoods estão muito longe de se parecer com modernos guerrilheiros, em parte porque atuam como líderes de pequenos grupos, que não contam com auxílio fora de seu território nativo, e em parte porque são demasiado arcaicos, do ponto de vista organizacional e ideológico.

Na verdade, não são nem mesmo revolucionários, sociais ou de outra espécie, ainda que o verdadeiro Robin Hood veja com simpatia as aspirações revolucionárias de "sua" gente e participe de revoluções quando pode. Num capítulo posterior, examinaremos esse aspecto do banditismo. Contudo, o objetivo dele é relativamente modesto. O motivo de seu protesto não é o fato de os camponeses serem pobres e oprimidos. O que ele procura estabelecer ou

---

*Janošik durou dois anos; Diego Corrientes, três; Musolino, dois; a maioria dos salteadores do sul da Itália na década de 1860, não mais de dois; mas Giuliano (1922-1950) durou sete, até perder a boa vontade da Máfia.

restabelecer é a justiça ou "os velhos costumes", ou seja, atitudes corretas numa sociedade de opressão. Ele desagrava as ofensas. Não procura criar uma sociedade de liberdade e igualdade. As histórias que dele se contam registram triunfos modestos: o salvamento da fazenda de uma viúva, a morte de um tirano local, a libertação de um prisioneiro, a vingança de uma morte injusta. No máximo — e o caso é bastante raro — ele poderá, como Vardarelli, em Apúlia, ordenar aos administradores de propriedades que distribuam pão a seus trabalhadores, que permitam que os pobres respiguem os campos ou que distribuam sal gratuitamente, isto é, que cancelem os impostos. (Esta é uma função importante, motivo pelo qual contrabandistas profissionais como Mandrin, o herói de mitos populares franceses do século XVIII, podem adquirir sem dificuldade a auréola de um Robin Hood.)

O Robin Hood comum pouco mais que isso pode fazer, ainda que, como veremos, há sociedades em que o banditismo se apresenta simplesmente na forma do herói ocasional que junta em torno de si o grupo habitual, de seis a vinte homens, mas como uma instituição organizada e permanente. Em tais países, o potencial revolucionário dos ladrões é consideravelmente maior (ver o capítulo 6). O "ladrão nobre" tradicional representa uma forma extremamente primitiva de protesto social, talvez a mais primitiva que existe. É a pessoa que se recusa a dobrar a espinha, e isso é tudo. Em circunstâncias não revolucionárias, a maioria dos homens desta espécie se sentirá tentada, mais cedo ou mais tarde, a seguir pelo caminho fácil — converter-se em ladrão comum que rouba tanto dos pobres como dos ricos (exceto, talvez, em sua aldeia natal), em servidor dos poderosos, em membro de algum grupo armado que estabelece boas relações com as estruturas do poder oficial. É por isso que os poucos que não o fazem, ou que passam por não se haver contaminado, recebem uma carga tão grande e apaixonada de admiração e saudade. Não podem abolir a opressão. Mas provam que a justiça é possível, que os pobres não precisam ser humildes, desvalidos e dóceis.*

É por isso que Robin Hood não pode morrer, e por isso é inventado mesmo quando não existe. Os pobres necessitam dele, pois ele representa a justiça, sem a qual, como observou Santo Agostinho, os reinos não passam de um imenso roubo. É por isso que ele se torna mais necessário, talvez, quando os pobres não têm esperança de derrubar a opressão, e buscam meramente aliviá-la, mesmo quando em parte aceitarem a lei que condena o marginal, que, no entanto, representa a justiça divina e uma forma superior de sociedade que ainda não pode surgir:

> Às Escrituras obedeci,
> Ainda que tivesse vida perversa.
> Quando encontrava os nus,
> Eu os vestia e alimentava;
> Às vezes com um capote magnífico,
> Às vezes com uma capa modesta.
> Vesti os nus, alimentei os famintos,
> E despachei os ricos com a bolsa vazia.[21]

Notas

1. Pearl Buck, *All Men are Brothers* (tradução do romance chinês *Shuihu Zhuan*), Nova York, 1937, p. 1258.
2. E. Morsello e S. De Sanctis, *Biografia di un bandito. Giuseppe Musolino di fronte alla pscichiatria e alla sociologia*, Milão, s. d., p. 175.
3. C. Bernaldo de Quiros, *El bandolerismo en Espãna y México,* Cidade do México, 1959, p. 59.

---

*Sintomaticamente, os líderes de grupos legendários são muitas vezes descritos como fracos ou portadores de defeitos físicos, e raramente tidos como os membros mais fortes do grupo. "Pois o Senhor quis provar, com seu exemplo, que todos nós, assustados, humildes e pobres, podemos realizar grandes feitos se Deus assim desejar."[20]

4. M. Pavlovich, "Zelim Khan et le brigandage au Caucase", *Revue du Monde Musulman*, XX, 1912, pp. 144, 146.
5. V. Zapata Cesti, *La delincuencia en el Perú*, Lima, s. d., p. 175.
6. M. L. Guzmán, *The Memoirs of Pancho Villa*, Austin, 1965, p. 8.
7. Alberto Carrillo Ramírez, *Luis Pardo, "El gran bandido"*, Lima, 1970, pp. 117-118, 121.
8. Miguel Barnet, *Cimarrón*, Havana, 1967, pp. 87-88.
9. R. V. Russell, *The Tribes and Castes of the Central Provinces of India*, 4 vols., Londres, 1916, I, p. 60; Charles Hervey, *Some Records of Crime*, Londres, 1892, I, p. 331.
10. Kent L. Steckmesser, "Robin Hood and the American Outlaw", *in Journal of American Folklore*, 79, abril-junho de 1966, p. 350.
11. Pearl Buck, op. cit., p. 350.
12. Juan Martínez Alier, *La estabilidad del latifundismo*, Paris, 1968, capítulos 1-6.
13. J. Caro Baroja, *Ensayo sobre la literatura de cordel*, Madri, 1969, p. 375.
14. A. V. Schweiger-Lerchenfeld, *Bosnien*, Viena, 1878, p. 122; P. Bourde, *En Corsé*, Paris, 1887, pp. 218-219.
15. Extraio essa informação de Douglas Dakin, *The Greek Struggle in Macedonia*, Salonica, 1966.
16. F. Kanitz, *La Bulgarie danubienne*, Paris, 1882, p. 346.
17. Número especial, dedicado à Calábria, de *Il Ponte*, 1950, p. 1305.
18. Juan Regla Campistol e Joan Fuster, *El bandolerisme català*, Barcelona, 1963, II, p. 35.
19. D. H. Meijer, "Over het bendewezen op Java", *in Indonesie*, III, 1949-1950, p. 183; W. Crooke, op. cit., p. 47. Ver também Nertan Macedo, *Capitão Virgulino Ferreira da Silva: Lampião*, Rio de Janeiro, 1968, p. 96.
20. Ivan Olbracht, *Der Räuber Nikola Schuhaj*, Berlim Oriental, 1953, p. 100.
21. C. G. Harper, *Half-Hours with the Highwaymen*, Londres, 1908, II, p. 235.

5
Os vingadores

*Deus quase se arrepende
De ter feito a humanidade;
Viu que tudo era injustiça,
Aflições e vaidade.
O homem, por mais fiel,
Inda se julga cruel
À suprema Majestade* (...)

Cordel do Nordeste brasileiro[1]

*Ah, cavalheiros, se eu soubesse ler e escrever,
teria destruído a raça humana*

Michele Caruso, pastor e bandido,
capturado em Benevento, 1863

A MODERAÇÃO AO MATAR e agir com violência faz parte da imagem do bandido social. Não há razão para esperarmos, mais do que se espera do cidadão comum, que, como grupo, ajam de conformidade com os padrões morais que eles próprios aceitam e que seu público espera deles. Não obstante, à primeira vista causa estranheza encontrarmos bandidos que não só praticam o terror e a crueldade numa medida que não pode ser explicada como simples retaliação, mas cujo terror na verdade faz parte de sua imagem pública. São heróis, não *apesar* do medo e horror que inspiram suas ações, mas, de certa forma, *por causa* delas. São menos desagravadores de ofensas do que vingadores e executores de poder; não são vistos como agentes de justiça — mas a vingança e a retaliação são inseparáveis de justiça em sociedades em que sangue se paga com sangue —, e sim como homens que provam que até mesmo os fracos e pobres podem ser terríveis.

Não é fácil dizer se devemos considerar esses monstros públicos como uma variedade especial do banditismo social. O universo ético a que pertencem (ou seja, aquele que é expresso nas canções, poemas e nos folhetos de feiras) contém tanto os valores do "ladrão nobre" quanto os do monstro. Como escreveu o cantador a respeito do famoso Lampião,

> Ele matava de brincadeira,
> Por pura perversidade,
> E alimentava os famintos
> Com amor e caridade.

Entre os cangaceiros do Nordeste do Brasil havia aqueles que, como o famoso Antônio Silvino (1875-1944, ativo como líder em 1896-1914), são lembrados, principalmente por suas boas ações, e outros, como Rio Preto, que se tornaram conhecidos pela crueldade. Contudo, num sentido amplo, a "imagem" do cangaceiro combina os dois tipos. Ilustremos este ponto seguindo a narrativa de um dos poetas populares que cantou os feitos do cangaceiro de maior renome, Virgulino Ferreira da Silva (1898?-1938), conhecido em toda parte como "O Capitão" ou "Lampião".

Segundo a lenda (e o que nos interessa no momento é mais a imagem do que a realidade), ele nasceu numa família de respeitáveis agricultores e criadores de gado da raiz da serra do agreste de Pernambuco, "naquela época passada, quando o sertão era

muito próspero", criando-se como um garoto dado aos livros —
e, portanto, segundo a lenda, relativamente débil. Os fracos devem poder identificar-se com o grande bandido. Como escreveu o poeta Zabelê,

> Por onde Lampião anda,
> Minhoca fica valente,
> Macaco briga com onça
> E o carneiro não amansa.

Seu tio, Manoel Lopes, declarou que o menino certamente se tornaria um doutor. Isto fazia as pessoas rirem,

> Pois não se via doutor
> Naquele imenso sertão;
> Só se via era vaqueiro,
> Batalhão de cangaceiro
> Ou cantador de baião.

De qualquer forma, o jovem Virgulino não queria ser doutor, e sim um vaqueiro, ainda que tenha aprendido o abecedário e o "algarismo romano" com apenas três meses na escola e fosse hábil repentista. Quando ele tinha 17 anos, os Nogueira expulsaram os Ferreira da fazenda onde viviam, acusando-os falsamente de roubo. Assim começou a rixa que o levaria à marginalidade. "Virgulino", recomendou alguém, "confie no divino juiz", mas ele respondeu: "A Bíblia manda honrar pai e mãe, e se eu não defendesse nosso nome, eu perderia minha humanidade." Assim

> Comprou um rifle e punhal
> Na vila de São Francisco

e formou um bando com seus irmãos e 37 outros combatentes (conhecidos pelo poeta e por seus vizinhos pelos apelidos, muitas vezes dados tradicionalmente aos que iam para o cangaço) para atacar os Nogueira, na serra Vermelha. Passar da rixa de sangue ao banditismo era um passo lógico (e necessário, dada a maior força dos Nogueira). Lampião tornou-se um bandido errante, ainda mais famoso que Antônio Silvino, cuja captura em 1914 deixara uma lacuna no panteão do sertão:

> Porém, não poupava a pele
> De militar nem civil,
> Seu carinho era o punhal
> E o presente era o fuzil (...)
> Deixou ricos na esmola
> Valente caiu na sola
> Outro fugiu do Brasil.

Entretanto, diz o poeta, durante todos os anos (c. 1920-1938) em que ele espalhou o terror pelo Nordeste, nunca deixou de lamentar o destino que o transformara em bandido, em vez de trabalhador honesto, e que o conduzia à morte certa, só tolerável se tivesse a sorte de morrer num combate leal.

Lampião foi e ainda é um herói para sua gente, mas um herói ambíguo. Talvez o cuidado normal explique por que o poeta faz sua mesura à moralidade formal e registra a "alegria do Norte" ante a morte do famigerado bandido. (Não são todos os cordéis que seguem esta linha.) A reação de um sertanejo de Mosquito talvez seja mais típica. Quando os soldados chegaram com as cabeças de suas vítimas em latas de querosene, de forma a convencer todos de que Lampião estava realmente morto, ele disse: "Mataram o Capitão porque a reza forte nada adianta na água."[2] Explica-se a observação: o último refúgio de Lampião fora o leito seco de um ribeirão, e de que outra forma, senão pelo fracasso da magia, podia-se explicar sua derrota? Não obstante, apesar de herói, Lampião não era um herói *bom*.

É verdade que ele fizera uma romaria ao famoso Messias de Juazeiro, o padre Cícero, pedindo sua bênção antes de abraçar o cangaço, e é também verdade que o santo, embora debalde o exortasse a renunciar à vida marginal, dera-lhe um documento em que o nomeava como capitão, e seus dois irmãos como tenentes.* Contudo, o cordel de onde extraí a maior parte desse relato não menciona qualquer desagravo de ofensas (exceto no seio do próprio bando), nenhum ato de tirar dos ricos para dar aos pobres, nenhuma dispensação de justiça. Registra batalhas, ferimentos, ataques a cidades (ou contra o que passava por cidades no sertão brasileiro), sequestros, assaltos a ricos, combates com os soldados, aventuras com mulheres, episódios de fome e de sede, mas nada que lembre os Robin Hoods. Pelo contrário, registra "horrores": Lampião assassinou um prisioneiro, embora sua mulher tivesse pagado o resgate pedido; massacrou trabalhadores; torturou uma velha que o amaldiçoara (sem saber de quem se tratava) fazendo-a dançar com um pé de mandacaru até morrer; matou sadicamente um de seus homens, que o ofendera, obrigando-o a comer um quilo de sal; e incidentes semelhantes. Causar terror e ser impiedoso é um atributo mais importante para esse bandido do que ser amigo dos pobres.

E, curiosamente, embora na vida real Lampião fosse sem dúvida arbitrário, e às vezes cruel, via a si próprio como defensor da correção em pelo menos um aspecto importante: a moralidade sexual. Os sedutores eram emasculados; os bandidos, proibidos de violar mulheres (dadas as atrações de sua profissão, raramente precisariam fazê-lo); e o bando sentiu-se de certa feita chocado ante a ordem de rapar os cabelos de uma mulher e fazê-la fugir nua, embora ela estivesse sendo castigada por traição. Pelo menos um membro do grupo, Ângelo Roque, apelidado Labareda, que se aposentou como porteiro do Tribunal de Primeira Instância na Bahia (!!), parece ter

---
*Para a base real deste episódio, ver pp. 120-121.

demonstrado os instintos legítimos de um Robin Hood. No entanto, essas características não predominam no mito.

Na verdade, o terror faz parte da imagem de numerosos bandidos:

> Toda a planície de Vich
> Treme quando passo (...)

diz o herói de uma das inúmeras baladas que cantam os bandoleiros catalães dos séculos XVI e XVII, e nas quais "não abundam episódios de generosidade" (nas palavras de Fuster, seu excelente historiador), embora os heróis populares a que se referem sejam em quase todos os sentidos "nobres". Tornam-se *bandoleros* a partir de alguma ação não criminosa, roubam os ricos, mas não os pobres, devem permanecer "honrados" como eram inicialmente (por exemplo, só matam "em defesa da honra"). Como veremos, o terror faz parte da imagem dos *haiduks,* que tampouco são muito generosos com os pobres. Por outro lado, o terror se mistura com certas características do ladrão "nobre". Igualmente, o terror e a crueldade combinam-se com a "nobreza" no caráter de um personagem inteiramente fictício, Joaquín Murieta, que defendia os mexicanos contra os ianques durante a ocupação da Califórnia — uma invenção literária, mas suficientemente plausível para ter entrado para o folclore californiano e mesmo para a historiografia. Em todos estes casos, o bandido é essencialmente símbolo da força e da vingança.

Por outro lado, os exemplos de crueldade genuinamente indiscriminada não são, via de regra, as dos bandidos típicos. Talvez seja errôneo classificar como banditismo a epidemia de sanguinolência que varreu o departamento peruano de Huanuco de mais ou menos 1917 até fins da década de 1920; ainda que o roubo fizesse parte dela, seu motivo foi descrito como "não exatamente este, mas sim o ódio e a represália". Na verdade, segundo os indícios, o que houve foi uma situação de rixas de sangue que se descontrolou, produzindo aquela "febre de morte entre os homens", que os levava a "queimar, violar, matar, saquear e destruir friamente" em toda parte, exceto na comunidade ou aldeia nativa. É também óbvio, mais ainda, que o medonho fenômeno da *violencia* colombiana depois de 1948 vai muito além do banditismo social comum. Em nenhum outro exemplo, o elemento de violência patológica é mais surpreendente do que nessa revolução camponesa que, depois de abortar, transformou-se em anarquia, ainda que alguns dos atos mais violentos, como o despedaçamento de prisioneiros em fragmentos minúsculos, "na presença dos combatentes enlouquecidos pela barbaridade, e para divertimento deles" (ação que mais adiante veio a ser chamada de *picar a tamal*), tivessem, ao que consta, ocorrido em campanhas guerrilheiras anteriores naquele país sanguinário.[3] O que cumpre observar com relação a essas epidemias de crueldade e massacre é que elas são imorais até mesmo pelos padrões daqueles que dela participam. Se o massacre de passageiros de ônibus, indefesos, ou de aldeões é compreensível no contexto da selvagem guerra civil, incidentes (bem documentados) como arrancar um feto do ventre de uma mulher grávida e substituí-lo por um galo só podem ser "pecados" conscientes. No entanto, alguns homens que perpetram tais monstruosidades são e continuam a ser "heróis" para a população local.

A violência excessiva e a crueldade são, portanto, fenômenos que só coincidem com o banditismo em certos pontos. Não obstante, são suficientemente significativos para exigirem alguma explicação *como fenômeno social*. (O fato de um ou outro bandido ser psicopata é irrelevante; a rigor, é improvável que muitos bandidos rurais sofram perturbações psicológicas.)

Podemos adiantar duas razões possíveis, mas elas não bastam para explicar toda a violência descomedida. A primeira é que, nas palavras do escritor turco Yashar Kemal, "os bandidos vivem de amor e de medo. Inspirar apenas amor é fraqueza. Quando inspiram apenas medo, são odiados e não têm quem os ajude".[4] Em outras palavras, até mesmo o melhor bandido deve demonstrar que pode ser "terrível". A segunda explicação é a de que a crueldade é inseparável da vingança, sendo esta uma atividade inteiramente legítima para o mais nobre dos bandidos. É impossível fazer o opressor pagar a humilhação imposta à vítima em sua própria moeda — pois o opressor atua dentro de uma estrutura de riqueza, poder e superioridade social que a vítima não pode usar, a menos que tenha havido uma revolução social que destrone os poderosos como classe e promova a ascensão dos humildes. A vítima só dispõe de seus próprios recursos, e entre estes a violência e a crueldade são os de eficiência mais visível. Assim, na conhecida balada búlgara sobre o banditismo cruel, *Stoian e Nedélia,* Stoian e os malfeitores atacam a aldeia onde, certa vez, ele foi destratado como servo a serviço de Nedélia. Depois de sequestrá-la, ele a transforma em criada dos bandidos, mas a humilhação não é suficiente e ele a decapita por vingança.

Contudo, é claro que isso não explica inteiramente as explosões de crueldade aparentemente gratuita. Podemos sugerir duas explicações possíveis, ainda que com certa hesitação, pois a psicologia social é uma selva onde apenas um tolo se embrenha descuidadamente.

Dos exemplos mais notórios de violência excessiva, vários estão associados a grupos particularmente humilhados ou inferiores (por exemplo, a gente de cor em sociedades de racismo branco), ou à situação ainda mais penosa de minorias oprimidas por maiorias. Talvez não tenha sido acidental que o criador do bando nobre, mas também extraordinariamente cruel, de Joaquín Murieta, defensor dos mexicanos da Califórnia contra os *gringos* invasores, fosse ele próprio um índio *cherokee*, ou seja, um membro de um grupo minoritário ainda mais espoliado. Lopez Albujar, que descreveu o banho de sangue que assolou as comunidades dos índios de Huanuco, no Peru, percebeu com rara felicidade a ligação. No fundo, esses "bandidos" roubavam, queimavam e matavam "em represália contra a rapacidade insaciável de todos aqueles que não pertenciam à sua raça", isto é, os brancos. As selvagens *jacqueries* ocasionais dos servos índios contra seus senhores brancos na Bolívia, antes da revolução de 1952, mostram desvios semelhantes (temporários) da habitual passividade do camponês, que passa para uma fúria cruel.

Uma retaliação brutal e indiscriminada: sim, mas talvez também (e principalmente entre os fracos, as vítimas permanentes, que não têm qualquer esperança de vitória, nem mesmo em sonhos) uma "revolução de destruição" mais genérica, que transforma o mundo inteiro em ruínas, uma vez que não parece ser possível nenhum mundo "bom". Stagolee, o herói mítico da balada negra, destrói toda a cidade como um terremoto, outro Sansão. A Pirata Jenny, de Brecht, a mais ínfima criadinha do hotel mais vil, vítima de todos quanto a encontram, sonha com os piratas que virão em seu navio de oito velas, capturarão a cidade e lhe perguntarão quem deve ser poupado. Ninguém será poupado, todos deverão morrer, e a Pirata Jenny gracejará enquanto suas cabeças rolam. Da mesma forma, nos romances dos trabalhadores oprimidos do sul da Itália, os heróis lendários, como o bandido calabrês Nino Martino, sonhavam com a catástrofe universal. Em tais circunstâncias, mostrar poder, qualquer poder, constitui um triunfo. A morte e a tortura são a afirmação mais primitiva e pessoal de poder supremo, e podemos supor que quanto mais fraco o rebelde admite intimamente ser, tanto maior será a tentação de afirmar-se.

Entretanto, mesmo quando tais rebeldes triunfam, a vitória traz consigo sua própria tentação de destruir, pois os insurretos camponeses primitivos não possuem nenhum programa positivo, senão apenas o programa negativo de livrar-se da estrutura que impede os homens de viverem bem e de manterem relações justas, como nos bons tempos. Matar, esfaquear e fazer arder tudo quanto não seja necessário e útil ao homem que lavra a terra ou que pastoreia os rebanhos representa abolir a corrupção e deixar apenas o que é bom, puro e natural. Assim, os guerrilheiros-salteadores do sul da Itália destruíam não só seus inimigos e os documentos legais de servidão, como também riquezas desnecessárias. Sua justiça social consistia na destruição.

Há, contudo, outra situação em que a violência ultrapassa os limites aceitos convencionalmente, mesmo em sociedades habituadas à violência. Isto ocorre durante períodos de rápida transformação social, que destrói os mecanismos tradicionais de controle social que detêm a anarquia destrutiva. O fenômeno de rixas familiares que "se descontrolam" é bem conhecido por aqueles que estudam as sociedades reguladas pela vingança de sangue, normalmente um dispositivo social que traz em si seu próprio freio automático. Assim que duas famílias em rixa ficam quites, seja com outra morte, seja através de alguma outra compensação, negocia-se um acordo, garantido por terceiros, pelo casamento interfamiliar ou por outras formas estabelecidas, de modo que o morticínio não prossiga indefinidamente. No entanto, se por alguma razão (como, por exemplo, a intervenção do Estado através de algum meio incompreensível para os costumes locais, ou através do apoio à família de maior força política) o freio deixa de atuar, os litígios transformam-se naqueles prolongados massacres mútuos que terminam com a eliminação total de uma das famílias ou, após anos de guerra, com o recurso ao acordo negociado, que deveria ter sido feito desde o início. Como vimos no caso de Lampião, essas interrupções do mecanismo costumeiro para a solução de conflitos podem, entre outras coisas, multiplicar o número de marginais e bandidos (e, com efeito, litígios dessa espécie constituem, quase invariavelmente, o ponto de partida da carreira de um cangaceiro no Brasil).

Dispomos de exemplos excelentes das interrupções mais gerais de tais dispositivos costumeiros de controle social. Em sua admirável autobiografia, *Terra sem justiça*, Milovan Djilas descreve a ruína do sistema de valores que regia o comportamento dos homens em sua pátria, Montenegro, após a Primeira Guerra Mundial. E Djilas registra um estranho episódio. Além de seus litígios internos, os montenegrinos ortodoxos haviam-se habituado a atacar seus vizinhos, os albaneses católicos ou os bósnios muçulmanos, ou a serem por eles atacados. No começo da década de 1920, um grupo partiu em ataque às aldeias bósnias, como haviam feito desde tempos imemoriais. Para seu próprio horror, descobriram-se praticando atos que os agressores jamais tinham feito anteriormente, e que sabiam estarem errados: torturar, violar mulheres, assassinar crianças. *E não podiam evitá-los*. As regras que até então governavam os homens eram claramente compreendidas; o costume e o precedente fixavam seus direitos e obrigações, bem como o âmbito, os limites, as épocas e os objetivos de suas ações. Eram obedecidas não só por esse motivo, mas também por fazerem parte de um sistema cujos elementos não conflitavam demasiadamente com a realidade. Uma parte do sistema deixara de funcionar: os homens não mais podiam considerar-se "heróis", uma vez que (a aceitarmos o raciocínio de Djilas) não haviam lutado até a morte contra a conquista austríaca. Por isso, as outras partes do sistema deixaram também de operar: ao sair em combate com os vizinhos, não podiam mais comportar-se como "heróis". Só quando o sistema heroico de valores foi restaurado numa nova base, mais viável — paradoxalmente, pela adesão em massa dos montenegrinos ao Partido Comunista —, foi que a sociedade recuperou seu "equilíbrio mental". Ao ocorrer o levante contra os alemães em 1941, milhares de homens se refugiaram nas montanhas de Montenegro para, novamente, combater, matar e morrer "honrosamente".*

O banditismo, como vimos, cresce e toma proporções epidêmicas em épocas de tensão e desagregação sociais. Tais épocas são também aquelas em que as condições para essas explosões de violência se tornam mais favoráveis. Não constituem o aspecto central do bandoleirismo, salvo na medida em que o bandido é sempre um vingador dos pobres. Em tais épocas, porém, sem dúvida ocorrerão com mais frequência e mais sistematicamente, e sobretudo naquelas insurreições e rebeliões camponesas que não conseguiram trans-

---

*Os montenegrinos (1,4% da população iugoslava) representaram 17% da oficialidade do Exército da Resistência.

formar-se em revoluções sociais, e cujos militantes são obrigados a retomar à vida de marginalidade: famintos, amargurados e ressentidos, até com os pobres, que os deixaram lutando sozinhos. Ou, pior ainda, naquela segunda geração de "filhos da violência", impelida a uma vida de criminalidade pela visão de lares queimados, pais assassinados e violência carnal contra mães e irmãs:

> Que foi que mais o impressionou?
> Ver as casas incendiadas.
> Que mais o fez sofrer?
> Minha mãe e meus irmãozinhos chorando de fome na montanha.
> Foi ferido?
> Cinco vezes, sempre a tiros de fuzil.
> O que você quer?
> Que me deixem em paz, para eu trabalhar.
> Quero aprender a ler.
> Mas só querem me matar.
> A mim nunca deixarão vivo.[5]

Quem fala é Teófilo Rojas ("Chispas"), chefe de um bando, com 22 anos de idade, colombiano. Na ocasião dessa entrevista, era acusado de cerca de 400 crimes: 37 pessoas massacradas em Romerales, 18 em Altamira, 18 em Chili, 30 em San Juan de la China, outras tantas em Salado, 25 em Toche e em Guadual, 14 em Los Naranjos etc.

Monsenhor Germán Guzmán, que conhece como ninguém a violência de sua terra, a Colômbia, fez uma descrição desses filhos da anarquia, perdidos e sedentos de sangue. Para eles:

> Assim, em primeiro lugar rompe-se o binômio homem-terra, que é vital para o camponês. Ele não cultiva a terra nem se importa com as árvores (...) É um homem quase menino, sem esperança. Sua existência transcorre em um ambiente de incerteza, de permanentes fantasias de aventuras, de realização pessoal em empreendimentos mortais, sem significado transcendente. Em segundo lugar, perde a ideia da fazenda como uma âncora, um lugar para

amar, que lhe dá sossego interior, sensação de segurança, sentido de permanência. O neotanatômano é um aventureiro irredutível, um itinerante, um nômade. Sua situação de fora da lei traz consigo a instabilidade, o desapego. Para ele, parar, assentar-se equivale a se entregar, a aceitar o fim. Em terceiro lugar, a vida do desarraigado conduz esse novo antissocial a ambientes ocasionais incertos e precários, muito diferentes dos que tinha em sua terra. Em sua transumância, busca com insolência ocasiões para satisfazer os planos de seu instinto. Destruída a ligação familiar, carece de estímulos afetivos estáveis. Aí está a chave de sua ansiedade sexual e da frequência patológica de seus crimes aberrantes. Para ele o amor significa, mais comumente, o estupro ou um concubinato ocasional (...) Quando suspeita que [as mulheres] planejam fugir (...) as assassinam (...) Em quarto lugar, perde a concepção da estrada como elemento integrante da vida camponesa. O montanhês ama suas trilhas, percorridas vezes sem conta até que se transformam em uma coisa intimamente sua (...) Esse amor faz com que ele vá e volte sempre por elas. Nosso bandido antissocial moderno deixa a estrada conhecida porque a tropa o persegue ou porque a tática de guerrilha o obriga a procurar sendas insuspeitas e atalhos ocultos para o ataque de surpresa.[6]

Só a ideologia ou uma disciplina férrea impedirá que em tais circunstâncias os homens se degenerem em lobos, mas nem uma coisa nem outra caracterizam o rebelde rural.

Entretanto, ainda que devamos mencionar as aberrações patológicas do banditismo, as formas mais permanentes e características da violência e da crueldade são aquelas que se mostram inseparáveis da vingança. Vingança contra a humilhação pessoal, mas também vingança contra aqueles que oprimiram outras pessoas. Em maio de 1744, o bandido Oleksa Dovbuš atacou a residência do fidalgo Konstantin Zlotnicky. Manteve suas mãos sobre o fogo e deixou que queimassem, jogou carvões em brasa sobre sua pele e recusou qualquer resgate. "Não vim em busca de resgate, e sim de sua alma, pois o senhor torturou por muito tempo o povo." Assim os monges cistercienses de Lwow registraram suas palavras. Dvobuš matou ainda a mulher e o filho do fidalgo. A crônica dos monges conclui com a observação de que Zlotnicky fora um senhor cruel, causador da morte de muita gente. Onde os homens se tornam bandidos, a crueldade gera crueldade, o sangue exige sangue.[7]

Notas

1. Antônio Teodoro dos Santos, *O poeta garimpeiro*, "Lampião, o rei do cangaço", folheto de cordel, São Paulo, 1959.
2. Nertan Macedo, op. cit., p. 183.
3. Cf. Paris Lozano, "Los guerrilleros del Tolima", *Revista de las Indias*, Bogotá, I, n° 4, 1936, p. 31.
4. Yashar Kemal, *Mehmed My Hawk*, Collins, 1961, p. 56.
5. Guzmán, Fals Borda, Umaña Luna, op. cit, I, p. 182.
6. Ibid., II, pp. 327-328.
7. Ivan Olbracht, *Berge und Jahrhunderte*, Berlim Oriental, 1952, pp. 82-83.

6
Os HAIDUKS

> *Nemtcho tornou-se um órfão,*
> *Não tem pai, não tem mãe,*
> *e no mundo não há ninguém*
> *que o aconselhe, que lhe ensine*
> *a lavrar, a semear e a colher*
> *a terra que o pai lhe deixou.*
> *Em vez disso, é um* haiduk,
> *porta-bandeira dos* haiduks,
> *e guarda de seus tesouros.*
>
> Canção popular *haiduk*[1]

A PARTIR DO SÉCULO XV, nas montanhas e nas planícies ermas do sudeste da Europa, o avanço dos latifundiários cristãos e dos conquistadores turcos tornou a vida dos camponeses cada vez mais difícil. Entretanto, ao contrário do que acontecia nas regiões com maior densidade demográfica ou administradas com mais firmeza, restava considerável margem de liberdade potencial. A princípio quase espontaneamente e depois de forma mais organizada, foram surgindo grupos e comunidades de homens livres, armados e combativos, entre aqueles que tinham sido expulsos de suas terras ou que fugiam à servidão. Aquilo que um autor chamou de "camadas militares oriundas do campesinato livre" passou assim a caracterizar essa grande região: cossacos na Rússia, *klephts* na Grécia, *haidamaks* na Ucrânia. Na Hungria e na península balcânica ao norte da Grécia, floresceram sobretudo os *haiduks* (*Hadju, Hadjut, Hadjutin*), palavra de origem provavelmente magiar, cujo sentido original é "tropeiro de gado". Os *haiduks* representam uma forma coletiva daquela dissidência camponesa individual que, como vimos, produziu os bandidos clássicos.

Tal como os homens entre os quais se recrutavam os Robin Hoods e os vingadores, os *haiduks* não tinham um compromisso automático com a rebelião contra toda autoridade. Podiam, como em certas partes da Hungria, tornar-se combatentes a serviço de senhores rurais, em troca do reconhecimento como homens livres. Através de uma evolução natural da realidade e da linguagem, o termo *haiduk*, que designava o protótipo do libertador-ladrão livre, podia designar também um dos inúmeros tipos de marginais da nobreza alemã. No mais das vezes, como ocorria na Rússia e na Hungria, aceitavam terras do imperador ou do czar, ou de algum outro príncipe, em troca da obrigação de manter armas e cavalos, e de combater os turcos sob o comando de chefes que eles próprios escolhiam. Tornavam-se assim os guardiões da fronteira militar, uma espécie de ordem plebeia de cavalaria. Não obstante, eram em essência livres, e por isso desdenhavam os servos da gleba, ao mesmo tempo que representavam constantes polos de atração para rebeldes e apátridas. Tampouco sua lealdade poderia ser descrita como incondicional. Todas as grandes revoltas camponesas russas dos séculos XVII e XVIII começaram na fronteira dos cossacos.

Havia, contudo, um terceiro tipo de *haiduk*, que se recusava a ligar-se a qualquer nobre ou governante cristão, quando nada porque atuava numa área em que a maior parte dos nobres e governantes era formada por turcos incréus. Nem reais, nem senhoriais, esses *haiduks* livres eram salteadores por profissão, inimigos dos turcos e vingadores populares por função social, organizadores de primitivos movimentos de resistência e libertação. Nessa qualidade, aparecem no século XV, talvez primeiro na Bósnia e Herzegovina, porém depois em toda a península balcânica e na Hungria, e sobretudo na Bulgária, onde já em 1454 se registrou a atuação de um chefe *"haidot"*. São estes os homens cujo nome escolhi para caracterizar a forma suprema de banditismo primitivo, a que mais se aproxima de ser um foco consciente e permanente de insurreição camponesa. Esses *haiduks* existiam não só no sudeste da Europa, como também, com outros nomes, em várias partes do mundo, como a Indonésia e até a China imperial. Por motivos óbvios, eram mais comuns entre povos oprimidos por conquistadores, de língua e religião diferentes, mas não só nesses lugares.

Normalmente, não era a ideologia ou a consciência de classe que levava tais homens a se tornarem *haiduks*, e até mesmo o tipo de problemas não criminais que impeliam bandidos isolados para a marginalidade não eram particularmente comuns. Dispomos de exemplos dessa natureza, como o do chefe *haiduk* búlgaro Panayot Hitov (que deixou uma inestimável autobiografia). Após um litígio com um funcionário turco, devido a algum obscuro problema legal, Hitov refugiou-se nas montanhas, na década de 1850, com 25 anos. Contudo, a aceitarmos as inúmeras canções e baladas de *haiduk*, que representam uma das principais fontes para o que conhecemos sobre esse tipo de banditismo, em geral o motivo pelo qual um homem se tornava um *haiduk* era estritamente econômico. O inverno era severo, diz uma dessas canções, o verão era escaldante, os carneiros morriam. Por isso, Stoian tornou-se um *haiduk*:

> Quem quiser tornar-se um *haiduk* livre,
> Siga este caminho, fique a meu lado.
> Vinte rapazes assim se uniram,
> E nada tínhamos, nada de nosso,
> Nenhuma espada afiada, mas apenas paus.[2]

Por outro lado, o *haiduk* Tatuncho regressou à propriedade da família, porque sua mãe assim lhe suplicou, dizendo que um ladrão não seria capaz de alimentar a família. Mas o sultão enviou soldados com ordem de capturá-lo. Tatuncho matou-os e trouxe o dinheiro que eles levavam na cinta: "Eis o dinheiro, mãe, e quem dirá que um bandido não alimenta sua mãe?" Realmente, com sorte, o banditismo produzia melhores resultados financeiros do que a vida agrícola.

Nessas circunstâncias, o banditismo social puro era raro. Hitov aponta um desses casos raros em seu orgulhoso levantamento dos membros famosos da profissão que ele próprio abraçara — um certo Doncho Vatach, que fez carreira na década de 1840, só perseguia malfeitores turcos, ajudava os búlgaros pobres e distribuía dinheiro. Os autores britânicos de *Uma residência na Bulgária* (1869), cujas simpatias, como acontece com frequência, se inclinavam para o heroísmo islâmico, observam que os "bandidos nobres" clássicos da Bulgária eram os *chelibi*, geralmente turcos "bem-nascidos", em contraposição aos *khersis* ou ladrões comuns, que gozavam da simpatia de seus conterrâneos aldeões, e aos *haiduks*, marginais assassinos, de natureza cruel e que só desfrutavam do apoio do próprio grupo. Talvez haja algum exagero nisso, mas decerto os *haiduks* não eram Robin Hoods, e maltratavam quem quer que encontrassem no caminho. Abundam nas baladas variações da estrofe:

> Fizemos chorar muitas mães,
> Enviuvamos muitas esposas,
> A muitos outros tornamos órfãos,
> Pois também não temos filhos.

A crueldade dos *haiduks* é um tema comum. É indubitável que o *haiduk* estava isolado do campesinato de maneira muito mais permanente que o bandido social clássico. Além de não terem senhores a quem obedecer, eram também, ao menos durante a carreira de banditismo, homens sem parentes ("todos sem mãe, nem irmãs"), vivendo com os camponeses não como na frase proverbial de Mao, como peixes na água, mas sobretudo como soldados que trocaram a aldeia pelo exílio semipermanente da vida militar. Uma alta porcentagem deles era, de qualquer forma, de pastores e tropeiros, ou seja, seminômades, cujos laços com a aldeia nativa eram intermitentes ou tênues. É sintomático que os *klephts* gregos (e talvez também os *haiduks* eslavos) possuíssem sua língua ou gíria própria.

Por conseguinte, a distinção entre o ladrão e o herói, entre o que os camponeses poderiam aceitar como "bom" e condenar como "mau", era dificílima, e as canções sobre os *haiduks* insistem tanto em seus pecados como em suas virtudes, da mesma forma como a famosa novela chinesa *À margem d'água* insiste no tema da desumanidade (expressa nas conhecidas histórias sobre várias pessoas que por fim se juntam ao grande e variado grupo dos bandidos aventureiros).* A definição do herói *haiduk* é fundamentalmente política. Nos Bálcãs, ele era um bandido *nacional*, de acordo com certas regras tradicionais, ou seja, um defensor ou paladino de cristãos contra os turcos. Na medida em que ele combatia o opressor, sua imagem era positiva, muito embora suas ações pudessem ser horrendas e seus pecados o levassem ao arrependimento final, quando ele vestia o hábito religioso, ou ao castigo de nove anos de enfermidade. Ao contrário do "ladrão nobre", o *haiduk* não espera aprovação moral pessoal; ao contrário do "vingador", a crueldade não é sua principal característica, sendo tolerada graças a seus serviços ao povo.

O motivo que transformou essas pessoas socialmente marginalizadas — homens que menos escolhiam a liberdade em oposição à servidão do que o roubo em oposição à pobreza — em um movimento quase político foi uma poderosa tradição, uma reconhecida função social coletiva. Como vimos, os motivos pelos quais refugiavam-se nas montanhas eram sobretudo econômicos, mas a

---

*Contudo, não sei de algum *haiduk* acusado de antropofagia — geralmente o assassínio de viajantes cuja carne é vendida a carniceiros —, que o público parece reservar para criminosos tidos como realmente apartados da sociedade normal.

expressão exata para transformar-se em *haiduk* era "rebelar-se", e o *haiduk* era, por definição, um insurreto. Unia-se a um grupo social reconhecido. Sem Robin Hood, os alegres companheiros da floresta de Sherwood de nada valiam, mas "os *haiduks*" dos Bálcãs, tal como "os bandidos" da montanha chinesa além do lago, estão sempre ali para receber o dissidente ou o marginal. Seus chefes mudam, e alguns deles são mais famosos ou mais nobres do que os outros, mas nem a existência nem a fama dos *haiduks* dependem da reputação de um único homem. Nesse sentido, representam um grupo de heróis socialmente reconhecidos, e na verdade, até onde eu saiba, os protagonistas das gestas dos *haiduks* não são os homens que se tornaram chefes famosos na vida real, mas os anônimos — ou, antes, aqueles chamados simplesmente de Stoian ou Ivantcho, como qualquer camponês; não são nem mesmo, necessariamente, chefes de bandos. As baladas sobre os *klephts* da Grécia são ao mesmo tempo menos anônimas e menos informativas, do ponto de vista social, uma vez que pertencem à literatura laudatória (ou autolaudatória) de guerreiros profissionais. Seus heróis são, quase por definição, figuras de renome, conhecidas por todos.

A existência permanente trouxe consigo uma estrutura formal e uma organização. A organização e a hierarquia da grande república de salteadores que constitui o tema do romance chinês *À margem d'água* são extremamente elaboradas — e não apenas por oferecer, ao contrário dos países iletrados da Europa, um lugar para o ex-funcionário público e para o intelectual marginalizado. (Com efeito, um de seus principais temas é a substituição de um chefe de baixo nível intelectual — um daqueles candidatos reprovados em certos exames e que constituíam uma óbvia fonte de dissidência política no Império Celeste — por um chefe intelectualizado; por assim dizer, o triunfo do espírito cultivado.) Os bandos de *haiduks* eram liderados por voivodas ou duques (eleitos), cujo dever era fornecer armas, assistidos por um porta-estandarte ou *bairaktar*, que levava a bandeira vermelha ou verde, e que também servia como tesoureiro e intendente. Encontramos uma estrutura militar e uma terminologia semelhantes entre os *rasboiniki* russos e em algumas das comunidades *dacoit* indianas, bem como entre os sansia, cujos bandos de *sipahis* (*sepoys*, *spahis* = soldados) eram chefiados por *jemadars*, que recebiam dois quinhões do butim para cada quinhão distribuído ao soldado comum, e também dez por cento do total para a provisão de tochas, lanças e outros instrumentos do ofício.*

Assim, portanto, o banditismo dos *haiduks* constituía, em todos os sentidos, um desafio mais sério, mais ambicioso, mais permanente e mais institucionalizado à autoridade oficial do que o do punhado de Robin Hoods ou outros rebeldes-salteadores que surgiam em todas as sociedades camponesas normais. Não é fácil afirmar se isso acontecia porque determinadas condições geográficas ou políticas possibilitavam esse banditismo permanente e formalizado, tornando-o automaticamente mais "político", ou se eram determinadas condições políticas (por exemplo, conquista estrangeira ou certos tipos de conflito social) que estimulavam formas inusitadamente "conscientes" de banditismo, dando-lhe, portanto, uma estrutura mais firme e permanente. Ambas as coisas, podemos responder evasivamente, embora as perguntas continuem sem resposta. Não creio que o próprio *haiduk* fosse capaz de fornecer uma resposta, pois raramente, se tanto, ele e sua gente eram capazes de sair da estrutura social e cultural em que estavam inseridos. Tentemos fazer um esboço do *haiduk*.

---

*De modo geral, os ingleses classificavam os *dacoits* indianos como "castas criminosas" ou "tribos criminosas". Entretanto, por trás da conhecida inclinação indiana para dar a todo grupo social e ocupacional uma identidade social separada — isto é, aquilo que se conhece vulgarmente como o "sistema de castas" —, podemos muitas vezes detectar algo semelhante ao "haidukismo". Assim, a mais famosa "tribo" de bandidos do norte da Índia, os *Badhaks*, era originalmente formada por renegados de origem muçulmana ou hindu, "uma espécie de caverna de Adullam para acolher nômades e desordeiros de diversas tribos"; os sansia, ainda que talvez surgidos a partir de bardos e genealogistas hereditários (ainda conservavam essa função junto de alguns *rajputs* no fim do século XIX) aceitavam livremente forasteiros em sua comunidade; e os temíveis minas, da Índia Central, seriam, ao que se crê, camponeses e guardas de aldeia que, depois de perderem suas terras, se refugiaram nas montanhas e se tornaram salteadores profissionais.

Ele se considerava, acima de tudo, um homem livre — e, assim, valia tanto quanto um senhor ou um rei; um homem que, nesse sentido, conquistara emancipação pessoal e, portanto, superioridade. Os *klephts* do monte Olimpo, que capturaram o respeitável Herr Richter, orgulhavam-se de serem iguais aos reis, rejeitando certos tipos de comportamento como "não reais" e, por isso, impróprios. Da mesma forma, os *badhaks* do norte da Índia alegavam que "nossa profissão foi ofício de rei" e — pelo menos em teoria — aceitavam as obrigações do cavalheirismo, como não insultar mulheres e só matar em luta leal, embora possamos ter como certo que poucos *haiduks* podiam se dar ao luxo de lutar dessa maneira tão nobre. A liberdade implicava igualdade entre os *haiduks* e há casos marcantes disso. Quando, por exemplo, o rei de Oudh tentou formar um regimento de *badhaks*, tal como os imperadores da Rússia e da Áustria formavam unidades de *haiduks* e cossacos, os bandidos amotinaram-se, porque os oficiais recusaram cumprir os mesmos deveres que os soldados. Esse comportamento já é bastante invulgar, mas numa sociedade tão eivada de sentimentos de casta, como a da Índia, torna-se quase inacreditável.

Os *haiduks* sempre foram homens livres, mas, no caso típico dos *haiduks* balcânicos, eles não formavam comunidades livres. Isto porque, sendo a *eta* ou bando essencialmente uma união voluntária de homens que se apartavam de sua própria família, ela constituía automaticamente uma unidade social anormal, pois a ela faltavam esposas, filhos e terras. Era duplamente "antinatural", pois muitas vezes o retorno do *haiduk* à vida civil comum em sua própria aldeia nativa era impedido pelos turcos. As baladas dos *haiduks* falam de homens cujas espadas eram suas únicas irmãs, cujos mosquetes eram suas esposas, e que se apertavam as mãos em silêncio e com tristeza quando a *eta* se desfazia, dispersando-se como perdidos para os quatro cantos do mundo. A morte era o que para eles equivalia ao casamento, e constantemente as baladas a descrevem como tal. Por conseguinte, não dispunham de formas normais de organização social, do mesmo modo que soldados em campanha, e ao contrário dos grandes bandos de *krdžali** de fins do século XVIII e princípios do século XIX, que levavam consigo haréns masculinos e femininos à maneira habitual dos turcos, os *haiduks* não faziam nenhuma tentativa para criar família enquanto eram *haiduks*. Talvez porque suas unidades eram demasiado pequenas para defendê-las. Se possuíam alguma forma de organização social, esta seria a irmandade ou sociedade masculina, a mais conhecida das quais era a formada pelos famosos cossacos de Zaporójia (ou Zaporíjia).

Esta anomalia transparece claramente na relação dos *haiduks* com as mulheres. Como todos os bandidos, eles nada tinham contra elas. Muito pelo contrário, como observou em 1908 um relatório confidencial a respeito de um chefe *komitadji*** macedônio, "como quase todos os voivodas, ele é um grande mulherengo".³ Às vezes, moças se juntavam aos *haiduks* (curiosamente, segundo as baladas, algumas eram judias búlgaras), e ocasionalmente alguma Boyana, Yelenka ou Todorka chegava mesmo a se tornar voivoda. Algumas voltavam, após um adeus cerimonial, à vida comum e ao casamento:

> Penka subiu as montanhas,
> As montanhas dos *haiduks*,
> Ela queria levar presentes
> Pois em breve ia se casar:
> A cada soldado deu um lenço,
> Em que havia uma moeda de ouro,
> Para que os *haiduks* se lembrassem
> Do casamento de sua Penka.⁴

Entretanto, parece que durante o tempo que viviam entre os *haiduks*, essas moças se portavam como homens, vestindo roupas masculinas e lutando como homens. Essa balada conta a história

---

*Soldados desmobilizados e marginais que vagavam pela Bulgária no fim do século XVIII.
**Grupos de guerrilheiros criados pelo Comitê Supremo para a Macedônia e Adrianópolis dos revolucionários macedônios.

de uma moça que voltou para casa, assumindo o papel de mulher, diante da insistência da mãe. Entretanto, não suportando a vida doméstica, ela guardou a roca e pegou de novo o fuzil para voltar a ser um *haiduk*. Da mesma forma que a liberdade significava nobreza para um homem, significava um *status* masculino para uma mulher. Por outro lado, pelo menos em teoria, nas montanhas os *haiduks* evitavam o sexo com as mulheres. As baladas dos *klephts* insistem na barbaridade de se tocar em prisioneiras mantidas como reféns ou para outros propósitos, e tanto os *klephts* como os salteadores búlgaros acreditavam que quem atacasse uma mulher era inevitavelmente apanhado, vale dizer, torturado e morto, pelos turcos. A crença é significativa, ainda que, como podemos suspeitar, nem sempre fosse respeitada na prática.[5] Nos bandos de não *haiduks*, sabe-se da presença de mulheres em bandos, mas o fato não era comum. Lampião parece ter sido o único cangaceiro brasileiro a permitir que elas compartilhassem a vida errante do bando; é provável que isto tenha acontecido depois que ele se apaixonou pela bela Maria Bonita, romance muito repisado nos folhetos de cordel. Isso era apontado como excepcional.

É claro que a presença de mulheres talvez não criasse um problema grande demais para os *haiduks*, pois, como ocorre de costume com todos os bandidos, suas atividades eram sazonais. "Eles têm um provérbio", escreveu um alemão do século XVIII, dos *morlachs* da Dalmácia: *"Jurwew dance, aiducki sastance"*, ou seja, "No dia de São Jorge, os *haiduks* se juntam" (porque nessa época a paisagem verdejante e o grande número de viajantes facilitam os assaltos)."[6] Os *haiduks* da Bulgária guardavam as armas na festa da Cruz, de 14 a 27 de setembro, até o dia de São Jorge, na primavera seguinte. Na verdade, o que podiam fazer no inverno, quando não havia ninguém para assaltar, além dos aldeões? Os mais obstinados podiam levar mantimentos para suas cavernas nas montanhas, mas seria mais conveniente passar a estação fria em alguma aldeia amistosa, entoando canções sobre aventuras e bebendo, e, se a temporada tivesse sido fraca (pois o que havia para roubar nas estradas secundárias da Macedônia e de Herzegovina, mesmo nas melhores épocas?), podiam colocar-se a serviço de camponeses ricos. Ou podiam voltar ao convívio de sua família, já que em certas áreas montanhesas havia "poucas famílias grandes que não mandassem alguns de seus membros viver entre os *haiduks*".[7] Os salteadores podiam viver entre rigorosas irmandades masculinas, não reconhecendo outros laços além daqueles do "verdadeiro e unido grupo de camaradas", mas apenas durante a temporada de campanha.

Assim levavam sua vida rústica e livre na floresta, nas cavernas ou nas estepes abertas, armados com o "fuzil da altura de um homem", o par de pistolas à cinta, o iatagã e a "afiada espada franca", as túnicas rendadas, douradas e cruzadas por cartucheiras, os bigodes eriçados, conscientes de que a fama era sua recompensa entre amigos e inimigos. A mitologia do heroísmo, a ritualização da balada transformavam-nos em personagens lendários. Pouco ou nada sabemos sobre Novak e seus filhos Grujo e Radivoj, sobre o Pastor Mihat, Rado de Sokol, Bujadin, Ivan Visnic e Luka Golowran, exceto que eram renomados *haiduks* bósnios do século XIX, pois aqueles que cantavam baladas a seu respeito (inclusive eles próprios) não precisavam informar a suas plateias como era a vida dos camponeses e pastores da Bósnia. Só ocasionalmente levanta-se a nuvem de anonimidade aventureira, e a vida de um *haiduk* surge, ao menos parcialmente, à luz da história.

Isto ocorreu com o voivoda Korčo, filho de um pastor das proximidades de Strumica (na Macedônia), que servia a um bei turco. Uma epidemia dizimou o rebanho, e o bei aprisionou o pastor. Korčo refugiou-se nas montanhas para ameaçar o turco, mas em vão: o ancião morreu na prisão. Como líder de um bando de *haiduks*, Korčo capturou então um jovem "nobre" turco, quebrou-lhe os braços e as pernas, decapitou-o e desfilou pelas aldeias cristãs com sua cabeça espetada numa lança. Depois disso, foi um *haiduk* durante dez anos, até que comprou algumas mulas, trocou os trajes de *haiduk* pelos de mercador e desapareceu — pelo menos do mundo das gestas de desassombro — durante mais dez anos. Ao fim desse tempo, ressurgiu como chefe de trezentos homens (não esmiucemos demais os números redondos citados nas narrativas épicas) e se pôs a serviço do valoroso Pasvan (Osman Pasvanoglu, bósnio muçulmano que se tornou paxá de Vidin), que se opunha à Sublime Porta e comandou as formações selvagens de *krdžahli* contra os servos mais leais do sultão. Korčo não permaneceu durante muito tempo a serviço de Pasvan. Retornando à vida livre, atacou e capturou a cidade de Strumica, não só porque os *haiduks* camponeses odiavam as cidades, mas porque ela abrigava o bei que causara a morte de seu pai. Matou o bei e massacrou a população. Depois disso, regressou a Vidin, e a história ou a lenda o perdeu de vista. Não se sabe qual foi seu fim. Como a época dos ataques dos *krdžahli* foi, aproximadamente, de 1790 a 1800, pode-se estimar mais ou menos a época em que ele viveu. Sua história é narrada por Panayot Hitov.

A existência dos *haiduks* constituía sua própria justificação. Provava que a opressão não era universal, e que era possível a vingança contra a opressão. Por isso, os camponeses e pastores da região natal dos *haiduks* identificavam-se com eles. Não há por que supormos que passassem todo o tempo combatendo os opressores, ou muito menos tentando derrubá-los. A mera existência de grupos de homens livres, ou daquelas pequenas áreas de rochas ou juncos fora do alcance de qualquer governo, representava façanha suficiente. As montanhas gregas, que, com orgulho, se denominavam Ágrafas (ou "não escritas", "não registradas", pois ninguém jamais conseguira recensear sua população visando à cobrança de impostos), eram independentes de fato, senão de direito. E, sendo assim, os *haiduks* pilhavam. Pela natureza de sua profissão, teriam de lutar contra os turcos (ou contra quem quer que representasse autoridade), pois competia às autoridades proteger o transporte de mercadorias e tesouros. Sem dúvida matavam turcos com especial agrado, uma vez que eram cães ímpios e opressores de bons cristãos, e talvez também porque os combatentes são mais heroicos quando lutam contra adversários perigosos, cuja valentia só faz realçar sua própria bravura. Contudo, não há nenhum indício de que, digamos, os *haiduks* balcânicos se dispusessem a libertar sua pátria do jugo otomano, ou que teriam sido capazes de fazê-lo.

É claro que, em épocas de dificuldades para o povo e de crise política, crescia o número de *haiduks* e de bandos, multiplicavam-se suas ações e eles se tornavam mais ousados. Em tais ocasiões, as ordens do governo para erradicar o banditismo se tornavam mais peremptórias, as desculpas dos administradores locais mais nervosas e contritas, e o estado de espírito da população mais tenso. Isto porque, ao contrário das epidemias de banditismo comum que vemos, em retrospecto, terem sido precursoras de revoluções, apenas porque de fato as precederam, os *haiduks* não eram simplesmente sintomas de intranquilidade, e sim núcleos de libertadores em potencial, como tal vistos pelo povo. Quando chegava o momento propício, a "área libertada" dos bandidos chineses em alguma montanha de Liang Shan P'o (sede do "covil" na novela *À margem d'água*) expandia-se e se tornava uma região, uma província, o núcleo de uma força que derrubaria o trono celestial. Os bandos errantes de salteadores e cossacos que atuavam na fronteira turbulenta entre o Estado e a servidão de um lado, e nos espaços abertos e na liberdade de outro, combinavam-se para inspirar e conduzir as gigantescas rebeliões camponesas que subiam o Volga, chefiadas por um paladino dos povos cossacos ou por um campeão do verdadeiro czar contra o falso. Os camponeses de Java escutavam com mais interesse a história de Ken Angrok, o ladrão que se tornara o fundador da casa principesca de Modjopait. Se forem bons os augúrios, se os cem dias durante os quais o milho amadurece já passaram, se chegou a hora, talvez o milênio de liberdade, sempre latente, sempre aguardado, esteja para começar. O banditismo se mescla com a revolta ou a revolução camponesa. Os *haiduks*, com suas túnicas luzentes, com suas armas e feitos temíveis, podem ser seus soldados.

Entretanto, antes de examinarmos o papel do bandido na revolução camponesa, cumpre estudar os fatores econômicos e políticos que o mantêm dentro do quadro da sociedade vigente.

NOTAS

1. *Apud* A. Dozon, *Chansons populaires bulgares inédites*, Paris, 1875.
2. A. Strausz, *Bulgarische Volksdichtungen*, Viena-Leipzig, 1895, pp. 295-297.
3. *Le brigandage en Macédoine*, loc. cit., p. 37. Para a ausência de homossexualidade entre os bandidos brasileiros, ver E. de Lima, op. cit., p. 45.
4. A. Dozon, op cit., p. 184.
5. J. Baggalay, *Klephtic Ballads*, Blackwell, 936, pp. 18-19; C. J. Jire Yek, *Geschichte der Bulgaren*, Praga, 1876, p. 474.
6. J. C. V. Engel, *Staatskunde und Geschichte von Dalmatien, Croatien und Slavonien*, Halle, 1798, p. 232.
7. Marko Fedorowitsch, *Die Slawen der Turkei*, Dresden-Leipzig, 1844, II, p. 206.

7
A ECONOMIA E A POLÍTICA DO BANDITISMO

Curiosamente, os resultados de uma observação e investigação prolongada coincidem no seguinte: todos os bandidos são homens sem propriedade e sem emprego. Tudo quanto possuem é de uso pessoal e provém unicamente do êxito de suas aventuras temerárias.

"Uma interpretação econômica do aumento do banditismo na China"[1]

O BANDO DE SALTEADORES está fora da ordem social que aprisiona os pobres. É uma irmandade de homens livres, não uma comunidade de pessoas submissas. Contudo, não pode apartar-se inteiramente da sociedade. Suas necessidades e atividades, sua própria existência, fazem com que ele mantenha relações com o sistema econômico, social e político convencional. De modo geral, os observadores desprezam este aspecto do banditismo, mas ele é suficientemente importante para exigir exame.

Examinemos, em primeiro lugar, a economia do banditismo. Os ladrões têm de comer e se abastecer de armas e munições. Têm de gastar o dinheiro que roubam, ou vender os resultados de seus saques. A rigor, no mais simples dos casos, eles necessitam de muito pouca coisa, além daquilo que os camponeses ou pastores locais consomem — alimento, bebida e vestuários produzidos localmente — e podem dar-se por satisfeitos por obtê-los em grandes quantidades e sem a labuta do homem comum. "Ninguém jamais se recusa a lhes dar seja o que for", disse um latifundiário brasileiro. "Seria estúpido fazê-lo. As pessoas dão comida, roupas, cigarros, álcool. Para que precisam de dinheiro? O que fariam com ele? Subornar a polícia, só isso."[2] Todavia, a maioria dos bandidos de que temos notícia vive numa economia monetária, mesmo que os camponeses que vivem à sua volta não utilizem dinheiro. Onde e como conseguem seus "capotes com cinco fileiras de botões folheados a ouro", seus rifles, pistolas e bandoleiras, as legendárias "espadas sarracenas de punho dourado", de que se jactavam os *haiduks* e os *klephts* gregos, nem sempre com muito exagero?*

O que fazem com o gado arrebanhado, com as mercadorias do mercador assaltado na estrada? Compram e vendem. Na verdade,

---

*Eis o inventário do equipamento de Lampião, preparado pela polícia da Bahia, em 1938: *Chapéu:* de couro, do tipo sertanejo, enfeitado com entalhes formando seis estrelas de Salomão. Barbicacho de couro, com 46cm de comprimento, enfeitado com cinquenta berloques de ouro, de procedência diversa, a saber: botões de manga e de colarinho, retângulos gravados com as palavras Lembrança, Amizade, Saudade etc.; anéis com várias pedras preciosas; uma aliança com o nome Santinha gravado na parte interna. Na parte anterior do chapéu, uma fita de couro, com 4cm de largura e 22cm de comprimento, e na qual estão engastados os seguintes ornamentos: duas medalhas de ouro com a inscrição "Deus Te Guie"; duas libras esterlinas; uma antiga moeda brasileira de ouro, com a efígie do imperador D. Pedro II; duas outras moedas, ainda mais antigas, datadas respectivamente de 1776 e 1802. Na parte posterior do chapéu, uma fita de couro com as mesmas dimensões e também enfeitada, como segue: duas medalhas de ouro, um pequeno brilhante lapidado de maneira clássica, quatro outros lapidados a fantasia. *Fuzil:* Mauser, utilizado pelo Exército brasileiro, modelo 1908, n° 314, série B. A bandoleira é enfeitada com sete escudos de prata, do tempo do Império, e com cinco discos de metal branco. Um pedaço de alumínio serve de reforço ao dispositivo de segurança, quebrado.*Faca:* de aço, com 67 cm de comprimento. O cabo é enfeitado com três anéis de ouro. A lâmina apresenta marcas de bala. A bainha niquelada apresenta também uma marca de bala na parte superior. *Cartucheira:* de couro, com ornamentos diversos. Tem capacidade para 121 balas de fuzil Mauser ou de mosquetão. Um apito, preso por uma corrente de prata. Do lado esquerdo, um furo de bala.*Mochilas:* duas, copiosamente bordadas a máquina. Os bordados são em cores vivas e feitos com bastante gosto. Uma delas fecha-se com três botões, dois de ouro e um de prata; a outra tem um único botão de prata. Nas alças, nove botões de prata maciça. *Lenço:* de seda vermelha, com bordados. *Parabellum:* N°. 97, fabricado em 1918, coldre de verniz preto, muito usado. *Sandálias:* um par, do mesmo tipo usado habitualmente pelos sertanejos, mas muito bem-feito e de excelente qualidade.*Túnica:* de tecido azul, com três galões nas mangas. *Cobertores:* dois, de xadrez.[3]

uma vez que normalmente possuem muito mais dinheiro do que os camponeses locais, suas despesas podem constituir elemento importante para o setor moderno da economia local, sendo redistribuídas, através de vendeiros, donos de pensões ou estalagens, às camadas comerciais médias da sociedade rural; e essa redistribuição é mais efetiva na medida em que os bandidos (ao contrário da aristocracia rural) gastam a maior parte de seus recursos na região e são orgulhosos e pródigos demais para barganhar. "O comerciante vende suas mercadorias a Lampião por três vezes o preço normal", dizia-se em 1930.

Tudo isso significa que os bandidos necessitam de intermediários, que os ligam não só ao resto da economia local, como também às redes maiores de comércio. Tal como Pancho Villa, eles têm de contar com pelo menos um fazendeiro amigo do outro lado das montanhas, que comprará, ou providenciará vender, cabeças de gado sem fazer perguntas embaraçosas. Tal como os seminômades da Tunísia, podem institucionalizar sistemas para devolver gado roubado em troca de uma "recompensa", através de intermediários sedentários, estalajadeiros de aldeia ou negociantes que abordam a vítima para explicar, em termos perfeitamente entendidos por todos os envolvidos, que conhecem alguém que "achou" as reses extraviadas e que apenas deseja que seu proprietário as tenha de volta. Tal como muitos grupos de *dacoits* da Índia, podem levantar com agiotas e negociantes o dinheiro necessário para financiar suas expedições mais ambiciosas, ou até roubar uma caravana rica, praticamente sob encomenda de comerciantes, dos quais recebem comissões. Isto porque, nos lugares onde os bandidos se especializam em assaltar viajantes — como fazem todos os bandidos sensatos, se têm a sorte de viver nas proximidades de rotas importantes de transportes —, necessitam de informações a respeito de embarques e comboios, e não podem, de modo algum, passar sem um mecanismo para a revenda do butim, que muitas vezes consiste em mercadorias para as quais não existe procura local.

Obviamente, os intermediários são ainda necessários para os bandidos que se dedicam à extorsão mediante sequestro, que foi historicamente, e continua a ser, a mais lucrativa fonte de renda para os bandidos. O resgate é pago normalmente em dinheiro ou seu equivalente, o que significa dizer que faz parte da economia monetária mais ampla. Na China, a extorsão mediante sequestro era tão comum que pôde ser descrita como "uma espécie de imposto não oficial sobre riqueza cobrado à classe dos proprietários locais", e assim, justificado socialmente aos olhos dos pobres, desde que só incidisse sobre os ricos. Quanto a estes, como estava no programa de todo chinês abastado ser sequestrado mais cedo ou mais tarde, havia sempre uma certa quantia em dinheiro reservada para ser usada como resgate.[4]

Por isso, é um erro pensar nos bandidos como simples filhos da natureza que assam veados na mata. Um bem-sucedido chefe de salteadores mantém contato estreito com o mercado e o universo econômico além de sua aldeia, pelo menos tanto quanto um pequeno proprietário de terras ou um próspero agricultor. Na verdade, em regiões economicamente atrasadas, sua profissão pode aproximá-lo dos ofícios daqueles que viajam, compram e vendem. É bem possível que os negociantes de bois ou porcos dos Bálcãs também atuassem como líderes de bandidos, da mesma forma como os capitães de veleiros na era pré-industrial podiam tentar a sorte em golpes de pirataria (ou o contrário), mesmo quando não usassem os bons ofícios dos governos para se transformar em corsários, isto é, piratas oficiais. A história da libertação balcânica está cheia de aventurosos negociantes de gado que eram renomados chefes de bandos, como Karađorđe Petrović (Jorge Negro), na Sérvia, ou Kolokotrones, na Grécia. E na história do banditismo balcânico, como vimos, não são raros os *haiduks* que "vestem os trajes de negociantes" durante algum tempo e se dedicam ao comércio. Em geral, inclinamo-nos a nos admirar com a transformação de valentões da Córsega ou do interior da Sicília em negociantes e empresários *mafiosi,* capazes de perceber as oportunidades econômicas do tráfico internacional de drogas ou da construção de hotéis de luxo, mas o roubo de gado, que conhecem desde a infância, é uma atividade que alarga o horizonte econômico de um camponês. No mínimo, tende a colocar os homens em contato com pessoas cujos horizontes são mais amplos do que os seus.

Contudo, do ponto de vista econômico, o bandido não é figura das mais interessantes, e, embora bem possa merecer uma ou duas notas de rodapé nos textos de desenvolvimento econômico, provavelmente não merece mais que isso. Contribui para a acumulação de capital local — quase certamente ocioso no cofre de parasitas, e não nas mãos daqueles que gastam prodigamente. Nos lugares onde ele rouba caravanas em trânsito, o efeito econômico de sua atividade pode ser análogo ao do turismo, que também tira dinheiro dos que são de fora: nesse sentido, os salteadores das montanhas da Sardenha e os incorporadores imobiliários da Costa Esmeralda do Aga Khan podem ser considerados fenômenos economicamente análogos.* E isso é quase tudo. Por conseguinte, a verdadeira importância das relações econômicas do bandido é diferente. Reside na luz que lança sobre sua situação no seio da sociedade rural.

Isso porque o fato crucial na situação social do bandido é sua ambiguidade. Ele é um marginal e um rebelde; um homem pobre que se recusa a aceitar os papéis normais da pobreza, e que firma sua liberdade através dos únicos recursos ao alcance dos pobres — a força, a bravura, a astúcia e a determinação. Isto o aproxima dos pobres: ele é um deles também. Coloca-o em oposição à hierar-

---

*Análogos até mesmo na marginalidade de seus efeitos sobre a economia local. Isso porque, onde existe um hiato particularmente grande entre a economia local e os enclaves de turismo, grande parte da renda propiciada pelos turistas volta a fluir para fora do país, a fim de pagar o consumo de lanchas de luxo, champanhe e esquis aquáticos, que têm de ser adquiridos em moeda estrangeira. Da mesma forma, um chefe de salteadores que rouba mercadores que passam por sua região, e que, com a receita obtida, compra joias, munição e espadas suntuariamente decoradas ou que a gasta numa vida ostentatória na capital, está dando uma contribuição apenas marginal à renda de sua região.

quia dos detentores do poder, riqueza e influência; ele não é um deles. Nada transformará um salteador rural em "fidalgo", pois nas sociedades em que floresce o banditismo, a nobreza e a burguesia endinheirada não são recrutadas entre a plebe. Ao mesmo tempo, porém, o bandido é inevitavelmente arrastado à trama da riqueza e do poder porque, ao contrário dos outros camponeses, ele adquire aquela e exerce este. Ele é "um de nós" constantemente envolvido no processo de associar-se a "eles". Quanto mais bem-sucedido é um bandido, tanto mais ele é *ao mesmo tempo* um representante e paladino dos pobres e parte integrante do sistema dos ricos.

É verdade que o isolamento da sociedade rural, a tenuidade e a intermitência de seus relacionamentos, as grandes distâncias geográficas em que atuam e o primitivismo geral da vida do campo permitem ao bandido separar seus papéis com algum êxito. Seu equivalente nos abarrotados cortiços urbanos — o gângster local ou o chefe político, que também, num certo sentido, defende os pobres contra os ricos, e às vezes dá aos pobres parte do que arranca aos ricos — é muito menos o rebelde sem lei e o marginal, e muito mais o chefe. A ligação deste com os centros de riqueza e poder oficiais (por exemplo, "a Prefeitura") é muito mais evidente; na verdade, pode ser o que há nele de mais ostensivo. O bandido rural, por sua vez, pode estar visivelmente fora do "sistema". Sua ligação pessoal com o mundo convencional pode ser meramente a de parentesco, de participação na vida comunitária da aldeia, o que significa que ele pode aparentemente pertencer de todo ao submundo independente em que vivem os camponeses e no qual a aristocracia, o governo, a polícia, os coletores de impostos e os ocupantes estrangeiros só fazem incursões periódicas. Alternativamente, como chefe de um bando armado, livre e móvel, que não depende de quem quer que seja, suas relações com os centros de riqueza e de poder podem ser aparentemente apenas semelhantes às de um órgão soberano com outros, não afetando sua posição mais do que as negociações de comércio entre Cuba e o Reino Unido, por exemplo, afetam o regime revolucionário de Fidel. Entretanto, o bandido não consegue fugir tão facilmente à lógica da vida numa sociedade de domínio e exploração.

Isto porque o fato básico do banditismo está em que, à parte a necessidade que o bandido tem de contatos comerciais, ele constitui um núcleo de força armada, sendo, portanto, uma força política. Em primeiro lugar, um bando representa algo com o qual o sistema local precisa estabelecer um acordo. Onde não existe nenhum mecanismo regular e eficiente para manutenção da ordem pública — e isto ocorre quase por definição nas áreas onde floresce o banditismo — não há muita utilidade em invocar a proteção das autoridades, mesmo porque tal apelo quase certamente provocará o envio de uma força expedicionária armada, que arrasará a economia da aldeia ainda mais que os bandidos:

> "Quero mais ante me ver neste oco de mundo, às volta com bandido que com soldado de poliça" [disse um fazendeiro do Brasil por volta de 1930]. "Me creia que os mata-cachorro, quando sai da capital, vem com o pensamento fixe em que todo matuto protege cangaceiro. Querem, por fina força, que a gente descubra o roteiro dos criminosos. Se o freguês diz que ignora, apanha pra descobrir; se descobre, também apanha, porque é sinal que, conhecendo, protege quem eles caçam. Não tem pronde correr: ninguém escapa (...) — E os bandoleiros? — Abém, esses estão no seu papel. Assim mesmo, tem vez que a questão é se saber tirar eles com jeito. A não ser um ou outro cabra desalmado, eles só fazem mal a nós quando andam aperreados pela poliça."[5]

Em tais regiões, as propriedades isoladas há muito aprenderam a estabelecer relações diplomáticas com os proscritos. Senhoras de boa estirpe recordam, em suas memórias, a maneira como, na infância, eram afastadas da vista de todos quando, ao anoitecer, um grupo de homens armados chegava na fazenda, sendo recebido polidamente e com oferecimentos de hospitalidade por parte do dono da casa, assim como a despedida, quando o bando partia para seu misterioso destino, com a mesma cortesia e mostras de mútuo respeito. Que mais poderia fazer o fazendeiro?

Todos têm de viver em bons termos com bandidos poderosos. Isto significa que, em certo sentido, eles se acham integrados na sociedade estabelecida. O ideal, naturalmente, é a conversão formal de caçadores-furtivos em guardas de caça, o que, aliás, não é raro. Os senhores ou o czar dão aos cossacos terras e privilégios, a fim de trocar a pilhagem pela proteção de seus próprios territórios e interesses. Gajraj, chefe dos *dacoits* de Badhak, "elevado da profissão de bufarinheiro para se tornar o Robin Hood de Gwalior", na década de 1830, "fizera-se tão formidável, que o Darbar o nomeou para cuidar dos *ghats* ou barcas do Chambal, o que ele fazia de maneira a render bons lucros para ambos". Os minas, outra "tribo de ladrões" da Índia central, eram o terror de Alwar, mas em Jaipur recebiam terras isentas de arrendamento em troca da obrigação de escoltar comboios de tesouros, e eram famosos por sua lealdade ao rajá. Na Índia, como na Sicília, as profissões aldeãs ou campeiras eram muitas vezes exercidas em conjunto com o banditismo. Os ramosi, pequena comunidade de *dacoits* da presidência de Bombaim, recebiam terras e vários outros benefícios em troca de protegerem as aldeias. Que melhor salvaguarda contra o banditismo desenfreado do que tais acordos?[6]

Quer tais disposições sejam formalizadas, quer não, os habitantes de áreas infestadas pelo banditismo muitas vezes não têm alternativa. As autoridades locais, desejosas de exercer suas funções tranquilamente e sem problemas — e quais deles não o deseja? —, manter-se-ão em contato e em termos razoáveis com os bandidos, ou se arriscarão àqueles dolorosos incidentes locais, que dão triste fama a um distrito ou levam o subordinado a ser visto com desagrado por seus superiores. Isto explica por que, nas áreas onde o banditismo é crítico, as campanhas são realizadas por forças especiais trazidas de fora. Os negociantes locais tomam suas próprias providências para proteger seu comércio contra as perturbações constantes. Até mesmo os soldados e os policiais acantonados na região podem simplesmente preferir manter o crime — por acordo tácito ou aberto com os bandidos — abaixo do nível que há de atrair a atenção da capital, o que deixa muita margem à atuação dos bandoleiros, pois na fase pré-industrial o olho dos governos centrais não penetra muito profundamente na vegetação rasteira da sociedade rural — a menos que seus próprios interesses especiais estejam envolvidos.

Contudo, não só os funcionários do governo e os ricos dessas regiões têm de viver em bons termos com os bandidos, como em muitas sociedades rurais eles têm todo interesse em fazê-lo. Nas áreas pré-capitalistas governadas por proprietários de terras, o jogo político lança mão das rivalidades e relações das principais famílias e de seus respectivos seguidores e clientes. Em última análise, o poder e a influência do chefe de tal família repousa no número de homens que ele tem a seu serviço, oferecendo proteção e recebendo, em troca, aquela lealdade e aquela dependência que são a medida de seu prestígio e, consequentemente, de sua capacidade de estabelecer alianças: comanda assim as lutas armadas, as eleições ou o que mais leva ao poder local. Quanto mais atrasada a região, e quanto mais remotas, débeis ou desinteressadas as autoridades superiores, tanto mais vital será na política local (ou, aliás, na influência da província na política local) essa capacidade de um magnata ou "coronel" para mobilizar "sua" gente. Se ele contribuir com suficientes espadas, carabinas ou votos no cálculo da política local, não precisa sequer ser rico, no sentido em que se define a riqueza em regiões prósperas e economicamente adiantadas. É claro que a riqueza ajuda a obter maior clientela, embora se trate apenas da riqueza distribuída livremente, e na verdade ostentatoriamente, para demonstrar o poder e a influência de um figurão. Por outro lado, um grande número de seguidores será mais importante para render a um homem propriedades e dinheiro do que uma boa cabeça para cálculos, muito embora o objetivo dessa política seja acumular influência familiar, e não capital. Na verdade, assim que a busca de riqueza se separa da busca do interesse familiar e se sobrepõe a ele, esse tipo de jogo político desmorona.

Essa é a situação ideal para o florescimento do banditismo. Ela proporciona uma demanda natural e um papel político para os bandidos, um reservatório local de homens armados e descomprometidos que, caso possam ser induzidos a aceitar a proteção de algum aristocrata ou rico proprietário, aumentarão enormemente o prestígio deste e poderão, no momento azado, lutar por ele ou atuar como cabos eleitorais. (Além disso, as redes de servidores mantidas pelos nobres proporcionam emprego conveniente para bandidos isolados, reais ou em potencial.) Um sensato chefe de bandoleiros cuidará de se aliar apenas à facção local dominante, capaz de lhe garantir proteção efetiva, mas, mesmo que não aceitar tutela, pode estar bastante seguro de que os figurões locais o tratarão como um aliado em potencial e, consequentemente, como um homem com quem devem manter boas relações. É por esse motivo que em áreas distantes da autoridade central, como o sertão do Nordeste brasileiro até 1940, bandos famosos conseguiram sobreviver por períodos surpreendentemente longos. Lampião durou quase vinte anos. Contudo, Lampião havia utilizado essa situação política para formar uma força tão poderosa que ela deixara de constituir mero reforço em potencial para qualquer grande "coronel" do sertão, passando a ser um poder em si mesma.

Em 1926, a Coluna Prestes, uma formação guerrilheira volante liderada por um oficial rebelde do Exército, que na época se transformava em chefe do Partido Comunista Brasileiro, chegou ao Nordeste depois de dois anos de operações em outras partes do interior do Brasil. O governo federal solicitou a ajuda do Messias de Juazeiro, o padre Cícero, cuja influência o convertera no verdadeiro chefe político do estado do Ceará, em parte porque um beato poderia contribuir para manter os fiéis imunes aos apelos revolucionários de

Prestes e seus homens. O padre Cícero, que não via com bons olhos a presença de tropas federais em seus domínios (ele observou que seu rebanho não estava disposto a se opor a qualquer grupo que o governo denominasse "bandidos", e a Coluna Prestes nada tinha que aos fiéis parecesse antissocial), aceitou a solução proposta. Lampião foi convidado a visitar Juazeiro, a Jerusalém do padre Cícero, onde foi recebido com todas as honras, ganhou a patente oficial de capitão das mãos do mais graduado funcionário federal da cidade (um inspetor do Ministério da Agricultura), juntamente com um fuzil e 300 cargas de munição para cada um de seus homens, sendo-lhe ordenado que perseguisse os rebeldes.* O famoso bandido ficou entusiasmadíssimo com essa súbita conversão à legitimidade. Contudo, um "coronel" amigo advertiu-o de que ele estava apenas fazendo o jogo do governo, que certamente alegaria, depois do desaparecimento de Prestes, que sua patente não era válida, recusando-se do mesmo modo a cumprir a promessa de anistia para crimes anteriores. O raciocínio parece ter convencido Lampião, que imediatamente cessou a perseguição a Prestes. Sem dúvida, ele compartilhava da opinião geral de todos os sertanejos, de que bandos volantes de homens armados eram uma coisa com a qual sabiam lidar, mas que o governo era ao mesmo tempo mais imprevisível e mais perigoso.

Os únicos bandidos incapazes de auferir vantagens de uma situação política tão favorável eram aqueles possuidores de reputação de rebeldia social tão acentuada que qualquer fazendeiro ou "coronel" preferiria vê-los mortos. Nunca existiu mais do que um punhado de tais bandos, cujo número era mantido baixo pela própria facilidade com que os bandidos rurais podiam estabelecer relações com homens de peso e boa posição social.

Ademais, a estrutura política dessas sociedades rurais proporcionava outro reforço para o banditismo, talvez ainda mais importante.

---

*Este incidente constitui o fundamento para a passagem já mencionada nos cordéis sobre Lampião.[7]

Isto porque se a facção dominante ou as famílias mais importantes protegessem os bandidos, os grupos derrotados ou oposicionistas não tinham outro recurso senão recorrer às armas, o que, nos casos extremos, significava se tornar chefes de bandos. São inúmeros os exemplos disso. Em sua *Jornada através do reino de Oudh em 1849-50*, Sleeman cita diversos casos, como o de Imam Buksh, que ainda conservava seu bando e prosseguia com as pilhagens, "ainda que restituído à sua propriedade em seus próprios termos". O costume era comum, senão inevitável, em Java. Um bom exemplo dessa situação ocorreu no departamento de Cajamarca, no Peru, no começo do século XX, produzindo vários bandidos "de oposição", sobretudo Eleodoro Benel Zuloeta, contra quem foram organizadas algumas campanhas militares bem montadas em meados da década de 1920.[8] Em 1914, Benel, proprietário de terras, havia arrendado a fazenda Llaucán, tornando-se malvisto entre os camponeses indígenas do lugar, cuja insatisfação foi mobilizada contra ele pelos irmãos Ramos, que já desfrutavam o subarrendamento da propriedade. Benel apelou para as autoridades, que massacraram os índios ao estilo da época, o que só serviu para aumentar a hostilidade dos sobreviventes. Os Ramos se sentiram então numa posição bastante sólida para acabar com Benel, mas só conseguiram matar-lhe o filho. "Infelizmente a justiça deixou de agir e o crime ficou impune", como se expressou, com tato, o historiador, acrescentando que os assassinos contaram com o apoio de outros inimigos pessoais de Benel, como Alvarado de Santa Cruz. Benel recorreu então à sua fortuna para financiar "uma formidável legião de seus trabalhadores, dispostos a dar a vida a serviço de seu chefe", e investiu contra Alvarado e os irmãos Ramos. Dessa vez, porém, a justiça agiu, mas Benel havia fortificado sua própria fazenda e desafiou as forças da lei. Isso, naturalmente, contribuiu para que ele "ganhasse mais simpatizantes, aos quais proporcionou tudo quanto necessitavam para viver".

Benel foi apenas o mais poderoso de um grande número de líderes que surgiram com o virtual colapso da autoridade pública, numa complexa combinação de rivalidades políticas e pessoais, vingança, ambição política e econômica e rebelião social. Assim diz o cronista [militar] da campanha:

> Os camponeses desses povoados eram humildes, sossegados, incapazes de levantar a cabeça contra os tiranetes do lugar; no entanto, o espírito do ser vivente ferve de rebeldia diante das injustiças. Ocorreu que os manda-chuvas e as autoridades, despreparados intelectualmente para desempenhar funções tão delicadas, deram um jeito de unir contra eles um povo agora encorajado e determinado (...) e como mostra a história de todos os povos, formaram-se bandos armados, em Chota com Benel, em Cuterzo com os Vázquez* e outros. À sua maneira, esses grupos arvoraram-se em juízes para punir os que arrebatavam terras alheias, formalizando casamentos, perseguindo culpados e impondo ordem aos senhores das aldeias. Em épocas de eleições, os deputados ao Congresso se valeram dessa gente belicosa, enviando-lhes armas e ordens expressas de vingança contra seus adversários políticos. As hostes se fortaleceram e o banditismo chegou ao auge, causando pânico entre os cidadãos pacíficos.[10]

Benel continuou ativo até que, em 1923, cometeu o erro de aliar-se a certos potentados locais que planejavam derrubar o poderoso presidente Leguía, após o que o governo reuniu um forte contingente de forças armadas para resolver, não sem consideráveis esforços, a situação em Cajamarca. Benel foi morto, finalmente, em 1927. Os irmãos Ramos e Alvarado também desapareceram de cena, juntamente com vários outros chefes de bandoleiros.

Tais rivalidades locais são inseparáveis do banditismo. Com relação a essa questão, é bastante pertinente o caso do clã Macgregor,

---

*Os três irmãos Vázquez (Avelino, Rosendo e Paulino) eram, ao que parece, pequenos proprietários que, ao longo de suas atividades, conseguiram assenhorear-se das fazendas de Pallac e Camsa. Foram iludidos com um falso "tratado de paz" e mortos durante o banquete organizado pelo subprefeito para comemorar o tratado.[9]

nos séculos XVI ao XVIII e, em particular, o de seu membro mais famoso, Rob Roy. Os Macgregor continuaram a ser um clã de salteadores porque seus inimigos não lhes deixaram outra opção, além do aniquilamento. (Com efeito, foram dissolvidos, e seu nome, proibido.) A fama do próprio Rob Roy como um Robin Hood escocês se deriva principalmente do fato de haver atacado o duque de Montrose, que, em sua opinião, cometera uma injustiça contra ele. Dessa forma, a resistência armada daqueles que estão "de fora" contra os que estão "dentro" da política aristocrática e familiar local pode, pelo menos no nível local e temporariamente, satisfazer os ressentimentos dos pobres contra os exploradores, uma situação não desconhecida em outros tipos de política. Seja como for, onde as famílias que possuem terras brigam e contendem, formam e desfazem alianças, disputam heranças com armas, as mais fortes acumulando riqueza e influência sobre os cadáveres das mais fracas, é naturalmente muito amplo o raio de ação de bandos de bandoleiros chefiados por homens que já não têm o que perder.

Por conseguinte, nas condições que produz o banditismo a estrutura da política rural exerce dois efeitos. Por um lado, gera, protege e multiplica os bandidos; por outro, integra-os no sistema político. Sabidamente, é provável que ambos os efeitos sejam mais fortes onde a máquina do Estado se encontra ausente ou é ineficiente e onde os centros regionais de poder são equilibrados ou instáveis, como ocorre em condições de "anarquia feudal", em zonas de fronteira, em meio a um cambiante mosaico de pequenos principados ou em grotões distantes. Um imperador, um rei ou um barão que disponha de força faz sua própria lei em suas terras, e enforca bandidos armados, em vez de protegê-los, quer ameacem a ordem social, quer apenas prejudiquem o comércio e se intrometam na propriedade privada. O British Raj* de modo algum precisa recrutar *dacoits* como escolta para suas

---

*Denominação oficiosa do domínio colonial britânico (do hindustâni *raj*, "reino") sobre o subcontinente indiano, no período 1858-1947. (*N. do T.*)

caravanas, como os rajás de Jaipur. E os homens cujo poder se baseia na geração de riqueza pela riqueza, e que não necessitam (ou não necessitam mais) de acumular posses à força da espada ou da arma de fogo, contratam policiais, e não bandoleiros, para os proteger. Os *robber barons* da era selvagem do capitalismo americano fizeram as fortunas dos Pinkertons, e não de pistoleiros de aluguel. Eram as firmas pequenas e fracas, os líderes trabalhistas e os poderes municipais que *tinham* de negociar com marginais, e não as grandes empresas. Além disso, com o desenvolvimento econômico, os ricos e poderosos tendem cada vez mais a encarar os bandidos como ameaças à propriedade que devem ser extirpadas, e não como mais um fator, entre muitos, que entram no jogo do poder.

Nessas circunstâncias, os bandidos se tornam permanentemente pessoas excluídas da sociedade, uma ameaça a todo homem "de respeito". É talvez nesse ponto que surge a antimitologia do banditismo, na qual o ladrão aparece como o oposto do herói, como — para usarmos a terminologia dos nobres russos ao fim do século XVIII — "uma fera em forma humana", "pronto a profanar tudo quanto é sagrado, a matar, pilhar, incendiar, violar a vontade de Deus e as leis do Estado".[11] (Parece certo que, ao menos na Rússia, este mito do bandido como a negação das qualidades humanas surgiu bem mais tarde que o mito heroico das canções e das estrofes populares.) Desaparece o mecanismo para integração do banditismo na vida política normal. O ladrão passa agora a pertencer apenas a uma parte da sociedade, a dos pobres e oprimidos. Pode ou aderir à rebelião do camponês contra o senhor, da sociedade tradicional contra a modernidade, das comunidades marginais ou minoritárias contra sua integração num corpo político maior, ou fundir-se com aquela contrapartida permanente para o mundo "correto" ou respeitável, o "submundo".* No entanto, mesmo isto passa a oferecer

---

*Em casos excepcionais, como na Sicília e nos guetos de imigrantes dos Estados Unidos, ele pode também integrar-se a uma nova burguesia.

menos possibilidades para a vida nas montanhas, nas matas, nas estradas. Bonnie e Clyde, os herdeiros de Jesse James, não representavam criminosos americanos típicos da década de 1930 nos Estados Unidos, e sim resquícios históricos. O mais próximo equivalente da vida rural a que chega um gângster verdadeiramente moderno é o churrasco numa casa de campo conquistada com o crime urbano.

NOTAS

1. J. Usang Ly, "An Economic Interpretation of the Increase of Bandits in China", *Journal of Race Development*, 8,1917-1918, p. 370.
2. Leonardo Mota, *No tempo de Lampião*, Rio de Janeiro, ed. de 1968, pp. 55-56.
3. M. I. P. Queiroz, op. cit., pp. 9-10.
4. Billingsley, op. cit., pp. 163-177 para os procedimentos destinados a obter resgates. Citações na p. 163 e citando Aleko E. Lilius, *I Sailed with Chinese Pirates*, Londres, 1930, p. 135.
5. L. Mota, op. cit., p. 54.
6. R. V. Russell, op. cit., I, pp. 52-53; III, pp. 237-239 e 474.
7. Ver O. Anselmo, op. cit., pp. 528-536.
8. Ver tenente-coronel (R) Genaro Matos, *Operaciones irregulares al norte de Cajamarca 1924-1925 a 1927*, Lima, 1968.
9. Rómulo Merino Arana, *Historia policial del Perú*, Lima, s. d., pp. 177-178; G. Matos, op. cit., pp. 390-398.
10. G. Matos, op. cit., p. 75; *apud* Salomón Vílchez Murga, *Fusiles y machetes*, uma fonte local.
11. D. Eeckhoute, "Les brigands en Russie", loc. cit., pp. 201-202.

8
Os bandidos e a revolução

Flagellum Dei et comissarius missus a Deo contra usurarios et detinentes pecunias otiosas. (Flagelo de Deus e seu enviado contra os usurários e os possuidores de riqueza improdutiva.)

Descrição que de si mesmo fez Marco Sciarra,
chefe de salteadores napolitanos da década de 1590[1]

NESSE PONTO, O BANDIDO já escolheu entre tornar-se um criminoso ou um revolucionário. Como vimos, por sua natureza o banditismo social desafia a ordem estabelecida da sociedade de classes e o governo político em princípio, quaisquer que sejam suas concessões a ambos na prática. Na medida em que é um fenômeno de protesto social, pode ser visto como precursor ou como incubador potencial da rebelião.

Nesse sentido, o banditismo social difere radicalmente do submundo comum do crime, com o qual já tivemos ocasião de compará-lo. O submundo (como essa designação deixa entrever) é uma antissociedade, que existe pela inversão dos valores do mundo "decente" — é um mundo, segundo sua própria definição, "transviado" —, mas possui com este uma relação parasitária. Um mundo revolucionário é também um mundo "convencional", exceto, talvez, em momentos particularmente apocalípticos, quando até mesmo os criminosos antissociais terão seus surtos de patriotismo ou de exaltação revolucionária. Por isso, para o verdadeiro submundo, as revoluções são pouco mais que excelentes ocasiões para a prática de crimes. Não há nenhuma indicação de que o ativo submundo de Paris produzisse militantes revolucionários ou simpatizantes durante as revoluções francesas dos séculos XVIII e XIX, muito embora, em 1871, as prostitutas apoiassem decididamente as Comunas; entretanto, como classe, elas eram vítimas da exploração, e não criminosas. Os bandos criminosos que infestavam o interior da França e da Renânia na década de 1790 não eram fenômenos revolucionários, e sim sintomas de desordem social. O submundo só entra na história das revoluções na medida em que as *classes dangereuses* se misturam com as *classes laborieuses*, sobretudo em certos bairros das cidades, e porque em geral as autoridades tratam os rebeldes e insurretos como criminosos e marginais, mas em princípio a distinção é clara.

Por outro lado, os bandidos partilham os valores e aspirações do mundo camponês e, na qualidade de marginais e rebeldes, em geral são receptivos a seus surtos revolucionários. Como homens que já conquistaram a liberdade, normalmente podem desprezar a massa passiva e inerte, mas em épocas de revolução essa passividade desaparece. Grande número de camponeses *se tornam bandidos*. Nos levantes ucranianos dos séculos XVI e XVII, declaravam-se cossacos. Em 1860-1861, as unidades de guerrilheiros camponeses formavam-se em torno de bandos de salteadores, e à sua imagem: os líderes locais passavam a constituir polos de atração de soldados do exército Bourbon extraviados, desertores ou insubmissos do serviço militar, prisioneiros foragidos, homens que temiam perseguição por atos de protesto social durante a revolução de Garibaldi, camponeses e montanheses que procuravam liberdade, vingança, butins ou uma combinação de tudo isso. Tal como os bandos de salteadores comuns, essas unidades tendiam inicialmente a formar-se nas proximidades de povoações onde pudessem recrutar seus membros, estabelecer uma base nas montanhas ou florestas próximas e começar suas operações com atividades que pouco as distinguiam dos bandidos ordinários. Somente o ambiente social era agora diferente. À minoria que não se submetia somava-se agora a mobilização da maioria. Em suma, para citarmos um autor holandês que estudou a Indonésia, em épocas assim "o bando de salteadores liga-se a outros grupos e se manifesta sob aquele disfarce, ao passo que os grupos que nasceram com ideais mais honestos adquirem o caráter de bandidos".[2]

Um funcionário austríaco que prestou serviço à administração turca deixou um excelente depoimento a respeito das fases iniciais de uma dessas mobilizações de camponeses na Bósnia. A princípio, parecia tratar-se apenas de uma disputa inusitadamente acirrada quanto a dízimos. Então os camponeses cristãos de Lukovac e outras aldeias se reuniram, deixaram suas casas e partiram para as montanhas de Trusina Planina, enquanto os de Gabela e Ravno interrompiam o trabalho e realizavam comícios. Durante o curso das negociações, um grupo de cristãos armados atacou uma caravana que vinha de Mostar, perto de Nevesinye, matando sete carreteiros muçulmanos. Diante disso, os turcos romperam as conversações. Nesse ponto, os camponeses de Nevesinye se armaram, subiram as montanhas e acenderam fogueiras de alarme. Também os de Ravno e Gabela se armaram. Era evidente que estava por eclodir um grande levante — na verdade, a rebelião que daria início às guerras balcânicas da década de 1870, separaria a Bósnia e Herzegovina do Império Otomano e teria várias importantes consequências internacionais, que não nos interessam aqui.[3] O que nos interessa é a característica combinação de mobilização de massa e maior atividade dos bandidos em uma revolução camponesa como aquela.

Onde existe uma forte tradição *haiduk* ou poderosas comunidades independentes de elementos marginais armados, camponeses-salteadores livres e armados, o banditismo é capaz de impor características ainda mais marcantes em tais revoltas, uma vez que talvez ele já tenha sido reconhecido, num sentido vago, como o resquício da liberdade passada ou o germe da independência futura. Assim, em Saharanpur (Uttar Pradesh, Índia), os *gujars*, importante grupo minoritário, possuíam forte tradição de independência ou "turbulência" e "desrespeito à lei" (para usarmos a terminologia dos funcionários britânicos). A grande propriedade rural dos *gujars*, Landhaura, foi dividida em 1813. Onze anos depois, quando as circunstâncias de vida no interior eram penosas, "os espíritos mais ousados" de Saharanpur, "para não passar fome, agruparam-se sob o comando de um chefe de salteadores chamado Kallua", um *gujar*, e dedicaram-se a atividades criminosas em ambas as margens do Ganges, roubando dos *banias* (a casta dos comerciantes e usurários), de viajantes e dos habitantes de Dehra Dun. "A motivação dos *dacoits*", observa o *Gazetteer*, "talvez fosse menos o saque quanto o desejo de retornar ao antigo estilo de vida fora da lei, livre das regulações de uma autoridade superior. Em suma, a presença de bandos armados implicava rebelião, e não em simples transgressão da lei."[4]

Aliando-se a um importante *taluqdar*,* que controlava quarenta aldeias, e a outros fidalgos empobrecidos, Kallua logo ampliou sua revolta, mediante o ataque a postos de polícia, capturando um tesouro, apesar da proteção de duzentos policiais, e saqueando a cidade de Bhagwanpur. Depois disso, proclamou a si mesmo rajá Kalyan Singh e despachou mensageiros para cobrar tributos. Dispunha agora de mil homens, e anunciou que derrubaria o jugo estrangeiro. Foi derrotado por uma força de duzentos *gurkhas*, depois de mostrar "a incrível presunção de esperar o ataque fora do forte". A rebelião entrou pelo ano seguinte ("outra temporada difícil [...] lhe dera acesso a novos recrutas") e depois extinguiu-se.

É bastante comum um chefe de bandidos considerado pretendente ao trono ou que procura legitimar a revolução adotando a posição formal de governante. Os exemplos mais típicos talvez sejam os de bandidos e chefes de cossacos da Rússia, onde os grandes *rasboiniki* sempre tenderam a ser encarados como heróis milagrosos, afins dos paladinos da Sagrada Pátria russa contra os *tatars*, se não

---

*Em certas partes da Índia, um detentor de propriedades hereditárias ou um funcionário encarregado de um *taluq* (distrito).

verdadeiramente como possíveis avatares do "czar dos mendigos" — o bom czar que conhecia o povo e que substituiria o czar perverso dos boiares* e da aristocracia. As grandes revoltas camponesas dos séculos XVII e XVIII, ao longo do Volga inferior, foram lideradas por cossacos — Bulavin, Bolotnikov, Stenka Razin (o herói das baladas populares) e Yemelyan Pugatchov —, e os cossacos representavam naqueles tempos comunidades de camponeses-salteadores livres. Tal como o rajá Kalyan Singh, eles emitem proclamações imperiais; como os bandoleiros do sul da Itália na década de 1860, seus homens matam, incendeiam, saqueiam, destroem os documentos que significam servidão e submissão, mas falta-lhes qualquer programa, além da extirpação da máquina da opressão.

Não é comum que os grupos de bandoleiros se transformem assim no movimento revolucionário ou cheguem a dominá-lo. Como vimos anteriormente (pp. 44-46), suas limitações, técnicas ou ideológicas, são tamanhas que os tornam inadequados para algo mais que operações passageiras efetuadas por mais que algumas dúzias de homens, e sua organização interna não oferece nenhum modelo que possa vir a ser generalizado para se tornar o de toda uma sociedade. Até mesmo os cossacos, que criaram comunidades próprias e permanentes, grandes e bem estruturadas, realizando substanciais mobilizações para suas campanhas predatórias, só proporcionaram líderes, e não modelos para as grandes insurreições camponesas: era como "czares do povo", e não como *atamans*,** que eles as dominaram. Por conseguinte, é mais provável que o banditismo participe de revoluções camponesas como um aspecto de uma mobilização múltipla, e com consciência de ser um aspecto secundário delas, salvo no sentido de proporcionar combatentes e líderes. Antes da revolução, o banditismo pode ser, para citarmos as palavras de um historiador da agitação camponesa na Indonésia, "um cadinho do

---

*Classe privilegiada de nobres na Rússia.
**Líderes cossacos eleitos.

qual surgiu, por um lado, um reavivamento religioso, e, por outro, a revolta".[5] Ao explodir a revolução, o banditismo pode fundir-se com o vasto impulso milenarista: "Bandos de *rampok** brotavam do chão como cogumelos, rapidamente seguidos por grupos errantes da população, tomados da esperança de um Mahdi ou de um milênio" (esta é uma descrição do movimento javanês após a derrota dos japoneses em 1945).[6] Entretanto, sem o esperado messias, sem o líder carismático, sem o "rei justo" (ou quem quer que aspire a seu trono), ou — para continuarmos com exemplos da Indonésia — sem os intelectuais nacionalistas chefiados por Sukarno que aderiram a esse movimento, tais fenômenos tendem a se dissipar, deixando em sua esteira, na melhor das hipóteses, ações de retaguarda por parte de guerrilheiros no interior do país.

Entretanto, quando o banditismo e o fenômeno concomitante da exaltação milenarista chegam a um ponto tão alto de mobilização, na maioria dos casos aparecem as forças que transformam a revolta num movimento tendente a construir um Estado ou a reformar a sociedade. Nas sociedades tradicionais habituadas à ascensão e à queda de regimes políticos que deixam intacta a estrutura social básica, a aristocracia, a nobreza e até mesmo os dirigentes públicos e os magistrados talvez percebam os sinais de mudança iminente e considerem o momento oportuno para uma judiciosa transferência de lealdades em favor daquilo que sem dúvida terminará com a ascensão de um novo grupo de autoridades, ao passo que forças expedicionárias pensarão em mudar de partido. Talvez surja uma nova dinastia, fiel ao mandato divino, e os homens pacatos poderão retomar a rotina, esperançosos, e por fim, sem dúvida, desiludidos, reduzir os bandidos ao mínimo da esperada ilegalidade e devolver os profetas à sua pregação. Mais raramente, um líder messiânico parecerá estar construindo uma efêmera Nova Jerusalém. Em situações modernas, movimentos ou organizações revolucionárias

---

*Ladrões, em malaio. (N. do T.)

tomarão o poder. Também eles poderão, depois do triunfo, ver os ativistas-bandidos retornar à marginalidade criminosa, unindo-se aos últimos defensores do antigo estilo de vida e a outros "contrarrevolucionários" numa resistência cada vez mais inócua.

Na verdade, como os bandidos sociais se aproximam dos modernos movimentos revolucionários, tão distanciados do antigo mundo moral em que eles vivem? O problema é relativamente simples no caso de movimentos de independência nacional, uma vez que as aspirações desses movimentos podem ser prontamente expressas em termos compreensíveis para uma mentalidade política arcaica, ainda que pouco tenham em comum com esta. É por isso que o banditismo se ajusta com poucas dificuldades a tais movimentos: com a mesma facilidade Giuliano transformou-se em aríete dos comunistas ateus e em campeão do separatismo siciliano. Os movimentos primitivos de resistência tribal ou nacional à conquista podem adquirir a característica interação de bandidos-guerrilheiros e de sectarismo populista ou milenarista. No Cáucaso, onde a resistência do famoso Shamyl à conquista russa se baseou no desenvolvimento do muridismo entre os muçulmanos nativos, diz-se que até o século XX o muridismo e outras seitas semelhantes proporcionavam ajuda, imunidade e ideologia ao afamado bandido-patriota Zelim Khan (ver p. 68). Zelim trazia constantemente consigo um retrato de Shamyl. Por outro lado, duas novas seitas que surgiram entre os montanheses *ingush* naquele período, uma delas formada por defensores da guerra santa e a outra por quietistas desarmados, ambas igualmente extáticas e possivelmente derivadas do *bektashi*, consideravam Zelim Khan um santo.[7]

Não é necessário muita perspicácia para perceber o conflito entre o "nosso povo" e os "estrangeiros", entre os colonizados e os colonizadores. Os camponeses das planícies húngaras que formaram os grupos de bandidos-guerrilheiros do famoso Sandor Rósza, após a derrota da revolução de 1848-1849, talvez tenham sido levados à rebelião por atos acidentais do regime austríaco vitorioso, como a conscrição militar (a relutância à prestação de serviço militar é conhecida fonte de proscritos). Não obstante isso, eles eram "bandidos nacionais", embora a interpretação que davam ao nacionalismo talvez diferisse em muito da dos políticos. O famoso Manuel García, o "rei do interior cubano", de quem se dizia que, sozinho, mantinha uma força de 10.000 soldados, enviou espontaneamente ao mentor da independência de Cuba, Martí, um dinheiro que o apóstolo da independência nacional recusou, por causa do costumeiro desdém da maioria dos revolucionários pelos criminosos. García foi morto por traição, em 1895, porque — assim se acredita ainda em Cuba — estava prestes a aderir à revolução.

Portanto, bandidos ligados à libertação nacional são um fenômeno comum, embora mais comum em situações em que o movimento de libertação nacional deriva de uma organização social tradicional ou de resistência a estrangeiros do que quando esse movimento constitui uma importação ideológica de intelectuais e jornalistas. Nas montanhas da Grécia esparsamente povoadas, jamais administradas com eficiência, os *klephts* desempenharam papel mais importante na libertação do que na Bulgária, onde a conversão à causa nacional de *haiduks* famosos como Panayot Hitov representou uma novidade notável. (Contudo, as montanhas gregas gozavam de razoável grau de autonomia, através da formação de *armatoloi*,* que, teoricamente incumbidas de policiá-las para os senhores turcos, na prática só o faziam quando isso lhes convinha. O capitão de *armatoloi* de hoje podia ser o chefe de *klephts* amanhã, e vice-versa.) O papel que desempenharam na libertação nacional é outra questão.

É mais difícil aos bandidos se integrarem a modernos movimentos de revolução social e política que não se oponham basicamente a estrangeiros. Isto não acontece porque tenham maior dificuldade em entender, pelo menos em princípio, as palavras de ordem sobre

---

*Milícia de cristãos (no singular, *armatolos*, organizada pelos otomanos para impor a autoridade em áreas da Grécia como a Tessália). (N. do T.)

liberdade, igualdade e fraternidade, sobre terra e liberdade, sobre democracia e comunismo, se expressas numa linguagem com que estejam familiarizados. Pelo contrário, elas não exprimem mais que a verdade evidente, e o mais admirável é que os homens consigam encontrar as palavras exatas. "A verdade faz cócegas no nariz de todo mundo", diz Surovkov, o cossaco selvagem, ao escutar Isaac Babel ler o discurso de Lenin no *Pravda*. "A questão está em como tirá-la do monturo. Mas ele vai e acerta nela direitinho, como uma galinha bicando um grão." O que ocorre é que essas verdades evidentes estão associadas à gente da cidade, os homens letrados, a nobreza, a oposição a Deus e ao czar, isto é, a forças normalmente hostis aos camponeses atrasados, ou que eles não compreendem.

Ainda assim, pode ocorrer a integração. O grande Pancho Villa foi recrutado pelos homens de Madero durante a revolução mexicana, tornando-se um temido general dos exércitos revolucionários. É possível que, de todos os bandidos profissionais do mundo ocidental, tenha sido ele quem fez a melhor carreira revolucionária. Quando os emissários de Madero o visitaram, ele se deixou persuadir de pronto, principalmente porque era o único bandido local que desejavam recrutar para a causa, embora antes disso ele não tivesse mostrado interesse algum pela política. Madero era um homem rico e educado. Se estava ao lado do povo, isso provava que era altruísta, o que deixava a causa imaculada. Sendo o próprio Pancho Villa um homem do povo, um homem honrado, e cuja posição no banditismo era exaltada com aquele convite, como poderia hesitar em colocar seus homens e suas armas a serviço da revolução?[8]

Bandidos menos eminentes podem ter aderido à causa da revolução por motivos muito semelhantes. Não porque compreendessem as complexidades da teoria democrática, socialista ou mesmo anarquista (ainda que esta última encerre menos complexidades), mas porque a causa do povo e dos pobres era obviamente justa e porque os revolucionários demonstravam serem dignos de confiança através da abnegação, do sacrifício e da devoção — em outras palavras, por *seu comportamento pessoal*. É por isso que o serviço militar e a prisão, os locais onde é mais fácil que bandidos e modernos revolucionários se encontrem em condições de igualdade e confiança mútua, têm sido palco de muitas conversões políticas. Os anais do moderno banditismo da Sardenha contêm muitos exemplos. É também por esse motivo que os homens que se transformaram nos líderes de salteadores bourbonistas em 1861 eram muitas vezes os mesmos que se haviam reunido sob o estandarte de Garibaldi, que falava e agia como um "verdadeiro libertador do povo".

Por isso, onde se torna possível a integração ideológica ou pessoal entre os bandidos e os militantes da revolução moderna, aqueles podem juntar-se aos movimentos novos, como bandidos ou como camponeses, do mesmo modo como adeririam aos movimentos antigos. Os bandidos macedônios tornaram-se os combatentes do movimento Komitadji (a Organização Revolucionária Interna da Macedônia, ou ORIM) no começo do século XX, e os mestres-escolas de aldeia que os organizaram copiaram, por sua vez, a tradicional estrutura militar dos *haiduks*-guerrilheiros. Da mesma forma que os bandoleiros de Bantam aderiram ao levante comunista de 1926, a maioria dos bandidos javaneses seguiu o nacionalismo laico de Sukarno ou o socialismo laico do Partido Comunista, e os marginais chineses colocaram-se sob o comando de Mao Tsé-tung, por sua vez fortemente influenciado pela tradição nativa de resistência popular.

Como salvar a China? A resposta do jovem Mao foi: "Imitando os heróis de Liang Shan P'o", isto é, os bandidos-guerrilheiros livres do romance de *A margem d'água*.[9] Além disso, ele os recrutava sistematicamente. Não eram eles combatentes, e, a seu modo, possuidores de consciência social? Não proibiam os "Barbas Ruivas", formidável organização de ladrões de cavalos que ainda florescia na Manchúria na década de 1920, que seus membros atacassem mulheres, velhos e crianças, obrigando-os, porém, a atacar todos os funcionários públicos e representantes do governo? A organização determinava ainda que, "se um homem gozar de boa reputação, deixar-lhe-emos metade de sua propriedade; se for corrupto, tirar-lhe-emos todas suas propriedades e sua bagagem". Parece que em 1929 a maior parte do Exército Vermelho de Mao se compunha de tais "elementos desclassificados" (para usarmos sua própria classificação, "soldados, bandidos, ladrões, mendigos e prostitutas"). Quem mais correria o risco de aderir a uma formação ilegal naqueles dias senão marginais? "Essas pessoas lutam com toda coragem", observara Mao alguns anos antes. "Quando comandados de maneira justa, podem transformar-se numa força revolucionária." Teria isto acontecido? Não sabemos. Decerto eles deram ao jovem Exército Vermelho alguma coisa da "mentalidade de insurgentes nômades", embora Mao esperasse que isso pudesse ser resolvido por meio de "educação intensificada".

Hoje sabemos que a situação era mais complicada.[10] Bandidos e revolucionários respeitavam-se como renegados que tinham inimigos comuns, e durante grande parte do tempo os Exércitos Vermelhos errantes não estavam em condições de fazer mais do que se esperava de bandidos sociais clássicos. Entretanto, os dois grupos não confiavam um no outro. Os bandidos eram irresponsáveis. O Partido Comunista continuou a encarar He Jong, um chefe de bandidos transformado em general, e seus homens como "bandidos" que poderiam desertar a qualquer momento, até ele filiar-se ao partido. Isso pode ter acontecido, em parte, porque o estilo de vida de um próspero chefe de bandidos dificilmente coincidia com as expectativas puritanas dos camaradas. Contudo, embora bandidos isolados e um ou outro chefe pudessem ser convertidos, o banditismo institucionalizado, ao contrário do revolucionário, pode trabalhar com a estrutura de poder predominante com a mesma facilidade que pode rejeitá-la. "Tradicionalmente [o banditismo chinês] constituía a etapa rudimentar de um processo que podia levar, nas condições apropriadas, à formação de um movimento rebelde cujo objetivo era obter o 'Mandato do Céu'. Em si mesmo, entretanto, não era uma rebelião, e claramente não uma revolução." O banditismo e o comunismo se encontravam, mas seus caminhos divergiam.

Sem dúvida, a consciência política pode contribuir em muito para modificar o caráter dos bandidos. As guerrilhas camponesas comunistas da Colômbia contam com alguns combatentes (embora, com toda certeza, sejam uma pequena minoria) que se transferiram para elas, procedentes das antigas guerrilhas de bandidos da Violencia, que se dedicavam a saques. "Quando *bandoleava*" (Quando eu era bandido) é uma frase habitual nas conversas e reminiscências que preenchem grande parte do tempo dos guerrilheiros. A frase encerra a consciência da distinção entre o passado de um homem e seu presente. Contudo, provavelmente Mao era demasiado otimista. Vistos de *per si*, os bandidos podem ser integrados sem dificuldade em unidades políticas, mas coletivamente têm-se mostrado, ao menos na Colômbia, praticamente inassimiláveis em grupos guerrilheiros esquerdistas.

Seja como for, se o potencial militar dos bandidos era limitado, mais reduzido ainda era seu potencial político, como atestam as guerras entre quadrilhas no sul da Itália. A unidade ideal tinha menos de vinte homens. Os voivodas *haiduks* que comandavam grupos maiores que isso eram destacados nas baladas, e na Violencia que grassou na Colômbia depois de 1948 as unidades rebeldes muito grandes eram quase invariavelmente formadas por comunistas, e não por insurretos camponeses. Panayot Hitov relata que o voivoda Ilio, ao defrontar-se com duzentos ou trezentos recrutas em potencial, disse que esse número era excessivo para um único bando, e que melhor seria se formassem vários; ele próprio escolheu quinze. Os grandes contingentes eram, como no bando de Lampião, divididos em subunidades, ou coalizões temporárias de formações separadas. Taticamente, isto fazia sentido, porém indicava uma incapacidade básica, da maioria dos chefes camponeses, para equipar e municiar grandes unidades, ou ainda comandar grupos de homens que estivessem além do controle direto de uma personalidade forte. Ademais, cada chefe de bando era cioso de sua soberania. Até mesmo o mais leal lugar-tenente de Lampião, Corisco, o "Diabo Louro", embora permanecesse sentimentalmente ligado a seu velho chefe, brigou com ele e levou consigo seus amigos e seguidores ao formar um novo bando. Os vários emissários e agentes secretos dos Bourbons que procuraram introduzir disciplina e coordenação no movimento bandoleiro na década de 1860 viram fracassar seus esforços, como todos os outros que haviam tentado o mesmo.

Politicamente, como vimos, os bandidos eram incapazes de oferecer uma alternativa real aos camponeses. Ademais, sua posição tradicionalmente ambígua entre os poderosos e os pobres — como homens do povo que, contudo, desprezavam os fracos e os passivos, como uma força que em tempos normais atuava dentro da estrutura social e política existente ou em suas margens, e não em oposição a ela — limitava seu potencial revolucionário. Podiam sonhar com uma sociedade livre em que todos fossem irmãos, mas a perspectiva mais óbvia para um revolucionário-bandido bem-sucedido era tornar-se um proprietário de terras. Pancho Villa terminou como um fazendeiro, a recompensa natural de um aspirante a caudilho na América Latina, ainda que, indubitavelmente, seu passado e suas maneiras o tornassem mais popular que os aristocratas criolos. E, de qualquer forma, a vida aventurosa e indisciplinada dos ladrões não preparava muito um homem para a organização rígida e rotineira dos combatentes revolucionários, nem para a legalidade da vida pós-revolucionária. Poucos bandidos-rebeldes bem-sucedidos parecem ter desempenhado papel importante nos países balcânicos que ajudaram a libertar. Muitas vezes as lembranças de façanhas e de liberdade nas montanhas, antes da revolução e durante o levante nacional, meramente emprestavam um fulgor cada vez mais irônico às quadrilhas no novo Estado, postas a serviço de chefes políticos rivais, quando não se empenhavam em sequestros e roubos para seus próprios fins. A Grécia do século XIX, alimentada com a mística dos *klephts*, transformou-se num gigantesco sistema de saqueios, pelos quais todos competiam. Os poetas românticos, os folcloristas e os filelenistas haviam dado fama aos bandidos montanheses na Europa. Edmond About, na década de 1850, ficou mais impressionado com a realidade banal do "Roi des Montagnes" do que com as frases altissonantes da glória dos *klephts*.

Assim, a contribuição dos bandidos para as revoluções modernas foi ambígua, duvidosa e breve. Esta foi sua tragédia. Como bandidos, puderam, na melhor das hipóteses, como Moisés, divisar a terra prometida. Não puderam alcançá-la. Quase como se poderia esperar, a guerra de libertação da Argélia começou nas montanhas inóspitas de Aurès, tradicional território de bandidos, mas foi o Exército de Libertação Nacional, que nada tinha em comum com eles, que finalmente conquistou a independência. Na China, o Exército Vermelho logo deixou de ser uma formação baseada em organizações de bandidos. E há mais o que dizer. Houve na revolução mexicana duas grandes formações camponesas: o típico movimento de rebeldes-salteadores de Pancho Villa, no norte, e a agitação agrária de Zapata, em Morelos. Em termos militares, Pancho Villa desempenhou um papel incomensuravelmente mais importante no cenário nacional, mas que não modificou nem a configuração física do México, nem a do próprio território norte-ocidental de Villa. O movimento de Zapata foi inteiramente regional, seu líder foi morto em 1919, suas forças militares não tinham grande peso. No entanto, foi esse movimento que injetou o elemento de reforma agrária na revolução mexicana. Os salteadores produziram um *caudillo* em potencial e uma lenda — a do único líder mexicano que tentou invadir a terra dos *gringos* no século XX.*
O movimento camponês de Morelos produziu uma revolução social, uma das três que merecem este nome na história da América Latina.

---

*A maior prova disso provém do povoado de San José de Gracia, nos planaltos de Michoacán, no México, que, como tantos outros povoados mexicanos, expressou suas aspirações populares mobilizando-se sob a bandeira de Cristo Rei *contra* a revolução (como parte do movimento *Cristero*, popularizado em *O poder e a glória*, de Graham Greene). Seu magnífico cronista observa que o povoado "detestava as grandes figuras da Revolução", com duas exceções: o presidente Cárdenas (1934-1940), por repartir a terra e pôr fim à perseguição religiosa, e Pancho Villa. "Estes se tornaram ídolos populares."[11] Ainda em 1971, a loja principal de um município semelhante da mesma região, um lugar nada dedicado à literatura, oferecia à venda exemplares das memórias de Pancho Villa.

1. Dick Turpin "escondido numa caverna da floresta de Epping". Gravura de J. Smith, 1739.

2. A transformação de Robin Hood 1: página de uma balada, provavelmente do último terço do século XVII.

3. A transformação de Robin Hood 2: o famoso bandido retratado por volta de 1700.

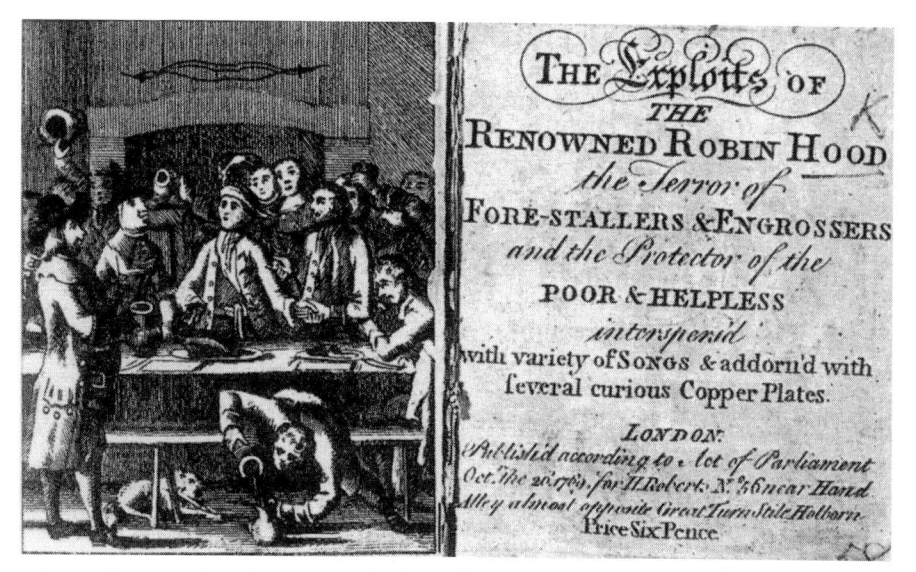

4. A transformação de Robin Hood 3: folheto publicado em 1769. Robin Hood e sua mãe "recebidos pelo fidalgo Gamwell", quando o personagem já havia sido absorvido pela Inglaterra do século XVIII.

5. A transformação de Robin Hood 4: Errol Flynn no papel do nobre bandido, segundo a versão de Hollywood.

FRANÇA E ALEMANHA

6. Louis-Dominique Cartouche (nascido em Paris, c. 1693, executado em 1721), o mais famoso bandido francês de sua época, muito representado na literatura popular e na iconografia.

7. "Schinderhannes" (J. Bückler, 1783-1803), criminoso que ganhou a auréola de bandido social entre os camponeses da Renânia; esta gravura o mostra assaltando um judeu.

8. A execução de Johannes Bückler, chamado Schinderhannes, representada numa biografia popular alemã. Observe-se a tradicional pose da "declaração às portas da morte".

9. O bandido da grande literatura. Página de rosto da primeira edição da peça *Os ladrões*, de Schiller.

10. Modernos bandidos da Córsega. N. Romanetti (1884-1926), de Vizzanova, sucessor de Bellacosia como o bandido mais afamado da ilha, e que foi morto em luta. Fotografado com seu filho, conhecido pela elegância. No canto superior direito, um bandido mais antigo, usando o tradicional barrete frígio.

ESPANHA E ITÁLIA

11. O bandoleiro romantizado por John Haynes Williams (1836-1908), cujas obras sempre narravam uma história vitoriana, muitas vezes a respeito de bandidos e toureiros espanhóis.

12. Marionetes sicilianas: à direita, o famoso bandido Pasquale Bruno (tema de um romance de Dumas, pai). Os bandidos suplementavam os Pares de França no repertório do teatro de marionetes do século XIX, mas perderam a popularidade em meados do século XX.

13. A visão popular do banditismo na Catalunha. Ex-voto de Ripoll (província de Gerona), mostrando os habituais homens armados nas habituais montanhas.

14. Giuseppe Musolino. Nascido em 1875 em São Stefano, Aspromonte, foi preso injustamente em 1897, fugiu em 1899 e foi recapturado em 1901. Passou 45 anos na cadeia, onde enlouqueceu, morrendo em 1956. Gozava de imensa popularidade, que se estendia muito além de sua Calábria nativa.

15. Território de bandidos: a Barbagia, na Sardenha. Cena do filme *Banditi a Orgosolo* (1961), de Vittorio De Seta, que recria a transformação de um bandido nesse lendário centro de marginais.

16. O salteador romantizado por Charles-Aphonse-Paul Bellay (1826-1900), prolífico expositor do Salão de Paris, com inclinação para os tipos populares italianos.

17. Salvatore Giuliano (1922-50) vivo. O mais famoso bandido da Itália era muito fotografado pelos jornalistas, em geral de maneira lisonjeira.

18. Salvatore Giuliano morto, 5 de julho de 1950, num pátio de Castelvetrano. A polícia afirma ter matado Giuliano, o que não parece provável. Observem-se a pistola e a submetralhadora Bren.

19. *Salvatore Giuliano*. Cena da emboscada, reconstruída para o magnífico filme de Francesco Rosi. As locações são reais.

20. A Sardenha na década de 1960. Cartazes de bandidos procurados pela polícia, com recompensas que variam de dois a dez milhões de liras por cabeça. O banditismo ainda é endêmico nas montanhas da Barbagia.

AS AMÉRICAS

21. (Página ao lado, acima, à esquerda) Jesse James (1847-1882). Nasceu e morreu no Missouri, formando sua quadrilha depois da Guerra Civil (1866).

22. (Página ao lado, acima, à direita) Os irmãos James como heróis de ficção popular (Chicago, 1892). É possível que o hábito de assaltarem trens tenha ajudado a propagar sua fama.

23. (Página ao lado, abaixo) Jesse James como parte da lenda do Oeste. Henry Fonda no filme *Jesse James – Lenda de uma era sem lei* (1939, Henry King).

24. Lampião (? 1898-1938), o mais famoso bandido-herói do Brasil. Folha de rosto da primeira parte de um romance em versos em três partes, publicado em São Paulo (1962).

25. O bandido como mito nacional, propagado por intelectuais: cena do filme brasileiro *O cangaceiro* (1953, Lima Barreto). O chapéu de couro, decorado e com a aba revirada, é o equivalente brasileiro do *sombrero* ou do *stetson*.

26. Pancho Villa (nascido em 1877, em Durango, e morto em 1923, em Chihuahua). O famoso bandido como general revolucionário, dezembro de 1913.

RÚSSIA E EUROPA ORIENTAL

27. O revolucionário *haiduk*: Panayot Hitov (1830-1918), bandido e patriota búlgaro, autor de uma autobiografia e líder do levante nacional de 1867-1868.

28. Os *klephts*: Giorgios Volanis (centro), líder de quadrilhas gregas na Macedônia, no começo do século XX. Observem-se os adornos de guerreiro.

29. Combatentes irregulares dos Bálcãs: Constantine Garefis com seu bando (recrutado na área do monte Olimpo), c. 1905. garefis foi morto por seus inimigos, os *Komitadjis* macedônios, em 1906.

30. O bandido da planície: Sandor Rósza (1813-1878), o grande bandido-guerrilheiro húngaro, na cadeia. Líder de quadrilha a partir de aproximadamente 1841, e guerrilheiro patriota depois de 1849, foi capturado em 1856 e perdoado em 1867.

31. A lenda de Sandor Rósza: cena do filme *Szegénylegények* (no Brasil, *Os sem esperança*), de Miklós Jancsó, que narra a perseguição de Rósza pelas autoridades imperiais.

ÁSIA

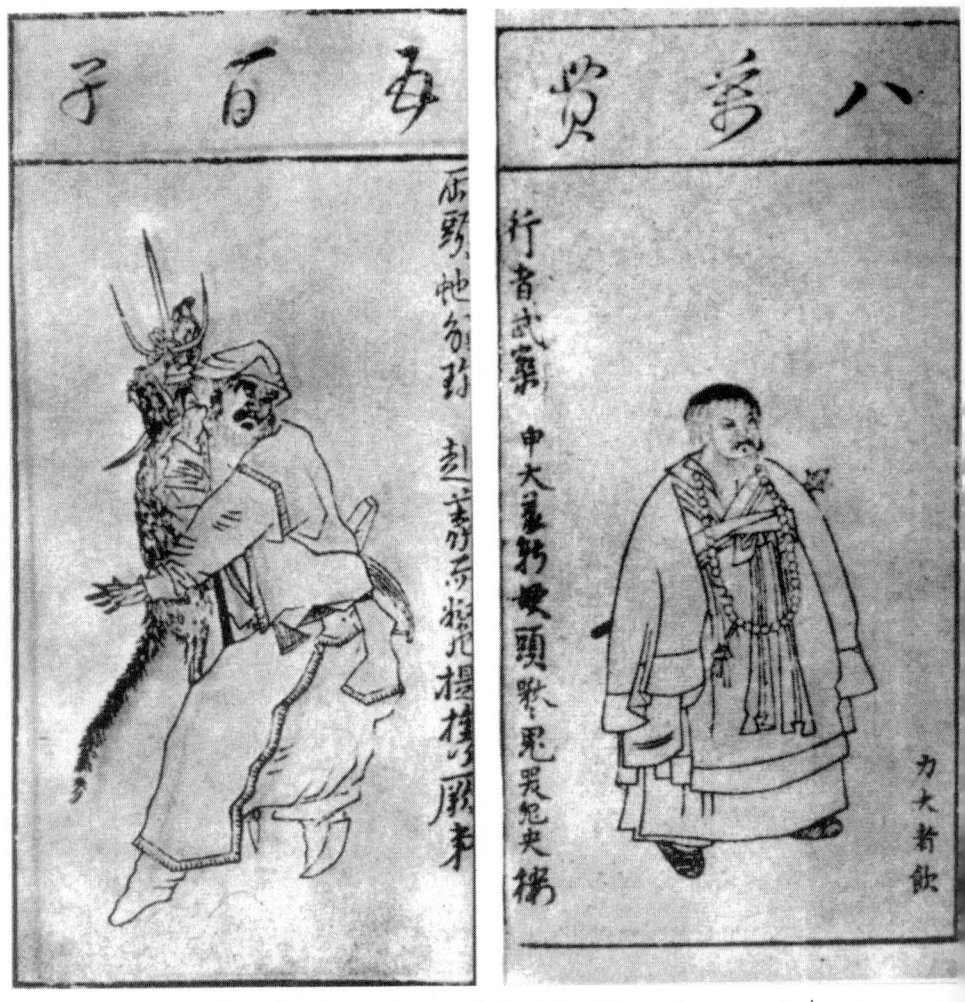

32. Wu Sung, comandante de infantaria de um exército de bandidos na famosa novela *À margem d'água*, numa ilustração do século XVI. Wu Sung tornou-se bandido depois de matar uma pessoa por vingança. Era descrito como "alto, belo, forte, heroico, perito em artes militares" e em bebidas.

Chieh Chen, pequeno bandido da novela *À margem d'água*, escrita no século XIII e provavelmente baseada em temas anteriores. Chen era oriundo de Xantungue, e era órfão. Caçador, foi descrito como alto, queimado de sol, esguio e colérico.

33. Execução dos piratas de Namoa, Kowloon, 1891, com britânicos. Namoa, uma ilha chinesa ao largo de Swatow, era um famoso centro de pirataria e, nessa época, núcleo de uma rebelião. Não se sabe se os cadáveres eram de piratas, rebeldes ou ambos.

34. Os Pindaris, descritos como "uma conhecida classe de salteadores profissionais", estavam associados aos marathas, em cujas campanhas tomavam parte, saqueando. Após a pacificação empreendida pelos ingleses, os que restaram se estabeleceram como agricultores.

OS EXPROPRIADORES

35. "Kamo" (Semyon Arshakovitch Ter-Petrossian), 1882-1922. Revolucionário profissional bolchevista, oriundo da Armênia. Kamo ganhou fama como homem de ação imensamente corajoso e resistente. Foi o instigador do assalto de Tiflis em 1907.

36. Francisco Sabaté ("El Quico"), 1913-1960, anarquista e expropriador catalão.
A fotografia é de 1957 e mostra-o preparado para atravessar a fronteira.

O BANDIDO NA ARTE

37. O bandido monumental: *Cabeças de salteadores*, de Salvador Rosa (1615-1673).

38. O bandido idealizado: *Chefe de bandidos*, de Salvador Rosa, numa gravura inglesa do século XVIII.

39. O bandido selvagem: Francisco Goya y Lucientes (1746-1848). Um dos vários estudos de Goya sobre esse tema.

40. O bandido sentimental: *Bandido dos Apeninos* (1824), de Sir Charles Eastlake (1793-1865), presidente da Academia Real.

41. O bandido como símbolo: *Ned Kelly* (1956), de Sydney Nolan. Parte de uma série sobre o famoso bandoleiro (1854-1880), com sua couraça caseira.

Notas

1. F. Delumeau, *Vie économique et sociale de Rome dans la seconde moitié du seizième siècle*, Paris, 1957-1959, II, p. 557.
2. P. M. van Wulfften-Palthe, *Psychological Aspects of the Indonesian Problem*, Leiden, 1949, p. 32.
3. J. Koetschet, *Aus Bosniens Letzter Turkenzeit*, Viena-Leipzg, 1905, pp. 6-8.
4. *District Gazetteers of the United Provinces*, Allahabad, 1911, I, p. 185.
5. Sartono Kartodirdjo, *The Peasants' Revolt of Banten in 1888*, Haia, 1966, p. 23.
6. Wulfften-Palthe, op. cit., p. 34.
7. Pavlovich, loc. cit., pp. 146 e 159.
8. Cf. M. L. Guzmán, op. cit. Ver também F. Katz, *The Life and Times of Pancho Villa*, Stanford, 1999, pp. 73, 101.
9. Stuart Schram, *Mao Tsé-tung*, Londres, 1966, p. 43.
10. Ver o magnífico capítulo "Bandits and the Revolutionary Movement", *in* Phil Billingsley, op. cit., pp. 226-270.
11. Luis González, *Pueblo en vilo*, Cidade do México, DF, 1968, p. 251.

9
Os expropriadores

POR FIM, CABE-NOS EXAMINAR resumidamente aquilo a que se poderia chamar "quase banditismo", os revolucionários que não pertencem eles próprios ao mundo original de Robin Hood, mas que, de uma forma ou de outra, adotam seus métodos e, às vezes, até seu mito. As razões para isso podem ser, em parte, de caráter ideológico, como entre os anarquistas seguidores de Bakunin, que idealizavam o bandido como

> o verdadeiro e único revolucionário — um revolucionário sem frases torneadas, sem retórica erudita, irreconciliável, infatigável e indômito, um revolucionário popular e social, apolítico e desligado de toda propriedade (Bakunin).

Isso pode ser uma indicação da imaturidade de revolucionários que, embora suas ideologias sejam novas, se acham impregnados das tradições de um mundo antigo, como os guerrilheiros anarquistas da Andaluzia depois da Guerra Civil Espanhola de 1936-1939, que adotavam facilmente os costumes dos antigos *"nobles bandoleros",* ou os salteadores alemães do começo do século XIX, que, com a mesma naturalidade, deram o nome de Liga dos Proscritos à sua irmandade revolucionária secreta — aquela que, por fim, se transformou na Liga Comunista de Karl Marx. (Na verdade, em certo momento, o alfaiate comunista-cristão Weitling planejou uma guerra revolucionária travada por um exército de marginais.) Ou as razões podem ser técnicas, como no caso de movimentos guerrilheiros obrigados a seguir táticas em essência semelhantes às dos bandidos sociais, ou na periferia das atividades de capa e espada de movimentos revolucionários ilegais em que atuam contrabandistas, terroristas, falsários, espiões e "expropriadores". Neste capítulo estudaremos basicamente a "expropriação", a denominação tradicional e eufemística para os assaltos destinados a fornecer fundos aos revolucionários. Algumas observações sobre fenômenos contemporâneos desse tipo podem ser encontradas no Pós-escrito (ver pp. 218-229).

Ainda está por ser escrita a história dessa tática. É provável que ela tenha surgido no ponto em que se cruzaram a linha libertária e a autoritária do moderno movimento revolucionário, os *sans-culottes* e os jacobinos: inspirada por Bakunin, foi criada por Blanqui. O local de nascimento foi quase com certeza o ambiente de anarquismo com terrorismo da Rússia czarista nas décadas de 1860 e 1870. A bomba, a arma típica dos expropriadores russos no começo do século XX, aponta para sua origem terrorista. (Na tradição ocidental de assaltos a bancos, quer de natureza política, quer ideologicamente neutro, o revólver sempre prevaleceu.) O próprio termo "expropriação" foi, na origem, menos um eufemismo para assaltos à mão armada quanto um reflexo de uma confusão caracteristicamente anarquista entre motim e rebelião, entre crime e revolução, que não só considerava o quadrilheiro como um insurreto legitimamente libertário, como também via atividades simples, como a pilhagem, como um passo rumo à expropriação espontânea da burguesia pelos oprimidos. Não devemos censurar os anarquistas sérios pelos excessos da faixa lunática de intelectuais degradados que se entregavam a tais fantasias. Até mesmo entre eles, o termo "expropriação" tornou-se gradualmente um termo técnico para designar o roubo de dinheiro em benefício da causa, no mais das vezes — e sugestivamente — roubado àqueles símbolos do poder impessoal do dinheiro, os bancos.

Ironicamente, não foram tanto as formas locais e dispersas de ação direta, por parte de anarquistas ou terroristas *narodnik*,* que transformaram a "expropriação" em escândalo público no movimento revolucionário internacional. Para isso contribuíram sobretudo as atividades dos bolchevistas durante e depois da revolução de 1905; e mais particularmente o famoso assalto de Tiflis (Tbilisi) em 1907, que rendeu ao Partido mais de 200.000 rublos, a maior parte dos quais, infelizmente, em notas de valores altos, facilmente detectáveis, o que causou problemas para exilados dedicados como Litvinov (mais tarde comissário de Relações Exteriores da URSS) e L. B. Krassin (mais tarde encarregado do Comércio Exterior soviético) com a polícia ocidental quando tentaram trocá-las. As expropriações foram uma boa arma com que atacar Lenin, sempre suspeito aos olhos de outros setores social-democratas russos, graças às suas supostas tendências "blanquistas", da mesma forma como mais tarde viria a ser uma boa arma contra Stalin, que estava profundamente envolvido na questão, como eminente bolchevista na Transcaucásia. As acusações eram injustas. Os bolchevistas de Lenin só diferiam dos outros social-democratas por não condenarem *a priori* qualquer forma de atividade revolucionária, inclusive as "expropriações"; ou, melhor, por carecerem do jargão que oficialmente condenava operações que, como hoje sabemos, são praticadas não só por revolucionários clandestinos, mas também por governos de todos os matizes, sempre que as consideram essenciais. Lenin fez tudo que pôde para separar as "expropriações" do crime comum e da pirataria indiscriminada, através de um elaborado sistema de ressalvas: só deveriam ser realizadas sob auspícios do Partido e dentro de um quadro de ideologia e educação socialistas, para que não descambassem para o crime e a "prostituição"; só deveriam ser empreendidas contra propriedade do Estado etc. Stalin, embora sem dúvida se empenhasse em tais atividades com sua costumeira falta

---

*Membro dos movimentos revolucionários populistas russos do fim do século XIX.

de escrúpulos humanitários, não estava fazendo outra coisa senão aplicar a política partidária. Na verdade, as "expropriações" na turbulenta Transcaucásia, onde se obtinham facilmente armas de fogo, não foram nem as maiores — é provável que o recorde tenha pertencido ao assalto de Moscou em 1906, que rendeu 875.000 rublos —, nem as mais frequentes. Pode-se afirmar que na Letônia, onde os jornais bolchevistas registravam publicamente pelo menos parte da renda obtida com as expropriações (do mesmo modo como os jornais socialistas geralmente registram donativos), os revolucionários eram muito mais dados a essa forma de roubo desinteressado.

Por conseguinte, o estudo das "expropriações" bolchevistas não é a melhor forma de compreendermos a natureza dessa atividade de quase banditismo. Tudo quanto demonstram os assaltos dos marxistas oficiais é o fato óbvio de que tais atividades tendem a atrair determinado tipo de militante, o tipo de homem que, embora muitas vezes anseie por um trabalho de prestígio, como redigir pronunciamentos teóricos e discursar em congressos, se sente mais feliz com uma arma na mão e muita presença de espírito. O falecido Kamo (Semeno Arzhakovitch Ter-Petrossian, 1882-1922), terrorista armênio extraordinariamente valente e resoluto, que aderiu aos bolchevistas, foi um exemplo magnífico desse tipo de pistoleiro político. Foi ele o principal mentor da expropriação de Tiflis, muito embora, por questão de princípio, jamais gastasse mais de cinquenta copeques por dia para suas necessidades pessoais. O fim da guerra civil deixou-o livre para realizar sua antiga ambição de educar-se corretamente em teoria marxista, mas, após breve intervalo, ele sentiu saudades dos estímulos da ação direta. Provavelmente, morrer num acidente de bicicleta foi uma sorte para ele. Nem sua idade, nem a atmosfera na União Soviética nos anos que se seguiram teriam sido adequadas a seu tipo de bolchevismo à antiga.

A melhor maneira de expor o fenômeno da "expropriação" aos leitores que não tenham grande conhecimento dos pistoleiros ideológicos será esboçar o retrato de um deles. Escolho o caso de

Francisco Sabaté Llopart (1913-1960),[1] membro do grupo de guerrilheiros anarquistas que atacavam a Catalunha, a partir de bases na França, depois da Segunda Guerra Mundial. Quase todos estão hoje mortos ou na cadeia: os irmãos Sabaté; José Luis Facerías, o garçom do Barrio Chino de Barcelona (provavelmente o mais capaz e mais inteligente); Ramón Capdevila, apelidado "Caraquemada"; o boxeador Jaime Pares "El Abissinio" (provavelmente o mais resistente e um dos mais longevos — viveu até 1963); o operário fabril José López Penedo; Julio Rodríguez, "El Cubano"; Paco Martínez; Santiago Amir Gruana, "El Sheriff"; Pedro Adrover Font, "El Yayo"; o jovem e sempre faminto José Pedrez Pedrero "Tragapanes"; Victor Espallargas, cujos princípios pacifistas só lhe permitiam participar desarmado de assaltos a bancos; e muitos outros, cujos nomes só vivem hoje nos registros policiais e nas lembranças de suas famílias e de alguns militantes anarquistas.

Barcelona, cidade comprimida entre morros e de subúrbios violentos, capital passional da insurreição proletária, era a *maquis* desses homens, embora eles conhecessem bastante as montanhas para nelas se esconder e depois retornar. Táxis sequestrados e automóveis roubados eram seu meio de transporte; os pontos de encontro, as filas de ônibus e os portões de estádios de futebol. Seus equipamentos eram a capa de chuva, tão cara aos pistoleiros urbanos de Dublin ao Mediterrâneo, e as bolsas de compra ou a valise em que ocultavam armas ou bombas. Como motivação, tinham a "ideia" do anarquismo: aquele sonho totalmente inflexível e lunático que muitos de nós partilhamos, mas que poucos, exceto espanhóis, já tentaram pôr em prática, ao preço de derrota total e da impotência de seu movimento trabalhista. O mundo deles era aquele em que os homens são governados pela moralidade pura, ditada pela consciência; em que não há pobreza, governo, prisões, policiais, nenhuma coerção ou disciplina, exceto a da luz interior; um mundo sem nenhum vínculo social, salvo a fraternidade e o amor; sem mentiras; sem propriedades nem burocracia. Nesse mundo os homens são puros como Sabaté, que nunca fumou ou bebeu (exceto, naturalmente, um pouco de vinho às refeições) e que se alimentava como um pastor, mesmo depois de ter acabado de assaltar um banco. Nesse mundo, a razão e o esclarecimento tiram os homens das trevas. Nada se interpõe entre nós e esse ideal senão as forças do demônio, os burgueses, os fascistas, os stalinistas e até os anarquistas retrógrados, forças que devem ser extirpadas, sem que, evidentemente, se caia nas armadilhas diabólicas da disciplina e da burocracia. É um mundo em que os moralistas também são pistoleiros, tanto porque as armas matam inimigos quanto porque são os meios de expressão de homens impossibilitados de escrever os panfletos e pronunciar os discursos grandiosos com que sonham. A propaganda da ação substitui a propaganda da palavra.

Francisco Sabaté Llopart "Quico" descobriu "a ideia", juntamente com toda uma geração de jovens trabalhadores de Barcelona, de 13 a 18 anos de idade, durante o grande redespertar moral que se seguiu à proclamação da República Espanhola em 1931. Era um dos cinco filhos de um vigia municipal apolítico de Hospitalet de Llobregat, uma vila um pouco afastada de Barcelona, e tornou-se bombeiro hidráulico de profissão. Com exceção de Juan, um rapaz magro e espigado que desejava fazer-se padre, os irmãos se inclinavam para a esquerda, seguindo a orientação de Pepe, o mais velho da família. O próprio Francisco não era muito dado aos livros, embora mais tarde tenha feito esforços heroicos para aprender a ler, a fim de poder discutir Rousseau, Herbert Spencer e Bakunin, como competia a um bom anarquista, e se orgulhava ainda mais das duas filhas que frequentavam o *lycée* em Toulouse, embora só lessem o *Express* e o *France-Observateur*. A acusação de Franco, de que era semianalfabeto, causou-lhe profunda amargura.

Sabaté tinha 17 anos ao aderir à organização libertária da juventude, e começou a absorver a verdade maravilhosa nos ateneus libertários, onde os jovens militantes se reuniam em busca de educação e inspiração. Naqueles tempos, ser politizado em Barcelona significava tornar-se anarquista, tão certamente como em Aberavon, no País de Gales, significava apoiar o Partido Trabalhista. Entretanto, ninguém escapa a seu destino. Sabaté estava marcado pela natureza para sua carreira subsequente. Tal como certas mulheres só se realizam plenamente na cama, existem homens que só se realizam em ação. Dono de maxilares largos e sobrancelhas grossas, parecendo mais baixo do que era, graças à sua compleição atarracada — embora na verdade fosse menos musculoso do que parecia —, Sabaté era um desses homens. Parado, era nervoso e desajeitado. Dificilmente se sentia à vontade numa poltrona, muito menos num café, onde, como bom pistoleiro, automaticamente escolhia uma mesa protegida, da qual avistasse a entrada, e situada perto da saída dos fundos. Assim que se via com uma arma na mão numa esquina, ele se relaxava e, de maneira especial, tornava-se radiante. "Muy sereno" — era como seus companheiros o descreviam em tais momentos, seguro de seus reflexos e instintos, aquelas premonições que a experiência pode aperfeiçoar, mas não criar; confiante, acima de tudo, em sua coragem e em sua sorte. Um homem sem notáveis aptidões naturais não teria sobrevivido a quase 22 anos de marginalidade ininterrupta, salvo os períodos na cadeia.

Parece que quase desde o começo ele se viu incluído nos *grupos específicos* ou grupos de ação de jovens libertários, que travavam duelos com a polícia, assassinavam reacionários, resgatavam prisioneiros ou expropriavam bancos com a finalidade de financiar algum jornalzinho, sendo que a aversão dos anarquistas à organização dificultava o levantamento regular de recursos. As atividades de Sabaté eram locais. Em 1936, já casado — ou, um tanto ostensivamente, *não* casado — com uma criada de Valência, cujo caráter tinha a mesma simplicidade clássica do seu, ele ainda era um simples membro do comitê revolucionário em Hospitalet. Mas ganharia destaque na coluna *Los Aguiluchos* (os "Jovens Águias"), comandada por García Oliver, seu centurião, ou responsável por um grupamento de cem homens. Como seus dotes para a liderança ortodoxa eram claramente modestos, logo foi relegado a uma função de segundo plano, a de armeiro, a que estava preparado por sua familiaridade com armas e explosivos. Além disso, tinha uma inclinação natural para a mecânica, assim como para o combate. Era do tipo de homem que constrói uma motocicleta a partir de um monte de sucata. Jamais tornou-se um oficial.

Sabaté combateu tranquilamente com sua coluna (mais tarde fundida com a 28ª Divisão Ascaso, comandada por Gregorio Jover), até a batalha de Teruel. Não foi aproveitado nas unidades especiais de guerrilha do Exército, o que indica que seus dons não tinham sido percebidos. Então, durante a batalha, ele desertou. A explicação oficial é que ele discutiu com os comunistas, o que é mais que provável. Voltou para Barcelona, levando uma vida clandestina, que praticamente nunca abandonou pelo resto da vida.

Em Barcelona, sua primeira atividade contra a "coligação stalinista-burguesa" consistiu em libertar um camarada ferido num choque com a polícia (republicana); a segunda, ainda sob as ordens do Comitê Jovem de Defesa, anarquista, foi libertar quatro homens que, presos após o levante de maio de 1937, estavam sendo transportados de um para outro daqueles dois polos do mundo do militante anarquista, a Prisão Modelo e a Fortaleza de Montjuich. Depois, ele próprio foi aprisionado em Montjuich e tentou fugir. Sua mulher passou-lhe uma arma na prisão seguinte, em Vich, e ele escapou. Já era agora um homem marcado. Por isso, seus companheiros procuraram ocultá-lo, mandando-o para a frente com outra coluna anarquista, a 26ª Divisão Durruti, com a qual ele ficou até o fim. Talvez devamos acrescentar, para governo dos leitores não anarquistas, que a ligação de Sabaté à causa republicana e seu ódio a Franco nunca foram abalados durante todos esses surpreendentes percalços.

A guerra acabou. Depois da estada costumeira num campo de concentração francês, Sabaté viu-se trabalhando como mecânico perto de Angoulême (seu irmão Pepe, um oficial, fora apanhado e preso em Valência; o jovem Manolo tinha pouco menos de 12 anos).

Ali, a ocupação alemã o capturou, e ele logo voltou à clandestinidade. Entretanto, ao contrário de muitos outros refugiados espanhóis, suas atividades de resistência ocupavam um plano secundário em sua vida. Sua paixão era a Espanha, e apenas ela. Por volta de 1942, ele estava de volta à fronteira dos Pireneus, doente, mas ansioso por combater. Dessa época em diante, passou a atuar sozinho, patrulhando a fronteira.

A princípio, percorria as fazendas das montanhas como mecânico ambulante e reparador de tudo quanto precisasse de conserto. Depois, durante algum tempo, uniu-se a um grupo de contrabandistas. Mais tarde, criou para si duas bases, permanecendo como pequeno fazendeiro em uma delas, a Mas Casenobe Loubette, perto de Coustouges, à vista da Espanha. A fronteira entre La Preste e Ceret seria daí em diante "sua" ronda. Ali ele conhecia os caminhos e as pessoas, e possuía suas bases e depósitos. Por fim, isso foi sua perdição, pois definiu a área dentro da qual a polícia podia esperar que ele se encontrasse, à distância de poucos quilômetros. Por outro lado, era inevitável que isso acontecesse. Organizações eficientes podem enviar mensageiros e guerrilheiros em qualquer ponto entre Irun e Port Bou. Uma associação de atividades de pequeno vulto, como o *underground* anarquista, é formada por homens que nada conhecem fora da área exígua que eles mesmos exploraram. Sabaté conhecia seu setor das montanhas. Conhecia todas as rotas que as ligavam a Barcelona. Sobretudo, conhecia Barcelona. Estes eram seus "feudos". Era ali, e em nenhuma outra parte da Espanha, que ele atuava.

Ao que parece, ele não realizou incursões antes da primavera de 1945, embora guiasse outras pessoas e talvez realizasse algum trabalho de ligação. Em maio daquele ano, começou a ganhar fama graças ao resgate de um companheiro das mãos da polícia, no centro de Barcelona. E então sucederam os fatos que o transformariam em herói. Um de seus grupos guerrilheiros atraiu a atenção da Guarda Civil em Banyoles, o ponto em que se dispersavam, depois de atravessar as montanhas. Quando os policiais sacaram suas armas — Sabaté era rigoroso no tocante a não atirar antes do outro lado puxar as armas —, um deles foi morto, e o outro, desarmado. Conseguiu evadir-se ao clamor público mediante o artifício de caminhar, em curtas etapas, até Barcelona. Ao chegar lá, a polícia estava informada do que se passara, e ele sofreu uma emboscada no ponto de encontro habitual dos anarquistas, uma leiteria, na Calle Santa Teresa. Sabaté tinha um extraordinário pressentimento com relação a emboscadas. Percebeu claramente que os quatro operários que vinham devagar em sua direção eram policiais. Por isso, continuou a andar, descuidadamente, na direção *deles*. A cerca de nove metros de distância, pegou a submetralhadora e fez pontaria.

A guerra entre a polícia e os terroristas é tanto de nervos como de armas. Quem se assusta mais perde a iniciativa. A explicação para a singular carreira de Sabaté, após 1945, estava na superioridade moral que ele adquiriu sobre a polícia, mediante a política deliberada de, sempre que possível, caminhar na direção *deles*. Os quatro homens a paisana se intimidaram, correram em busca de proteção e começaram a atirar meio a esmo, enquanto ele fugia, sem sequer atirar.

Revelando sua relativa inexperiência, Sabaté foi para casa, a fim de providenciar um encontro com seu irmão Pepe, que acabara de sair da prisão de Valência. A casa já estava vigiada, mas ele só entrou por um instante, para deixar um bilhete, saindo imediatamente pelos fundos, e foi dormir nas matas. Isto parece ter surpreendido a polícia. Ao voltar na manhã seguinte, Sabaté farejou a emboscada, mas era tarde demais e seu caminho já estava fechado por dois carros da polícia. Sabaté passou sossegadamente por eles. O que não sabia era que em um dos carros estavam dois anarquistas capturados que deveriam identificá-lo. Não o fizeram, e Sabaté continuou seu caminho em segurança.

O herói necessita de valentia para desempenhar seu papel, e ele provara possuí-la. Necessita de astúcia e perspicácia. Precisa de sorte, ou, em termos míticos, de invulnerabilidade. Evidentemente, o homem que pressentia e evitava emboscadas havia provado possuí-los. Mas também precisa de vitória. Isso ele ainda não provara — exceto matando policiais —, e por padrões racionais jamais poderia atingi-la. Mas pelos padrões dos pobres, dos oprimidos e dos ignorantes, cujos horizontes são limitados por seu bairro, ou no máximo por sua cidade, a mera capacidade do marginal para sobreviver diante das forças concentradas dos ricos e de seus carcereiros e policiais já representa vitória suficiente. E daí em diante ninguém em Barcelona, cidade que produz mais competentes juízes de bons rebeldes do que a maioria, duvidou de que Sabaté possuía essa capacidade. Sobretudo ele próprio.

Entre 1944 e começos da década de 1950, houve reiteradas tentativas de derrubar Franco através de invasões privadas da fronteira com a França e, mais seriamente, através de ações de guerrilhas. Esses episódios não são muito conhecidos, ainda que as tentativas fossem bastante sérias. Fontes comunistas oficiais arrolam um total de 5.371 ações de guerrilheiros no período 1944-1949, com um máximo de 1.317 em 1947, e fontes franquistas estimam as baixas dos guerrilheiros em 400, no maior grupo de *maquis*, no sul de Aragão.[2] Grupos guerrilheiros atuavam praticamente em todas as áreas montanhosas, principalmente no norte e no sul de Aragão, mas os guerrilheiros catalães, quase todos anarquistas, ao contrário dos outros, não tinham nenhuma expressão militar. Sua organização e disciplina eram demasiado débeis, e seus objetivos eram os de seus dirigentes, homens com perspectivas bastante estreitas. Era entre tais grupos anarquistas que Sabaté agora atuava.

Considerações de alta política, de estratégia e de tática pouco afetavam esses homens. Para eles, tais coisas eram sempre abstrações nebulosas, exceto na medida em que eram vívidas por simbolizarem a imoralidade. Viviam num mundo abstrato, em que de um lado havia homens livres e armados e do outro, policiais e cadeias, tipificando a condição humana. Entre eles rastejava a massa de trabalhadores irresolutos que um dia — quem sabe amanhã? — se levantariam com um poder majestoso, inspirados pelo exemplo de moralidade e heroísmo. Sabaté e seus amigos achavam justificativas políticas para suas ações. Ele colocava bombas em alguns consulados latino-americanos em protesto contra um ou outro voto na ONU. Disparava folhetos com uma bazuca de fabricação caseira, sobre torcedores em estádios de futebol, para fazer propaganda, e invadia bares para tocar discursos antifranquistas em gravadores de fita. Assaltava bancos em nome da causa. No entanto, aqueles que o conheceram concordam que para ele o que realmente valia era antes o exemplo de ação do que seus efeitos. O que o impelia, de forma irresistível e obsessiva, era o desejo de continuar a atuar na Espanha, e o eterno duelo entre os militantes e o Estado: o sofrimento dos camaradas presos, o ódio aos policiais. Alguém de fora poderá perguntar por que razão nenhum dos grupos jamais fez uma tentativa séria para assassinar Franco ou mesmo o capitão-geral da Catalunha, mas apenas o Señor Quintela, da polícia de Barcelona. Mas Quintela era o chefe da "Brigada Social". Constava que havia torturado companheiros com as próprias mãos. É bem típico da desorganização anarquista que quando Sabaté planejou matá-lo, encontrou outro grupo de ativistas já trabalhando, independentemente, com esse mesmo fim.

A partir de 1945, portanto, as façanhas e as manifestações heroicas se multiplicaram. Os registros oficiais (nem sempre fidedignos) atribuem a Sabaté cinco ataques em 1947, um em 1948 e nada menos que quinze em 1949, o ano da glória e do desastre dos guerrilheiros de Barcelona. Em janeiro daquele ano, os irmãos Sabaté se incumbiram de levantar fundos para a defesa de alguns prisioneiros, uma lista dos quais um certo Ballester trouxera da prisão. Em fevereiro, Pepe Sabaté atirou num policial que estava tocaiando os irmãos na porta do Cinema Condal, perto da avenida Paral-lel. Pouco depois disso, a polícia surpreendeu Pepe e José Lopez Penedo dormindo em La Torrasa, subúrbio de imigrantes sulistas cantadores de flamenco, e travaram um tiroteio, em roupas de baixo, entre a porta da frente e a sala de jantar. Lopez morreu; Pepe, gravemente ferido, fugiu quase nu, nadou pelo rio Llobregat, assaltou um transeunte, de quem roubou as roupas, e caminhou oito quilômetros até um refúgio seguro, onde o irmão foi encontrá-lo, providenciando a visita de um médico e seu transporte para a França.

Em março, Sabaté e o grupo Los Manos, formado por jovens aragoneses, uniram-se para matar Quintela, mas só conseguiram assassinar, por engano, dois falangistas menos importantes (alguém fizera uma ameaça geral de atacar o quartel da polícia, o que assustara os policiais, mas também os pusera de alerta). Em maio, Sabaté e Facerías juntaram forças para colocar bombas nos consulados do Brasil, Peru e Bolívia. Depois de haver soado o alarme, Sabaté, calmamente, desmontou uma delas, a fim de preparar o mecanismo de tempo para provocar uma detonação imediata. Com a ajuda de uma simples vara de pescar, colocou outras bombas. No outono, contudo, a polícia já controlava a situação. Em outubro, Pepe sucumbiu numa emboscada, pouco depois de haver escapado a outra, fugindo sobre o cadáver de um policial. Naquele mês morreu a maioria dos combatentes.

Em dezembro, desapareceu um terceiro dos irmãos Sabaté. O jovem Manolo nunca fora um homem da "ideia". Sua ambição consistia em ser *torero*, e deixara sua casa, ainda adolescente, para seguir as *novilladas* em Andaluzia, mas a aventura representada pelas atividades dos irmãos também era tentadora. Não lhe permitiram juntar-se a eles, preferindo que ele estudasse para melhorar de situação, mas o sobrenome Sabaté conquistou-lhe um lugar no grupo do valente Ramón Capdevilla ("Caraquemada"), ex-pugilista que abandonara o ringue ao ser tomado pela "ideia", e que agora era perito em explosivos. Um dos poucos guerrilheiros cujas atividades faziam algum sentido, ele vagueava pelas províncias, fazendo explodir torres de transmissão e coisas semelhantes. Inexperiente, Manolo perdeu-se nas montanhas, depois de um choque com a polícia, e foi preso. O nome Sabaté garantiu sua execução. Foi fuzilado em 1950, nada deixando de si senão um relógio francês.

Nessa época, contudo, Sabaté já não se encontrava na Espanha. Dificuldades, principalmente com a polícia francesa, o manteriam afastado durante quase seis anos. Esses problemas haviam começado em 1948, quando ele foi abordado por um gendarme em uma de suas inúmeras viagens à fronteira, num carro alugado (Sabaté sempre gostou de transportes que lhe deixassem as mãos livres). Perdeu a cabeça e fugiu. Haviam encontrado sua arma, e mais tarde grande quantidade de equipamento, explosivos, rádios etc., em sua fazenda de Coustouges. Em novembro foi condenado, como revel, a três anos de cadeia e a uma multa de 50.000 francos. Apelou da sentença e em junho de 1949 recebeu uma pena de dois meses, mais tarde elevada para seis, com cinco anos de *interdiction de séjour*. Daí em diante, suas visitas à fronteira seriam ilegais, mesmo quando vindas do lado francês, e ele vivia sob supervisão da polícia longe dos Pireneus.

Na verdade, só um ano depois ele saiu da cadeia, pois a polícia francesa o implicou em outra questão, muito mais séria, um assalto à fábrica da Rhône-Poulenc, em maio de 1948, que resultara na morte de um vigia. É característico do imenso irrealismo dos ativistas, cuja própria vida dependia da vista grossa das autoridades francesas, que, em benefício da causa, expropriassem a burguesia, com a mesma disposição em Lyons que em Barcelona. (Só o inteligente Facerías evitava isso; roubava os bancos não espanhóis na Itália.) É igualmente típico que deixassem pegadas tão visíveis como um campo de aviação. Graças a ótimos advogados, as acusações contra Sabaté nunca ficaram cabalmente comprovadas; embora a polícia em dado momento perdesse a paciência e conseguisse arrancar-lhe uma confissão, depois de espancá-lo durante vários dias (ou assim afirmou seu advogado, não sem alguma plausibilidade). Depois de quatro *non-lieus*,* o processo ainda estava pendente por ocasião de sua morte. Contudo, além de inúmeras preocupações, o caso lhe custou quase mais dois anos na cadeia.

---

*Suspensão de uma ação judicial por falta de provas contra o réu. (*N. do T.*)

Quando Sabaté conseguiu respirar, pelo menos momentaneamente, nessas águas turbulentas, encontrou a situação política inteiramente modificada. No começo da década de 1950, todos os grupos militantes abandonaram a luta de guerrilhas por táticas mais realistas. Por isso, os ativistas ficaram sós.

Aquilo foi um golpe terrível. Ainda que inteiramente incapaz de obedecer a ordens das quais discordasse, Sabaté era um homem leal. Carecer da aprovação de seus camaradas era algo que o feria quase fisicamente, e até morrer ele fez esforços constantes, mas infrutíferos, para reavê-la. O golpe não foi aliviado com uma proposta de instalá-lo na América Latina. Seria o mesmo que oferecer a Otelo um posto consular em Paris, em vez de um exército. Assim, em abril de 1955 Sabaté estava de volta a Barcelona. No começo de 1956, uniu-se a Facerías para uma operação conjunta — os dois individualistas logo se separaram — que durou vários meses, a publicação de um jornalzinho, *El Combate,* e assaltaram o Banco Central, sozinhos, utilizando um simulacro de bomba. Em novembro, Sabaté estava de novo em ação, assaltando a grande firma têxtil Cubiertos Tejados, ação que rendeu quase um milhão de pesetas.

Depois disso, a polícia francesa, alertada pelos espanhóis, descobriu novamente sua pista. Sabaté perdeu sua base em La Preste, e voltou a ser preso. Saiu da cadeia em maio de 1958, mas passou os meses seguintes doente, depois de uma delicada operação de úlcera. Nesse ínterim, Facerías fora morto. Então ele começou a planejar sua última façanha.

Nessa época só lhe restavam alguns poucos amigos. Até mesmo a organização, com sua silenciosa desaprovação, parecia concordar com os fascistas e burgueses, que o consideravam um mero bandido. Até seus amigos lhe disseram, com toda razão, que outra operação seria suicida. Ele envelhecera bastante. Tudo quanto restava era sua reputação como herói e a convicção apaixonada que dava a esse homem pouco articulado um extraordinário poder de persuasão, que ele, desafiando os regulamentos da polícia, procurava aplicar nas reuniões de espanhóis que haviam emigrado para a França. E os imigrantes escutavam aquele homem atarracado, que sempre levava uma pasta bojuda e evitava sentar-se em cantos. Ele *não* era um bandido. A causa *não* podia ser deixada sem campeões na Espanha. Quem sabe se ele não poderia tornar-se o Fidel Castro de seu país? Será que ninguém compreendia?

 Sabaté juntou um pouco de dinheiro e convenceu certo número de homens, na maioria inexperientes, a pegar em armas. Saiu em campo com o primeiro grupo, que consistia em Antonio Miracle, bancário relativamente novato na clandestinidade, dois rapazes de mais ou menos 20 anos, Rogelio Madrigal Torres e Martín Ruiz, e um homem de 30 anos, um certo Conesa, de quem só se sabe que era casado. Todos eram de Lyons e Clermond-Ferrand. Os outros jamais realizaram a viagem. Sabaté esteve novamente com a família no fim de 1959, mas não falou a respeito de seus planos. E partiu para aquilo que todos, exceto talvez ele próprio, sabiam ser sua morte.

 Pode-se pelo menos dizer que ele morreu como gostaria. O grupo foi descoberto pela polícia a poucos quilômetros da fronteira, sem dúvida graças a algum aviso. Separaram-se. Dois dias depois, foram cercados numa fazenda solitária e sitiados durante doze horas. Depois do anoitecer, Sabaté provocou um estouro do gado, lançando uma granada de mão, e fugiu, rastejando, depois de matar seu último policial. Mas estava ferido. Todos os seus companheiros foram mortos. Dois dias depois, em 6 de janeiro, ele assaltou o trem das 6h20, de Gerona a Barcelona, na estaçãozinha de Fornells, e ordenou ao maquinista que prosseguisse a viagem. Isso era impossível, pois em Massanet-Massanas todos os trens passavam para tração elétrica. A essa altura, a ferida no pé de Sabaté já gangrenara. Ele mancava, tinha febre alta e só se mantinha mediante injeções de morfina de seu estojo de primeiros socorros. Os outros dois ferimentos, causados por uma bala que lhe raspara a cabeça atrás da orelha e por outra que lhe varara o ombro, eram menos sérios. Sabaté comeu o desjejum dos maquinistas.

Em Massanet, esgueirou-se para o vagão dos correios, passou para a locomotiva elétrica e conseguiu chegar até a cabina do maquinista, sequestrando a nova tripulação. Também esta lhe disse ser impossível, sem se arriscarem a acidentes, ir direto até Barcelona, desafiando os horários. Creio que nesse ponto ele já sabia que ia morrer.

A polícia já estava alertada em todo o percurso. Pouco antes do povoado de San Celoni, Sabaté obrigou o maquinista a reduzir a velocidade e saltou. Pediu vinho a um carregador, pois a febre lhe provocara sede, e bebeu-o avidamente. Depois pediu a uma velha que lhe indicasse um médico. Ela o mandou ir ao outro lado da cidade. Parece que ele confundiu a casa do empregado do médico — o consultório estava vazio — e foi bater na casa de um certo Francisco Berenguer, que evidentemente desconfiou daquela figura andrajosa, suja, armada com pistola e submetralhadora, e recusou a deixá-lo entrar. Lutaram. Dois policiais surgiram nas extremidades das duas ruas em cujo cruzamento os homens lutavam. Sabaté mordeu a mão de Berenguer para sacar sua pistola e feriu um último policial antes de cair na esquina das ruas San Jose e San Tecla.

"Se ele não estivesse ferido", dizem em San Celoni, "não o teriam apanhado, porque a polícia tinha medo dele." Mas o melhor epitáfio é o de um de seus amigos, um pedreiro de Perpignan, pronunciado diante da estátua de Vênus, de Maillol, que adorna o centro daquela cidade refinada. "Quando éramos jovens, e foi fundada a República, éramos *caballerescos pero espirituales*. Nós envelhecemos, mas Sabaté não. Ele era um guerrilheiro por instinto. Sim, ele era um daqueles Quixotes que a Espanha produz." Essas palavras não continham nenhuma ironia.

Entretanto, melhor do que qualquer epitáfio formal, ele recebeu a homenagem final do bandido-herói, do campeão dos oprimidos, que é a recusa de se acreditar em sua morte. "Dizem", disse um motorista de táxi alguns meses depois de seu fim, "que levaram o pai e a irmã dele para verem o corpo, e que eles olharam o cadáver e disseram: 'Não é ele, é outra pessoa.'" A rigor, estavam enganados, mas num outro sentido estavam certos, pois Sabaté era a espécie de homem que merecia a lenda. Mais ainda: um homem cuja única recompensa possível só podia ser a lenda heroica. Por qualquer padrão racional e realista, sua carreira foi um desperdício. Ele jamais conseguiu coisa alguma, e na verdade até mesmo as receitas de seus roubos eram cada vez mais absorvidas pelos custos crescentes da clandestinidade — documentos falsos, armas, subornos etc. —, de modo que pouco sobrava para propaganda. Parece que ele nunca conseguiu realizar nada, a não ser condenar à morte qualquer pessoa que se ligasse a ele. A justificativa teórica do insurreto, a de que a simples vontade de fazer a revolução é capaz de catalisar as condições objetivas para a revolução, não podia ser aplicada a ele, pois aquilo que ele e seus camaradas faziam não poderia ter produzido, pela lógica, um movimento mais amplo. O argumento deles, mais simples e mais homérico — o de que, como os homens são bons, bravos e puros pela própria natureza, o simples exemplo de devoção e coragem, repetido suficientemente, deverá envergonhá-los e tirá-los do torpor —, também tinha pequena possibilidade de êxito. Só podia produzir lenda.

Por sua pureza e sua simplicidade, Sabaté estava destinado a tornar-se lendário. Viveu e morreu pobre; até o fim, a mulher do famoso assaltante de bancos trabalhou como criada. Ele roubava bancos não apenas para conseguir dinheiro, mas como um toureiro enfrenta os touros — para demonstrar coragem. Para ele, de nada valia a descoberta de Facerías, a de que a maneira mais segura de levantar dinheiro consiste em assaltar certo tipo de hotel às duas da madrugada, confiante em que os burgueses ali encontrados na cama com suas amantes preferirão entregar o dinheiro, sem nada dizer à polícia.* A expropriação sem o risco pessoal era algo pouco viril — por

---

*Na verdade, o espanholismo frustrou até este plano. Um amante rico, talvez querendo impressionar a jovem namorada, resistiu e foi morto.

esse motivo Sabaté sempre preferiu assaltar um banco com menos gente do que seria tecnicamente necessário. E, inversamente, conseguir dinheiro com o risco da própria vida equivalia, num certo sentido moral, a *pagar* por ele. Caminhar sempre *em direção* à polícia era não só uma correta tática psicológica, como também a maneira de agir do herói. Ele sem dúvida poderia ter forçado o maquinista do trem a ir adiante, embora talvez isso não lhe adiantasse muito. Mas não podia, moralmente, arriscar as vidas de homens que não lutavam contra ele.

Para se tornar uma lenda popular, um homem precisa poder ser desenhado com traços simples. Para ser um herói trágico, tudo nele precisa ser reduzido à expressão mais simples, deixando-o silhuetado contra o horizonte na postura quintessencial de seu papel, como Dom Quixote contra os moinhos de vento, como os pistoleiros do Oeste mítico, solitários na brancura ensolarada de ruas vazias ao meio-dia. Essa era a postura de Francisco Sabaté Llopart. É justo que ele seja assim lembrado, na companhia de outros heróis.

Notas

1. Depois disso foi publicada uma biografia mais completa: Antonio Téllez, *Sabaté, Guerrilla Extraordinary*, Londres, 1974. Ver também, do mesmo autor, *La guerrilla urbana I: Facerías*, Paris, 1974.
2. E. Líster, "Lessons of the Spanish Guerrilla War (1939-1951)", *World Marxist Review*, 8, 2, 1965, pp. 53-58; Tomás Cossias, *La lucha contra el "maquis" en España*, Madri, 1956.

10
O BANDIDO COMO SÍMBOLO

Até aqui examinamos a realidade dos bandidos sociais, e também sua lenda ou mito, sobretudo como fonte de informação. Informação sobre aquela realidade e os papéis sociais que, presume-se, os bandidos desempenham (e que, por isso, muitas vezes realmente desempenham); sobre os valores que supostamente representam; sobre seu relacionamento ideal — e, por isso, muitas vezes também real — com o povo. Não obstante, tais lendas não atuam meramente entre aquelas pessoas familiarizadas com determinado bandido, ou quaisquer bandidos, mas de maneira muito mais ampla e genérica. O bandido não é só um homem, é também um símbolo. Portanto, ao concluirmos este estudo do banditismo, cabe-nos examinar também esses aspectos mais remotos de nosso tema, que encerram pelo menos duas áreas de interesse.

A lenda do bandido entre os próprios camponeses é um fenômeno curioso, pois o imenso prestígio pessoal dos bandoleiros famosos não impede que sua fama seja um tanto efêmera. Como em muitos outros sentidos, a figura de Robin Hood, embora em geral represente a quintessência da lenda do bandido, é também atípica. Jamais se identificou, incontestavelmente, a existência real de um Robin Hood, ao passo que nos casos de todos os outros bandidos-heróis que fui capaz de estudar, suas existências, ainda que envolvidas em mito, podem ser retrilhadas até alguma pessoa e alguma localidade identificáveis. Se Robin Hood realmente existiu, foi antes do século XIV, quando pela primeira vez se encontra menção escrita a seu nome. Por conseguinte, sua lenda sobrevive há pelo menos seiscentos anos. Todos os outros bandidos-heróis mencionados neste livro (com exceção dos protagonistas dos romances populares chineses) são bem mais recentes. Stenka Razin, o líder rebelde dos pobres da Rússia, remonta à década de 1670, porém a maioria dos personagens cujas lendas se contavam no século XIX, quando tais baladas passaram a ser compiladas sistematicamente, datam do século XVIII — que por isso parece ter sido a idade áurea dos bandidos-heróis: Janošik na Eslováquia, Diego Corrientes na Andaluzia, Mandrin na França, Rob Roy na Escócia e, aliás, os criminosos idealizados para ingressar no panteão dos bandidos sociais, como Dick Turpin, Cartouche e Schinderhannes. Até mesmo nos Bálcãs, onde a história registrada dos *haiduks* e *klephts* remonta ao século XV, os primeiros heróis *klephts* que sobrevivem como tais nas baladas gregas parecem ser Christos Millionis (década de 1740) e Bukovallas, ainda posterior. É inconcebível que tais homens não tivessem sido tema de canções e gestas antes disso. Grandes rebeldes-bandoleiros como Marco Sciarra, do fim do século XVI, devem ter tido sua lenda, e pelo menos um dos grandes bandidos daquele período extremamente convulso — Serrallonga, da Catalunha — transformou-se num herói popular, cuja memória sobreviveu até o século XIX. Mas esse caso pode ser inusitado. Por que a maioria deles foi esquecida?

É possível que haja ocorrido certas mudanças na cultura popular da Europa Ocidental que expliquem esse florescimento dos mitos de bandidos no século XVIII. Contudo, não explicariam satisfatoriamente a aparente cronologia semelhante na Europa Oriental. Poder-se-ia argumentar que a memória de uma cultura puramente oral — e aqueles que perpetuavam a fama dos bandidos-heróis eram analfabetos — seja relativamente curta. Após certo número de gerações, a lembrança que se tem de uma pessoa mistura-se com a imagem coletiva dos heróis lendários do passado, o homem se funde com o mito e o simbolismo ritual, de modo que um herói que por acaso sobreviva além dessa faixa, como Robin Hood, não pode mais ser reposto no contexto da história real. É provável que isso seja verdadeiro, mas não representa toda a verdade. Isso porque a memória oral pode durar mais de dez ou doze gerações. Relata Carlo Levi que os camponeses da Basilicata, na década de 1930, recordavam-se vívida mas vagamente de dois episódios históricos no tempo "deles": a época dos bandoleiros, setenta anos antes, e a era dos grandes imperadores Hohenstaufen, sete séculos antes. A triste verdade será, provavelmente, que os heróis dos tempos remotos sobrevivem porque não são os heróis *apenas* dos camponeses. Os grandes imperadores tinham seus funcionários, cronistas e poetas, deixaram enormes monumentos de pedra, representam não os habitantes de um confim perdido das montanhas (tão semelhante a muitos outros confins perdidos), mas Estados, impérios, povos inteiros. Assim, Skanderbeg e Marko Kraljevic sobrevivem desde a Idade Média nas epopeias albanesas e sérvias, porém o Tropeiro Mihat e Juhasz Andras (o Pastor Andras), contra os quais

> arma alguma possui poder,
> as balas que os *pandurs* lhe atiram
> ele as pega com a mão nua,[1]

desaparecem com o tempo. O grande bandido é mais forte, mais famoso do que o camponês comum, mas não é menos mortal. Só é imortal porque sempre haverá algum outro Mihat ou Andras para levar sua arma às montanhas ou às planícies.

A segunda peculiaridade é mais familiar.

Os bandidos pertencem ao campesinato. A se aceitar o argumento deste livro, não podem ser compreendidos senão no contexto do tipo de sociedade camponesa que, creio poder afirmar com segurança, é tão remota à maioria dos leitores como o Egito antigo e que está tão condenada pela história, seguramente, quanto a Idade da Pedra. Entretanto, o que há de curioso e surpreendente no *mito* do bandido é que ele sempre se estendeu muito além do meio ambiente nativo. Os historiadores literários alemães inventaram uma categoria literária especial, a do *Räu-*

berromantik ("romantismo de bandidos"), que produziu uma enxurrada de *Räuberromane* ("romances de bandidos"), que de forma alguma se limitam à língua alemã nem se destinam a ser lidos por camponeses ou bandidos. O herói-bandido puramente ficcional, um Rinaldo Rinaldini ou um Joaquín Murieta, representa um subproduto característico. Entretanto, e isso é ainda mais extraordinário, o bandido-herói sobrevive à moderna revolução industrial da cultura, aparecendo, em sua forma original, numa série de TV sobre Robin Hood e seus companheiros e, numa versão mais moderna, como os heróis do Oeste americano ou como os gângsteres urbanos, nos meios de comunicação de massa da vida urbana do fim do século XX.

Que a cultura oficial dos países em que o banditismo é endêmico reflita sua importância, é natural. Cervantes colocou em suas obras os famosos salteadores espanhóis de fins do século XVI, com a mesma naturalidade com que Walter Scott escreveu a respeito de Rob Roy. Os escritores húngaros, romenos, tchecos e turcos dedicam romances a bandidos-heróis reais ou imaginários, ao passo que — uma ligeira variação — um romancista mexicano modernizante, ansioso por desacreditar o mito procura reduzir o herói ao nível de criminosos comuns em *Los bandidos del río frío*.* Nesses países, tanto os bandidos como os mitos a seu respeito são fatos importantes da vida, impossíveis de serem desprezados.

O mito do bandido é também compreensível em países altamente urbanizados que ainda possuem alguns espaços vazios de "sertão" ou "oeste" que lhes recordam um passado heroico, por vezes imaginário, e que proporcionam um *locus* concreto para a nostalgia, um símbolo de virtude antiga e perdida, um território indígena espiritual para onde, como Huckleberry Finn, o homem pode imaginar-se "fugindo" quando as tensões das civilizações se tornam excessivas para ele.

---

*Estou pensando no romance de Zsigmond Moricz a respeito de Sandor Rósza, em *Les Haidoucs*, de Panait Istrati, em *Mehmed, meu gavião*, de Yashar Kemal, e, sobretudo, no extraordinário *Der Räuber Nikola Schuhaj*, do tcheco Ivan Olbracht.

Ali ainda vive o nômade e proscrito Ned Kelly, como nas pinturas do australiano Sydney Nolan, uma figura espectral, trágica, frágil e ameaçadora em sua couraça caseira, cruzando e recruzando as vastidões ensolaradas da Austrália, esperando a morte.

Entretanto, na imagem cultural literária ou popular do bandido existe mais do que a documentação de como era a vida em sociedades atrasadas, ou, nas adiantadas, a nostalgia da perdida inocência ou o anseio de aventura. Existe aquilo que fica quando eliminamos o contexto local e social do bandoleirismo: uma emoção e um papel permanentes. Fica a liberdade, o heroísmo e o sonho de justiça.

O mito de Robin Hood realça o primeiro e o terceiro desses ideais. O que sobrevive da floresta medieval e vai aparecer na tela da TV é a fraternidade de homens livres e iguais, a invulnerabilidade à autoridade e a defesa dos fracos, oprimidos e defraudados. A versão clássica do mito do bandido na cultura literária insiste nos mesmos elementos. Os ladrões de Schiller cantam a vida livre na floresta, enquanto seu chefe, o nobre Karl Moor, se entrega para que a recompensa por sua captura possa salvar um homem pobre. O filme de faroeste e de gângsteres insiste no segundo elemento, o de heroísmo, mesmo contra o obstáculo da moralidade convencional, que confina o heroísmo ao pistoleiro bom, ou pelo menos àquele moralmente ambíguo. Contudo, não há como negar: o bandido é bravo, tanto em ação quanto como vítima. Morre desafiadoramente e com dignidade, e inúmeros rapazes de cortiços e subúrbios, que nada possuem senão o dom comum, porém precioso, de força e coragem, identificam-se com ele. Numa sociedade em que os homens vivem de modo subserviente, como servos de máquinas de metal ou como peças móveis de maquinaria humana, o bandido vive e morre de cabeça erguida. Como vimos, nem todos os bandidos lendários da história sobrevivem assim, para alimentar os sonhos da frustração urbana. Na verdade, quase nenhum dos grandes bandidos da história sobrevive ao traslado da sociedade agrária para a sociedade industrial, exceto quando são praticamente contemporâneos dela, ou quando já foram previamente embalsamados naquele meio resistente para a viagem no tempo — a literatura. Folhetos sobre Lampião são hoje impressos entre os arranha-céus de São Paulo, pois cada um dos milhões de migrantes de primeira geração do Nordeste do Brasil conhece a vida do grande cangaceiro morto em 1938, ou seja, quando já tinham nascido todos aqueles que no último ano do século XX tinham mais de 62 anos. Inversamente, os ingleses e americanos do século XX conhecem Robin Hood, que "tirava dos ricos para dar aos pobres", e os chineses do século XX conhecem "Sung Chiang 'Chuva Oportuna' (...) que ajuda os necessitados e desdenha a prata", porque a escrita e a tipografia deram forma nacional e permanente a uma tradição local e oral. Pode-se dizer que os intelectuais garantiram a sobrevivência dos bandidos.

Em certo sentido, ainda o fazem hoje. A redescoberta dos bandidos sociais em nossa época é trabalho de intelectuais — de escritores, roteiristas de cinema e até de historiadores. Este livro participa dessa redescoberta. Tentou explicar o fenômeno do banditismo social, mas também apresentar heróis: Janošik, Rósza Sandor, Dovbuš, Doncho Vatach, Diego Corrientes, Jancu Jiano, Musolino, Giuliano, Bukovallas, o Tropeiro Mihat, o Pastor Andras, Santanon, Serrallonga e García, uma interminável legião de guerreiros, rápidos como corcéis, nobres como falcões, astutos como raposas. Com exceção de uns poucos, ninguém jamais os conheceu a cinquenta quilômetros de sua aldeia natal, mas eram tão importantes para sua gente como os Napoleões e os Bismarcks; quase certamente mais importantes do que o verdadeiro Napoleão e o verdadeiro Bismarck. Ninguém que seja insignificante é celebrado em centenas de canções, como Janošik. São canções de orgulho e de saudade:

    O cuco piou
    No galho seco
    Mataram Shuhaj
    E a vida piorou.[2]

Porque os bandidos pertencem à história recordada, em contraposição à história oficial dos livros. Fazem parte de uma história que não é tanto uma crônica dos fatos e das pessoas que lhes deram forma quanto um registro dos símbolos daqueles fatores teoricamente controláveis, mas na prática descontrolados, que moldam o mundo dos pobres: de reis justos e de homens que levam justiça ao povo. É por isso que a lenda dos bandidos ainda tem o poder de nos comover. Deixemos a última palavra a Ivan Olbracht, que provavelmente foi quem melhor escreveu sobre ela:

> O homem tem um anseio insaciável de justiça. Em sua alma, rebela-se contra uma ordem social em que ela lhe é negada, e, qualquer que seja o mundo em que viva, ele acusa de injustiça aquela ordem social ou todo o universo material. O homem está imbuído de um impulso estranho e obstinado para lembrar, para refletir sobre as coisas e modificá-las; e além disso traz consigo o desejo de possuir aquilo que não pode ter — ainda que na forma de um conto de fadas. Esta é, talvez, a base das sagas heroicas de todos os tempos, de todas as religiões, de todos os povos e de todas as classes.[3]

Inclusive do povo inglês. É por isso que Robin Hood também é e continuará a ser o nosso herói.

Notas

1. A. J. Paterson, *The Magyars: Their country and institutions*, Londres, 1869, I, p. 213.
2. I. Olbracht, op. cit., p. 113.
3. I. Olbracht, *Der Räuber Nikola Schuhaj*, pp. 76-77.

Apêndice A
As mulheres e o banditismo

Sendo os bandidos notoriamente mulherengos, e como tanto seu orgulho como sua própria condição de bandidos requerem tais demonstrações de virilidade, o papel mais frequente das mulheres no banditismo é o de amantes. Os bandidos antissociais podem complementar seu apetite sexual com o estupro, que, em certas circunstâncias, garante o silêncio das vítimas. ("Disseram que estavam fazendo tudo aquilo conosco para que a vergonha nos impedisse de falar e para demonstrar do que eram capazes", declarou uma jovem colombiana ao bando de guerrilheiros a que ela acabou por se juntar.)[1] No entanto, como observou Maquiavel há muito tempo, envolver-se com mulheres é uma forma segura de granjear impopularidade, e bandidos que dependem do apoio ou da conivência do povo devem controlar seus impulsos. A regra do bando de Lampião era nunca violar mulheres ("a não ser por bons motivos", ou seja, presumivelmente como castigo, vingança ou desejo de aterrorizar). Os guerrilheiros de movimentos políticos camponeses aplicam esse princípio com o máximo rigor: "Explicamos a regra: um guerrilheiro que violar uma mulher, seja ela quem for, é submetido a uma corte marcial." Mas tanto entre bandidos como entre guerrilheiros, "quando se trata de uma coisa natural, e se a mulher consente, então não há problemas".[2]

Normalmente os bandidos visitam as amantes em suas casas, o que facilita a poliginia *de facto*. Mas não são desconhecidos casos em que mulheres acompanham a vida errante dos homens, ainda que, provavelmente, sejam raros os bandos que permitem essa prática de maneira sistemática. A mulher de Lampião parece ter sido o único caso conhecido no Nordeste brasileiro. Mesmo assim, quando partiam para uma expedição especialmente longa e perigosa, os homens preferiam deixar suas mulheres atrás, muitas vezes contra sua vontade, já que a presença delas poderia inibir suas aventuras amorosas casuais, "por respeito à companheira regular".[3]

As mulheres de um bando normalmente não ultrapassavam seu aceito papel sexual. Não portavam armas de fogo e, por via de regra, não participavam das lutas. "Maria Bonita, mulher de Lampião, bordava, costurava, cozinhava, cantava, dançava e tinha filhos no meio do mato (...) Bastava-lhe acompanhar o marido. Ficava feliz por acompanhar o marido. Quando necessário, tomava parte na luta, mas de modo geral, apenas assistia, recomendando ao marido que não se arriscasse demais."[4] Entretanto, Dadá, mulher de Corisco, tinha muito de Lady Macbeth e seria bem capaz de chefiar um bando ela própria. Há óbvias inconveniências em se ter, num bando de homens, o que é praticamente sempre uma pequena minoria de mulheres. Esses inconvenientes podem ser minimizados pela presença de um chefe temível ou, em grupos com a elevada consciência política dos guerrilheiros rurais, pela disciplinada moralidade da causa. Esse pode ser o principal motivo para explicar a relutância dos bandidos em levar mulheres consigo ou se envolver com prisioneiras. Nada é mais deletério para a solidariedade de um grupo do que a rivalidade sexual.

O segundo papel da mulher dentro do banditismo, menos conhecido, é como colaboradora e meio de ligação com o mundo exterior. Cabe supor que em geral prestem ajuda a parentes, maridos ou amantes. Não é necessário acrescentar muita coisa a respeito disso.

O terceiro papel é o de bandidas elas próprias. Poucas mulheres são combatentes ativas, mas nas baladas dos *haiduks* dos Bálcãs (ver o capítulo 6)[5] ocorrem casos suficientes para que suspeitemos que pelo menos em certas partes do mundo elas sejam um fenômeno reconhecido. No departamento peruano de Piura, por exemplo, deram-se vários desses casos durante o período 1917-1937, inclusive o surgimento de algumas chefes de bandidos. Cabe destacar os nomes de Rosa Palma, de Chulucanas, de quem se diz ter chegado a conquistar o respeito do temível Froilán Alama, o bandoleiro mais famoso da época; o da lésbica Rosa Ruirías, de Morropón, uma comunidade notavelmente combativa; e o de Bárbara Ramos, irmã de dois bandidos e companheira de outro, da *hacienda* Huapalas.*[6] Essas mulheres conquistaram fama pela destreza como amazonas e atiradoras e também pela valentia. Só o sexo as distinguia dos outros bandidos. Na história do banditismo argentino aparece uma famosa *montonera* e salteadora de estradas, Martina Chapanay (1799 — década de 1860), de origem indígena, que havia lutado ao lado de seu companheiro e continuou a lutar depois que ele morreu.[8]

Embora o grande romance de bandidos chinês *À margem d'água* se refira a mulheres de conduta heroica, na China, como em outras partes do mundo, foram raríssimas as bandidas. Em vista da prática do enfaixe dos pés, que impedia as mulheres de caminhar com liberdade, isso não surpreende. (Entretanto, elas eram mais comuns em regiões de banditismo montado, ou onde os pés femininos não eram enfaixados, como entre a minoria *hakka*.) Mais surpreendente é o número substancial de mulheres descritas como chefes de bandidos que surgiram depois do movimento Taiping. (A temível Su Sanniang, que desfrutava da reputação de "matar os ricos e ajudar os pobres", tornou-se a heroína de inúmeros poemas.) Tipicamente, elas parecem ter aderido ao banditismo para vingar a morte do marido ou, mais raramente, de outros parentes, o que talvez explique o porquê de seus nomes raramente terem ficado registrados.

A vingança foi também o móvel de mulheres que aderiram ao banditismo na Andaluzia, onde não só estão documentadas (por exemplo, no século XIX, Torralba de Lucena, que vestia roupas

---

*Nada se sabe do destino delas, cujos nomes não aparecem na lista de bandidos presos e mortos nessa área,[7] embora algumas outras mulheres constem dessa lista.

masculinas, e María Márquez Zafra, La Marimacho, como também ocupam um lugar especial na lenda do banditismo como *serranas* (montanhesas).⁹ A *serrana* típica entra na marginalidade em geral e vinga-se dos homens em particular por ter sido "desonrada", isto é, deflorada. Não resta dúvida de que semelhante reação ativista à desonra é relativamente mais rara entre as mulheres que entre os homens, mas as feministas mais militantes ficarão satisfeitas por saber que essa reação ocorre até mesmo nas sociedades tradicionais. Não obstante, como tantos outros aspectos do bandoleirismo, essa questão precisa ser investigada mais a fundo.

Nessa questão da vingança, muitas mulheres "desonradas" nas sociedades que geram o banditismo tendem a encontrar homens que as defendam. A defesa da "honra", isto é, basicamente da "honra" sexual das mulheres, é provavelmente o motivo mais importante que tem levado homens a desafiar a lei nas clássicas zonas de banditismo do Mediterrâneo e da América Latina. Nesse caso, o bandido combina os papéis do Convidado de Pedra e de Don Juan; mas tanto nesse aspecto como em muitos outros, encarna os valores de seu universo social.

NOTAS

1. *Diario de un guerrillero latinoamericano,* Montevidéu, 1968, p. 60.
2. Ibid., pp. 60-61.
3. M. I. P. de Queiroz, op. cit., p. 179.
4. Ibid., p. 183.
5. C. J. JireYek, op. cit., p. 476.
6. Zapata Cesti, op. cit., pp. 205-206.
7. *In* R. Merino Arana, op. cit.
8. Hugo Nario, *Mesías y bandoleros pampeanos.* Buenos Aires, 1993, pp. 115-117.
9. Julio Caro Baroja discorre sobre elas en *Ensayo sobre la literatura de cordel*, Madri, 1969, pp. 389-390.

Apêndice B
A TRADIÇÃO DO BANDIDO

I

Como sabem todos os cinéfilos e telespectadores, os bandidos, seja qual for sua natureza, tendem a existir mergulhados em névoas de mito e ficção. Como podemos descobrir a verdade sobre eles? Como investigamos os mitos que os cercam?

A maioria dos bandidos em torno dos quais se formaram esses mitos morreu há muito tempo: Robin Hood (supondo-se que tenha existido) viveu no século XIII, embora na Europa sejam mais comuns heróis baseados em figuras dos séculos XVI ao XVIII, provavelmente porque a invenção da imprensa possibilitou o principal meio para que perdurasse a memória dos bandidos antigos: a balada impressa em folha solta, popular e barata, ou o folheto de cordel. Esse modo de transmissão, que passava de um grupo de narradores a outros, de um lugar e um público a outros, ao longo das gerações, nos informa muito pouco que tenha valor documental sobre os próprios bandidos, exceto que, por esse ou aquele motivo, suas atividades são lembradas. A menos que tenham deixado rastros nos autos judiciais e em registros das autoridades que os perseguiram, quase não temos dados diretos e coetâneos sobre eles. Viajantes estrangeiros aprisionados por bandidos, especialmente no sudeste da Europa, deixaram informes desse tipo a partir do século XIX, e os jornalistas, que ansiavam por entrevistar jovens que exibiam cartucheiras e se mostravam mais que dispostos a responder, não nos deixaram nada antes do século XX. Tampouco podemos dar muito crédito aos relatos que escreveram, quando mais não seja porque essas testemunhas, não pertencentes ao meio, raramente conheciam bem a situação local, mesmo que entendessem (já não digo falassem) o dialeto local, às vezes incompreensível, e resistissem às exigências dos editores ansiosos por notícias sensacionalistas. No momento em que escrevo, o sequestro de estrangeiros — para pedir um resgate ou com o fim de negociar concessões do governo — está na moda no Iêmen. Ao que eu saiba, poucas informações relevantes puderam ser obtidas junto aos prisioneiros libertados.

A tradição, é claro, determina o que sabemos até mesmo sobre os bandidos sociais do século XX — e há vários —, dos quais temos conhecimento de primeira mão e fidedigno. Eles próprios estavam familiarizados, desde a infância, com o papel do "bandido bom" no drama da vida de camponeses pobres e o assumiam, ou esse papel lhes era atribuído pelos cronistas de suas aventuras. As *Memórias de Pancho Villa*, de M. L. Guzmán, não só se baseiam em parte nas palavras do próprio Villa, como também são obra de um homem que foi tanto uma grande figura da literatura mexicana quanto (na opinião do biógrafo de Villa) "um intelectual extremamente sério".[1] Entretanto, nas páginas de Guzmán o começo da carreira de Villa se ajusta muito mais ao estereótipo de Robin Hood do que parece ter ocorrido na vida real. Isso é ainda mais verdadeiro no caso do bandido siciliano Giuliano, que viveu e morreu na época do fastígio do fotojornalismo e das entrevistas de celebridades em locais exóticos. Mas ele sabia o que se esperava dele ("Como poderia um Giuliano, que amava os pobres e odiava os ricos, voltar-se algum dia contra as massas de trabalhadores?", perguntou ele uma vez, logo depois de haver massacrado vários deles), como também sabiam disso os jornalistas e romancistas. Até seus inimigos, os comunistas, prevendo acertadamente seu fim, lamentavam que tal fim fosse "indigno de um autêntico filho do povo trabalhador da Sicília", "amado pelo povo e cercado de simpatia, admiração, respeito e temor".² Sua reputação em vida era tal que, como me disse um velho militante da região, depois do massacre de 1947, em Portella della Ginestra, ninguém havia imaginado que aquilo pudesse ter sido obra de Giuliano.

Também existem mitos convenientes e antigos em torno de bandidos como os vingadores e os *haiduks*, cuja fama não pode se basear na redistribuição social e na solidariedade em relação aos pobres, ao menos se não forem simples agentes da lei oficial ou do governo. (Muitos valentões rurais, em tudo mais detestados, adquiriram uma auréola de santidade pelo simples fato de serem inimigos do exército ou da polícia.) É o estereótipo da honra do guerreiro, ou, em termos de Hollywood, do caubói heroico. (Já que, como vimos, tantos bandidos procediam de comunidades marciais especializadas, formadas por salteadores rurais cuja capacidade militar era reconhecida pelos governantes, nada era mais familiar a seus jovens.) A honra e a vergonha, como nos informam os antropólogos, dominavam o sistema de valores no Mediterrâneo, a região clássica do mito do bandido. Os valores feudais, onde existiam, o reforçavam. Os ladrões heroicos eram vistos (ou se viam) como "nobres", condição que — pelo menos em teoria — também implicava princípios morais dignos de respeito e admiração. Essa associação chegou a nossas sociedades, nada aristocráticas, em expressões como "conduta de cavalheiro", "gesto nobre" ou *"noblesse oblige"*. A palavra "nobreza" nesse sentido liga os pistoleiros mais brutais ao mais idealizado dos Robin Hoods, que, com efeito, por essa razão são classificados em vários países como "ladrões nobres" (*"edel Räuber"*). Essa vinculação foi reforçada pelo fato de que possivelmente vários líderes mitificados de bandos procediam realmente de famílias de militares (ainda que a palavra *Raubritter* — barão ladrão — só apareça na literatura com os historiadores liberais do século XIX).

Assim, o surgimento do bandido nobre na alta cultura (isto é, na literatura do Século de Ouro na Espanha) ressalta tanto sua suposta condição social como cavalheiro, isto é, sua "honra", quanto sua generosidade, para não falar (como na peça *Antonio Roca*, de Lope de Vega, baseada na vida de um bandido catalão da década de 1540) no bom senso de moderar a violência e não antagonizar os camponeses. Fazendo eco a pelo menos um juízo da época, o memorialista francês Brantôme (1540-1614) descreveu-o em sua obra *Vie des dames galantes* como "um dos bandidos mais corajosos, mais valentes, astutos, cautelosos, capazes e corteses já vistos na Espanha". No *Dom Quixote*, Cervantes apresenta o bandido Rocaguinarda (ativo no começo do século XVII) como defensor dos fracos e pobres.[3] (Ambos eram realmente de origem camponesa.) A crônica real dos chamados "bandidos barrocos catalães" está muito longe daquela dos Robin Hoods. Cabe-nos perguntar se a capacidade dos grandes escritores espanhóis para produzir uma versão mitológica do banditismo nobre no exato momento em que culminava a epidemia de banditismo real nos séculos XVI e XVII comprova seu distanciamento da realidade ou simplesmente o enorme potencial social e psicológico da existência do bandido como tipo ideal. A resposta deve ser deixada em aberto. De qualquer modo, é implausível a ideia de que Cervantes, Lope de Vega, Tirso de Molina e os demais luminares da alta cultura castelhana sejam responsáveis pela posterior imagem positiva do banditismo na tradição popular. A literatura não tinha nenhuma necessidade de dar aos ladrões uma possível dimensão social.

A história mais perceptiva da tradição do Robin Hood original reconheceu isso, até mesmo entre os ladrões que não tinham semelhante pretensão.[4] Ela ressalta "a dificuldade de definir a criminalidade, especialmente pela turvação da fronteira entre a criminalidade e a política, e também por causa da violência da vida política" da Inglaterra nos séculos XIV e XV. "A criminalidade, as rivalidades locais, o controle do governo municipal, o exercício da autoridade da coroa, tudo se entremesclava. Isso tornava mais fácil imaginar que o criminoso tivesse certa razão. Ele ganhava aprovação social." Tal como no sistema de valores dos faroestes de Hollywood, a justiça improvisada, o recurso à violência para pôr fim aos abusos (conhecida como "Lei de Folville" em homenagem a uma família cavalheiresca famosa por corrigir assim as injustiças), era uma coisa boa. O poeta William Langland (cuja obra *Piers Plowman*, de c. 1377, contém, diga-se de passagem, a primeira referência às baladas de Robin Hood) acreditava que a Graça dotava os homens das qualidades necessárias para lutar contra o Anticristo, entre as quais

> Algumas para cavalgar e recuperar o que com agravos foi tomado.
> Ele lhe ensinou a reavê-lo com a força de suas mãos
> E arrebatá-lo aos homens falsos mediante as leis de Folville.

A opinião pública da época, mesmo fora da própria comunidade dos proscritos, estava, pois, disposta a concentrar-se nos aspectos socialmente elogiáveis das atividades de um bandido célebre, a menos, é claro, que sua reputação de criminoso antissocial fosse tão ruim que ele se transformasse em inimigo de todas as pessoas honradas. (Nesse caso a tradição proporcionava uma alternativa que, não obstante, satisfazia o apetite público por dramatismo sensacionalista sob a forma de folhetos de versos que continham as confissões, sem nenhum tipo de restrições, de notórios malfeitores que contavam em minúcias sua ascensão desde uma primeira transgressão dos Dez Mandamentos, seguida por uma horripilante trajetória de crimes, até uma súplica de perdão divino e humano ao pé do patíbulo.)

Naturalmente, quanto mais o público estivesse afastado — no tempo e no espaço — de um bandido célebre, mais fácil era concentrar-se em seus aspectos positivos e passar por cima dos negativos. Não obstante, pode-se remontar à primeira geração o processo de idealização seletiva. Nas sociedades com uma tradição de banditismo, se um bandido atacava, entre outros alvos, alguém que a opinião pública via com maus olhos, ele se revestia imediatamente de toda a lenda de Robin Hood, inclusive os disfarces impenetráveis, a invulnerabilidade, a captura por meio da traição e tudo mais (ver o capítulo 4). Assim, o sargento José Ávalos, que depois de reformar-se na Gendarmería Nacional dedicou-se à agricultura no Chaco argentino, onde na década de 1930 havia perseguido pessoalmente o célebre bandido "Mate Cosido" (alcunha de Segundo David Peralta, 1897-?), não tinha a menor dúvida de que Mate Cosido havia sido um "bandido do povo". Nunca havia roubado de bons argentinos, mas só de agentes das grandes empresas internacionais de produtos agrícolas, "os coletores da Bunge e da Clayton". ("É claro", disse-me Ávalos, o velho homem da fronteira, quando o entrevistei em sua granja no fim da década de 1960, "meu ofício consistia em metê-lo no xilindró, do mesmo modo que o ofício dele era ser bandido.") Portanto, pude prever com acerto o que Ávalos afirmaria que recordava dele.* É certo que o famoso bandido havia assaltado o carro de um representante da Bunge & Born, a quem despojou de 6.000 pesos em 1935. Além disso, em 1936 havia assaltado um trem no qual viajava, entre outras vítimas, presumivelmente "bons argentinos", um homem da Anderson, Clayton & Co. (12.000 pesos) e havia embolsado nada menos de 45.000 em um assalto a um escritório local da Dreyfus — na época, juntamente com a Bunge, um dos nomes mais importantes do comércio mundial de produtos agrícolas. Entretanto, os anais indicam que as especialidades do bando — o assalto a trens e a extorsão mediante sequestro — não mostravam nenhuma discriminação patriótica.[5] Era o público que recordava os exploradores estrangeiros e se esquecia do resto.

A situação era ainda mais clara nas sociedades com tradição de vendetas, nas quais um homicídio "legítimo" era visto como crime pelo Estado, tanto mais porque quase ninguém acreditava na imparcialidade da justiça estatal. Giuseppe Musolino, um proscrito solitário, desde o começo até o fim recusou-se firmemente a aceitar que fosse um criminoso em qualquer sentido, e, de fato, já na prisão,

---

*Essa previsão me foi recordada em 1998 pelo professor José Nun, de Buenos Aires, com quem eu tinha feito a viagem ao Chaco.

negou-se a usar o uniforme dos presos. Não era nem bandido nem contraventor, não havia assaltado nem roubado, e só havia matado espiões, alcaguetes e *infami*. Daí provinha, ao menos em parte, a extraordinária simpatia, quase veneração, e a proteção de que gozava na zona rural de sua região, a Calábria. Ele acreditava nos antigos costumes, em contraposição aos novos e maus costumes. Com ele se passava o mesmo que com o povo: vivia em maus tempos, tratavam-no injustamente, era débil, vitimizado. A única diferença estava em que ele enfrentava o sistema. Quem se importava com os detalhes dos conflitos políticos locais que haviam levado ao primeiro homicídio?[6]

Numa situação politicamente polarizada, essa seleção era ainda mais fácil. Assim, nas montanhas de Beskid, na Polônia, surgiu uma das clássicas lendas sobre bandidos dos Cárpatos. Refere-se a um certo Jan Salapatek ("O Águia"), que viveu no período 1923-1955 e durante a guerra combateu nas fileiras do Exército polonês, lutou como membro da resistência anticomunista e, ao que parece, viveu como fora da lei nas inacessíveis florestas das montanhas até ser morto por agentes do Serviço de Segurança da Cracóvia.[7] Seja qual for a realidade de sua carreira, dada a aversão dos camponeses por novos regimes, seu mito é indistinguível da lenda tradicional do bandido bom: "Só há nela algumas mudanças superficiais: o machado é substituído por uma arma de fogo automática, o palácio do latifundiário pela loja de uma cooperativa comunista e o 'starosta'* pelo serviço de segurança stalinista." O bandido bom não fazia mal a ninguém. Roubava das cooperativas, mas nunca do povo. O bandido bom existe sempre em oposição ao ladrão mau. Assim, ao contrário de outras pessoas, inclusive de alguns guerrilheiros anticomunistas, Salapatek não prejudicava ninguém. ("Lembro que havia um guerrilheiro do mesmo povoado: era um filho da puta.") Era um homem que ajudava os po-

---

*Na Rússia, até o início do século XX, o líder de uma *obshchina*, ou comunidade camponesa. (*N. do T.*)

bres. Distribuía doces no pátio da escola, ia ao banco, trazia dinheiro, "jogava-o na praça e dizia 'peguem, é o dinheiro de vocês, não pertence ao Estado'". Obedecendo às regras tradicionais da lenda, embora isso fosse estranho em um guerrilheiro que lutava contra o regime, só recorria à violência em legítima defesa e nunca era o primeiro a atirar. Em suma, "era mesmo justo e sábio, lutava sinceramente pela Polônia". Pode ou não ser relevante o fato de Salapatek ter nascido na mesma vila natal do papa João Paulo II.

Com efeito, como nos países com uma arraigada tradição de banditismo, todo mundo, inclusive os policiais, os juízes e os próprios bandoleiros, esperava ver alguém no papel de bandido nobre, um homem podia transformar-se num Robin Hood em vida se satisfizesse requisitos mínimos para isso. Isso claramente ocorreu no caso de Jaime Alfonso, apelidado "El Barbudo" (1783-1824), conforme noticiário do *Correo Murciano* em 1821 e 1822 e no relato do lorde Carnarvon sobre sua viagem pela península ibérica (1822).[8] Foi também, evidentemente, o caso de Mamed Casanova, que atuou na Galiza nos primeiros anos da década de 1900. Uma revista de Madri o qualificou numa reportagem (e também na legenda de sua fotografia) como "o Musolino galego" (com relação a Musolino, ver pp. 65 e 74), o *Diario de Pontevedra* o chamou de "bandido e mártir" e ele foi defendido por um advogado que viria a tornar-se presidente da Real Academia Galega. Em 1902 esse advogado lembrou ao tribunal que as baladas dos poetas populares e os romances vendidos nas ruas das cidades atestavam a popularidade de seu célebre cliente.[9]

II

Por conseguinte, alguns bandoleiros podem revestir-se da lenda do bandido bom ainda em vida ou, sem dúvida, na vida de seus contemporâneos. Ademais, desmentindo alguns céticos, até mesmo bandidos famosos cuja reputação original é apolítica podem logo adquirir a fama útil de estarem ao lado dos pobres. Robin Hood, cujo radicalismo social e político não aparece completamente até a compilação feita pelo jacobino Joseph Ritson em 1795,[10] tem objetivos sociais até mesmo na primeira versão de sua historia, que data do século XV: "Porque era um bom proscrito, e fazia muito bem aos pobres." Não obstante, ao menos em sua forma escrita, na Europa o mito plenamente desenvolvido do bandido social só aparece no século XIX, quando até personagens muito mal talhados para o papel podiam ser idealizados e transformados em paladinos da luta nacional ou social ou — por inspiração do romantismo — em homens livres das limitações da respeitabilidade da classe média. Um gênero literário que teve enorme êxito no começo do século XIX, os romances alemães de bandoleirismo, foi descrito sucintamente com as seguintes palavras: "enredos cheios de ação (...) ofereciam ao leitor de classe média descrições de violência e liberdade sexual (...) Enquanto o crime tem raízes, segundo o estereótipo, na negligência dos pais em relação aos filhos, na educação deficiente e na sedução por parte de mulheres de vida fácil, a família de classe média ideal, asseada, ordeira, patriarcal e redutiva das paixões é apresentada como o ideal e o fundamento de uma sociedade ordenada".[11] Na China, é claro, o mito é antiquíssimo: os primeiros bandidos legendários datam do período dos "estados beligerantes" — 481-221 a.C. —, e o grande clássico do banditismo, *Shuihu Zhuan*, que data do século XVI e se baseia em um bando que existiu realmente no século XII, era conhecido tanto por aldeões analfabetos, graças aos narradores e às companhias teatrais ambulantes, como por todos os jovens chineses educados, e Mao não era exceção.[12]

Certamente o romantismo do século XIX influiu na posterior inclinação a ver o bandido como imagem de liberação nacional, social ou até mesmo pessoal. Não posso negar que em alguns sentidos ele influiu em minha visão dos *haiduks* como "um foco consciente e permanente de insurreição camponesa" (ver p. 99). Todavia, o conjunto de crenças sobre o banditismo social é simplesmente demasiado forte e uniforme para que seja reduzido a uma inovação do século XIX ou mesmo a um fruto de criação literária. Se podia, o público rural ou mesmo o urbano selecionava os aspectos da literatura sobre os bandidos ou da reputação deles que se enquadravam na imagem social. A análise feita por Roger Chartier da literatura sobre o bandido Guilleri (que atuou em Poitou em 1602-1608) demonstra que, postos a escolher entre um gângster essencialmente cruel, só redimido por sua valentia e seu arrependimento final, e um homem de boa índole que, embora bandido, era muito menos cruel e brutal que os soldados e os príncipes, os leitores prefeririam o segundo. Essa foi a base daquilo que, a partir de 1632, passou a ser o primeiro retrato literário em francês do clássico e mítico estereótipo do "bandido bom" (*"le brigand au grand coeur"*), limitado só pelo requisito do Estado e da Igreja de não permitir que criminosos e pecadores se livrem do castigo.[13]

O processo de seleção é ainda mais claro no caso de um bandido sem nenhum monumento literário significativo e cuja vida foi pesquisada tanto nos arquivos como por meio de entrevistas com 135 pessoas idosas em 1978-1979.[14] A memória popular que se conserva de Nazzareno Guglielmi, o "Cinicchio", 1830-?, na região da Úmbria em torno de sua Assis natal, é o clássico mito do "ladrão nobre". Embora "a figura de Cinicchio que transparece da pesquisa nos arquivos não contradiga fundamentalmente a tradição oral", é claro que na vida real ele não era um típico Robin Hood. Contudo, conquanto fizesse alianças políticas e tenha sido pioneiro em métodos que seriam usados depois por mafiosos, como oferecer proteção a proprietários de terras contra outros bandidos (para não falar dele mesmo) em troca de dinheiro, a tradição oral insiste em sua recusa em fazer acordos com os ricos e especialmente em suas campanhas de ódio e, significativamente, vingança contra o conde Cesare Fiumi, que, afirma essa tradição, o teria acusado injustamente. Entretanto, nesse caso o mito também contém um elemento mais moderno. Crê-se que o bandido, que desaparece de vista na década de 1860 depois de organizar uma fuga para os Estados Unidos, prosperou bastante no Novo Mundo e consta que pelo menos um de seus filhos tornou-se um bem-sucedido engenheiro. Na Itália rural de fins do século XX a mobilidade social também faz parte da recompensa por ser um ladrão nobre...

III

Que bandidos são recordados? Na verdade, o número dos que sobreviveram à passagem dos séculos nas canções e nos relatos populares é muito modesto. No século XIX os coletores de material folclórico só localizaram cerca de trinta canções sobre o banditismo na Catalunha dos séculos XVI e XVII e só umas seis delas se referem exclusivamente a determinados bandidos. (Um terço do total consiste em canções sobre as Uniões, no começo do século XVII, *contra* os ataques de bandidos.) Os bandidos andaluzes que chegaram a ser verdadeiramente famosos não passam de meia dúzia. Só dois chefes de cangaceiros brasileiros — Antônio Silvino e Lampião — se impuseram à memória nacional. Entre os bandidos valencianos e murcianos do século XIX, só um foi mitificado.[15] Evidentemente, é possível que muita coisa tenha se perdido, graças à natureza efêmera dos folhetos de versos e das baladas impressas em folhas soltas, e também por causa da hostilidade das autoridades, que às vezes confiscavam esse material. É também possível que um volume ainda maior desses documentos não tenha chegado a ser impresso ou tenha passado despercebido aos primeiros folcloristas. Uma obra publicada em 1947 menciona dois exemplos de cultos religiosos que surgiram em torno das sepulturas de alguns bandidos mortos na Argentina (ver p. 75). Um estudo posterior descobriu no mínimo oito desses cultos. Com exceção de apenas um, não haviam chamado a atenção do público mais educado.[16]

Não obstante, é evidente que existe algum processo que seleciona alguns bandos e seus líderes para que ganhem fama nacional, ou mesmo internacional, enquanto deixa outros para os caçadores de antiguidades ou os relega à obscuridade. Qualquer que seja a característica que de início separa esses bandos dos demais, até o século XX o meio pelo qual alcançavam a fama era a imprensa. Como todos os filmes sobre bandidos célebres que conheço se baseiam em figuras que primeiro se tornaram conhecidas por meio de baladas, folhetos de cordel e artigos na imprensa, pode-se até argumentar que isso continua a acontecer hoje em dia, apesar do retrocesso da palavra escrita (fora da tela do computador) ante o avanço da imagem móvel do cinema, da televisão e dos vídeos. Entretanto, a memória dos bandidos também se foi conservada por meio de sua associação com determinados lugares, como Nottingham e a floresta de Sherwood no caso de Robin Hood (lugares que a pesquisa histórica descartou), o monte Liang da epopeia chinesa de bandidos (na província de Shandong) e varias "grutas de ladrões" anônimas nas montanhas do País de Gales e, sem dúvida, de outras partes. Já nos referimos ao caso especial dos santuários dedicados ao culto de bandidos mortos.

No entanto, determinar as tradições que fizeram com que certos bandidos fossem escolhidos para a fama e para a memória é menos interessante que determinar as mudanças ocorridas na tradição coletiva do banditismo. Há uma diferença considerável entre os lugares onde o banditismo, se algum dia existiu ali em escala significativa, não é recordado e aqueles onde ele é lembrado. É isso que distingue a Grã-Bretanha ou os três últimos séculos no sul da França ("onde não temos registro algum de bandos numerosos"),[17] de países como a Chechênia, onde a memória do banditismo continua muito viva hoje, e os da América Latina, onde ele é lembrado por homens e mulheres ainda vivos. Entre esses dois extremos estão os países onde a memória do banditismo do século XIX ou seu equivalente se mantém viva, em parte por força da tradição nacional mas, sobretudo, graças aos modernos meios de comunicação. Tanto assim que ainda pode ser um modelo de comportamento pessoal, como o faroeste nos Estados Unidos, ou até de ação política, como no caso dos guerrilheiros argentinos da década de 1970, que se consideravam os sucessores dos *montoneros*, cujo nome adotaram. Segundo o historiador do movimento, isso aumentou enormemente seu atrativo ante os olhos dos recrutas potenciais e do público.[18] Nos países do primeiro tipo, a memória de bandidos reais está morta ou foi recoberta por outros modelos de protesto social. O que se conserva é assimilado pelo mito clássico do banditismo. Dele já falamos extensamente.

Muito mais interessantes são os países do segundo tipo. Talvez seja útil, em vista disso, concluir este apêndice com algumas reflexões sobre três desses países, nos quais os itinerários da tradição do bandido nacional, muito diferentes, podem ser comparados: o México, o Brasil e a Colômbia.[19] Os três, sem exceção, são países que conheceram bem o banditismo em grande escala no transcurso de sua história.

Todos os que viajaram por suas estradas foram unânimes: se em algum país latino-americano o banditismo vicejou à larga, esse país foi o México no século XIX. Além disso, nos primeiros sessenta anos de independência o colapso do governo e da economia, a guerra no exterior e a guerra civil deram a qualquer grupo de homens que vivessem das armas muita influência, ou pelo menos a possibilidade de escolher entre entrar para o exército ou para a polícia e ser pago pelo governo (o que, tanto naquela época quanto também mais tarde, não excluía a extorsão), ou persistir no simples banditismo. Os liberais de Benito Juárez, que em suas guerras civis careciam de uma clientela mais tradicional, usaram-nos amplamente. Entretanto, os bandidos em torno dos quais se formaram mitos populares foram os que atuaram durante a ditadura de Porfírio Díaz (1884-1911), época de estabilidade que precedeu a Revolução Mexicana. Já então era possível ver esses bandidos como homens que desafiavam a autoridade e a ordem estabelecida. Mais adiante, se examinados com olhos favoráveis, poderiam parecer os precursores da revolução.[20] Graças principalmente a Pancho Villa, o mais eminente de todos os bandidos transformados em revolucionários, isso deu ao banditismo um grau singular de legitimidade nacional no México, embora não nos Estados Unidos, onde naquele tempo os bandidos mexicanos violentos, cruéis e cobiçosos se converteram nos clássicos vilões dos filmes de Hollywood, ao menos até 1922, ano em que o governo mexicano ameaçou proibir a exibição desses filmes no país.[21] Entre os outros bandidos que ganharam fama nacional em vida — Jesús Arriaga ("Chucho El Roto") no centro do México, Heraclio Bernal em Sinaloa, e Santana Rodríguez Palafox (Santanon) em Veracruz —, pelo menos os dois primeiros ainda gozam de popularidade. Bernal, morto em 1889, entrou para a política e a deixou várias vezes, e é provavelmente o mais famoso na época dos meios de comunicação, celebrado em treze canções, quatro poemas e outros tantos filmes, alguns adaptados para a televisão, mas suspeito que Chucho (falecido em 1885), católico irreverente mas vigarista anticlerical, que também chegou às telas da televisão, continue mais próximo ao coração do povo.

Ao contrário do México, o Brasil passou, sem interrupção, de colônia a império independente. Foi a Primeira República (1889-1930) que produziu, pelo menos nos áridos sertões do Nordeste, as condições sociais e políticas propícias ao banditismo epidêmico: isto é, transformou os grupos de jagunços armados, que estavam ligados a determinados territórios e famílias da elite, em bandoleiros independentes que vagavam por uma região de cerca de 100.000 quilômetros quadrados que compreendia terras de quatro ou cinco estados. Os grandes cangaceiros do período 1890-1940 logo adquiriram fama regional, e sua reputação se propagou oralmente e por meio de folhetos de cordel (que no Brasil não apareceram antes de 1900[22]), poetas e cantores locais. Mais tarde, a migração em massa para as cidades do Sul e a crescente alfabetização levaram essa literatura a lojas e bancas das grandes cidades, como São Paulo. Os modernos meios de comunicação levaram os cangaceiros, óbvio equivalente brasileiro aos caubóis do Oeste americano, às telas do cinema e da televisão, e cabe destacar que o mais famoso deles, Lampião, foi, de fato, o primeiro grande bandido a ser filmado no campo.* Dos dois bandidos mais célebres, Silvino ganhou fama de "ladrão nobre" em vida, e jornalistas e outros reforçaram esse mito para contrastá-lo com a reputação, grande mas não benévola, de Lampião, seu sucessor como "rei do cangaço".

Contudo, o interessante é a inserção política e intelectual dos cangaceiros na tradição nacional brasileira. Os escritores do Nordeste não tardaram a romantizá-los e, em todo caso, era fácil utilizá-los como demonstração da corrupção e da injustiça da autoridade política. Os cangaceiros chamaram ainda mais a atenção na medida em que Lampião foi um possível fator na política nacional. A Internacional Comunista chegou a pensar nele como um possível líder de guerrilheiros revolucionários, talvez por sugestão do dirigente do Partido Comunista Brasileiro, Luís Carlos Prestes, que anteriormente, como líder da "grande marcha" de militares rebeldes pelo interior do país, conhecida como "Coluna Prestes", tinha tido contato com Lampião (ver pp. 120-121). Entretanto, não parece que os bandidos tenham desempenhado um papel importante quando, na década de 1930, intelectuais brasileiros tentaram criar um conceito de Brasil empregando elementos populares e sociais em lugar de elitistas e políticos. Nas décadas de 1960 e 1970, uma nova geração de intelectuais transformou o cangaceiro em símbolo de brasilidade, da luta pela liberdade e pelo poder dos oprimidos; em suma, em "símbolo nacional de resistência e até revolução".[23] Isso, por sua vez, afeta a maneira como os cangaceiros são apresentados nos meios de comunicação, embora a tradição popular oral e dos cordéis ainda estivesse viva entre os nordestinos, pelo menos na década de 1970.

---

*Pancho Villa foi filmado pela Mutual Film Corporation, em 1914, mas como general revolucionário.

A tradição colombiana teve uma trajetória muito diferente. Por razões óbvias, ela foi totalmente eclipsada pela sangrenta realidade da era que se seguiu a 1948 (ou, como preferem alguns historiadores, 1946), conhecida como La Violencia e suas sequelas. Foi em essência um conflito em que se mesclaram a luta de classes, o regionalismo e o partidarismo político de habitantes das regiões rurais que se identificavam, como nas repúblicas platenses, com um ou outro dos partidos tradicionais do país, nesse caso o Liberal e o Conservador. O conflito deu lugar a uma luta de guerrilhas em várias regiões depois de 1948 e, finalmente (fora das regiões onde o agora poderoso movimento guerrilheiro comunista surgiu na década de 1960), a grupos de bandos armados derrotados, que antes tinham caráter político e agora dependiam de alianças locais com homens poderosos e da simpatia dos camponeses, embora acabassem perdendo ambas as coisas. Esses grupos foram aniquilados na década de 1960. A lembrança que deixaram foi bem descrita pelos maiores especialistas na matéria:

> Talvez, excetuando a memória idealizada que ainda conservam os camponeses em suas antigas zonas de apoio, o "bandido social" também foi derrotado como personagem mítico (...) O que teve lugar na Colômbia foi o processo oposto ao cangaço brasileiro. Com o tempo o cangaço perdeu grande parte de sua ambiguidade característica e se aproximou da imagem ideal do bandido social. O cangaceiro acabou sendo um símbolo nacional de virtudes nativas e a encarnação da independência nacional (...) Na Colômbia, pelo contrário, o bandido personifica um monstro cruel e desumano ou, na melhor das hipóteses, o "filho da *Violencia*", frustrado, desorientado e manipulado por líderes locais. Essa foi a imagem aceita pela opinião pública.[24]

Seja qual for a imagem dos guerrilheiros, paramilitares e pistoleiros do cartel das drogas das FARC (Forças Armadas Revolucionárias da Colômbia — a principal força guerrilheira na Colômbia desde 1964) que perdurar no século XXI, eles já não terão nada em comum com o antigo mito do bandido.

Para finalizar, o que dizer sobre a mais antiga e mais permanente tradição de banditismo social, a da China? Igualitária ou ao menos em desacordo com o ideal estritamente hierárquico de Confúcio, representava um certo ideal moral ("executar o desígnio do Céu") e durou dois milênios. O que dizer de bandidos-rebeldes como Bai Lang (1873-1915), sobre quem cantavam:

> Bai Lang, Bai Lang:
> Rouba dos ricos para ajudar os pobres,
> E executa o desígnio do Céu.
> Todos acham Bai Lang excelente:
> Em dois anos ricos e pobres estarão igualados.[25]

É difícil imaginar que as décadas da pandemia de chefes de bandos e bandidos que se seguiram ao fim do Império Chinês em 1911 venham a ser recordadas com saudade por aqueles que as viveram. Não obstante, ainda que o espaço para o banditismo tenha diminuído drasticamente depois de 1949, cabe suspeitar que a tradição do bandido tenha perdurado nas tradicionais "regiões de bandidos" da China, que continuou essencialmente rural nas primeiras décadas de comunismo, apesar da hostilidade do Partido. Podemos supor que ele migrará para as novas cidades gigantescas que atraem milhões de camponeses pobres, tanto na China como no Brasil. Além disso, os grandes monumentos literários dedicados à vida do bandido, como o *Shuihu Zhuan*, decerto continuarão a fazer parte da cultura dos chineses educados. Talvez essas obras encontrem um futuro, tanto popular quanto intelectual, nas telas chinesas do século XXI, como o que se inventou para os samurais errantes e os cavaleiros andantes, que não são de todo diferentes, nas telas japonesas do século XX. Cabe suspeitar que seu potencial como mitos românticos esteja longe de esgotado.

Notas

1. Friedrich Katz, op. cit., p. 830.
2. "The Bandit Giuliano", in Eric Hobsbawm, *Uncommon People: Resistance, Rebellion and Jazz*, Londres, 1998, pp. 191-199.
3. Ver Xavier Torres i Sans, *Els bandolers (s. XVI-XVII)*, Vic, 1991, cap. V).
4. J. C. Holt, *Robin Hood*, Londres, 1982, princ. pp. 154-155.
5. Hugo Chumbita, "Alias Mate Cosido", *Todo Es Historia*, n° 293 (novembro de 1991), Buenos Aires, pp. 82-95.
6. Gaetano Cingari, *Brigantaggio, proprietarí e contadini nel Sud (1799-1900)*, Reggio Calabria, 1976, pp. 205-266.
7. O Dr. Andrzej Emeryk Mankowski teve a gentileza de me oferecer uma versão em inglês de seu fascinante trabalho "Legenda Salapatka — 'Orla'", baseado na pesquisa de campo realizada pelo Departamento de Etnologia e Antropologia Cultural da Universidade de Varsóvia em 1988-1990.
8. Antonio Escudero Gutiérrez, "Jaime 'el Barbudo': un ejemplo de bandolerismo social", *Estudis d'història contemporània del País Valencià*, n° 3, Departamento de História Contemporânea da Universidade de València, pp. 57-88.
9. Xavier Costa Clavell, *Bandolerismo, romerías y jergas gallegas*, La Coruña, 1980, pp. 75-90.
10. Joseph Ritson, *Robin Hood: A Collection of all the Ancient Poems, Songs and Ballads Now Extant*, Londres, 1795, 1832, 1887.
11. Uwe Danker, *Räuberbanden im Alten Reich um 1700: Ein Beitrag zur Geschichte von Herrschaft und Kriminalitat in der Fruhen Neuzeit*, Frankfurt, 1988, I, p. 474.
12. Phil Billingsley, op. cit., pp. 2, 4, 51.
13. *Figures de la gueuserie. Textes présentés par Roger Chartier*, Paris, 1982, pp. 83-96.
14. Maria Luciana Buseghin e Walter Corelli, "Ipotesi per l'interpretazione del banditismo in Umbria nel primo decenio dell'Unitá", *Istituto "Alcide Cervi" Annali*, 2/1980, pp. 265-280.
15. Torres i Sans, op. cit., pp. 206, 216; C. Bernaldo de Quirós e Luís Ardila, *El bandolerismo andaluz*, Madri, 1978, edição original 1933, *passim*; A. Escudero Gutiérrez, op. cit., p. 73.

16. Félix Molina Téllez, *El mito, la leyenda y el hombre. Usos y costumbres del folklore*, Buenos Aires, 1947, citado *in* Hugo Nario, *Mesías y bandoleros pampanos*, Buenos Aires, 1993, pp. 125-126; Hugo Chumbita, "Bandoleros santificados", *Todo Es Historia*, n° 340 (novembro de 1995), pp. 78-90.
17. Yves Castan, "L'image du brigand au XVIIIe siécle dans le Midi de la France", *in* G. Orgalli, org., op. cit., p. 346.
18. Richard Gillespie, *Soldiers of Perón: The Montoneros*, Nova York, 1982, cap. 2.
19. Sigo as ideias de Gonzalo Sánchez e Donny Meertens, insinuadas pela primeira vez em *Bandoleros, gamonales y campesinos: el caso de la violencia en Colombia*, Bogotá, 1983, p. 239. Ver também "Political Banditry and the Colombian Violencia", *in* Richard W. Slatta, org., *Bandidos: The Varieties of Latín American Banditry*, Westport, Conn., 1987, p. 168.
20. Nicolé Girón, *Heraclio Bernal: ¿Bandolero, cacique o precursor de la revolución?*, INAH, Cidade do México D. F., 1976.
21. Allen L. Woll, "Hollywood Bandits 1910-1981", *in* Richard Slatta, org., op. cit., pp. 171-180.
22. Linda Lewin, "Oral Tradition and Elite Myth: The Legend of Antonio Silvino in Brazilian popular culture", *Journal of Latín American Lore*, 5:2 (1979), pp. 57-204.
23. Gonzalo Sánchez, prólogo *in* Maria Isaura Pereira de Queiroz, *Os cangaceiros: La epopeya bandolera del Nordeste de Brasil*, Bogotá, 1992, pp. 15-16; ver também Lewin, loc. cit., p. 202.
24. G. Sánchez e Donny Meertens, 1987, p. 168.
25. Billingsley, op. cit., p. 133.

Pós-escrito

Este pós-escrito ao texto principal tem duas partes. A primeira analisa as principais críticas feitas à minha tese original sobre o banditismo e dirige-se aos leitores que se interessam por discussões acadêmicas. A segunda reflete sobre a sobrevivência do modelo clássico de banditismo social na era das economias capitalistas desenvolvidas até a atualidade.

I

A tese original sobre o "banditismo social" foi objeto de várias linhas de crítica.

A primeira e mais importante foi a formulada por Anton Blok no começo da década de 1970[1] e que muitos adotaram como sua. Blok não negou a existência do "banditismo social" no sentido que dou à expressão, porque, "na fase inicial de sua carreira, os renegados e os bandidos encarnavam o ressentimento dos camponeses. Sequestrando os ricos e pedindo um resgate em troco de sua liberdade, roubando-lhes o gado e saqueando suas propriedades, os bandidos se convertiam em heróis populares por fazer o que a maioria de seus semelhantes teria gostado de fazer". Entretanto, a menos que gozassem de proteção, esses renegados e bandidos não duravam muito, e os camponeses, por não terem poder, eram, quase por definição, aqueles que menos podiam protegê-los. Assim, o fora da lei que havia começado corrigindo alguma injustiça pessoal seria "ou morto ou cooptado e coagido pelos domínios de poder das elites regionais estabelecidas" e "com isso representavam a outra face da guerra de classes". Isso não se mencionando o fato de que havia grande número de simples gatunos e ladrões, sem nenhuma afiliação social.[2] Nada disso conflita com o argumento de meu livro, muito embora seja necessário atenuar a opinião de Blok, segundo a qual "deveríamos tratar o banditismo e o mito do bandido como forças que debilitam a mobilização dos camponeses".

Não obstante, parece-me que Blok acerta quando diz que "o erro na percepção do banditismo por parte de Hobsbawm é que ele presta demasiada atenção aos camponeses e aos próprios bandidos", isto é, não presta atenção suficiente à sociedade em geral e a suas estruturas de poder e política. De modo algum negligenciei essas questões em meu livro (por exemplo, no capítulo 7), e fiz um ligeiro esboço de um quadro mais amplo de análise histórica. Entretanto, como eu mesmo observei em outro texto, "é possível que um modelo que se concentre na função — real ou atribuída — do protesto social do bandido não seja o quadro mais apropriado para (...) a análise (...) uma vez que esse quadro deve considerar a totalidade do fenômeno, possa ser ele classificado como protesto social ou não. Assim, a questão crucial com relação à onda de banditismo no Mediterrâneo no fim do século XVI não é se devemos ver Sciarra como um bandido social".[3] Meu livro, claro está, abordava e aborda principalmente "a função do protesto social do bandido". Contudo, é possível que o capítulo sobre a relação do banditismo com a política que acrescentei à presente edição contribua para fazer uma introdução mais equilibrada ao tema. O banditismo, é claro, não pode ser entendido fora do contexto da política.

Por outro lado, para Blok, o "mito" de banditismo social de Robin Hood, que sem dúvida encarna uma aspiração social de camponeses, merece um estudo histórico, mas tem muito pouco a ver com a realidade social. Para colocar a questão de forma simples — talvez simplista —, Robin Hood só existe na mente de seu público.

Mas se não houvesse nenhuma relação entre a realidade e o mito do bandido, qualquer chefe de bandoleiros poderia virar um Robin Hood. Entretanto, embora às vezes os candidatos mais inadequados realmente tenham sido indicados para o papel, ao que eu saiba *todas* as regiões onde existem mitos arraigados sobre bandidos fazem distinção entre bandidos "bons" e bandidos "maus", que são principalmente antissociais, com base em seu comportamento na vida real (verdadeira ou suposta). Como vimos, Mate Cosido era visto no Chaco como um bandido "bom", até mesmo pela polícia encarregada de persegui-lo, enquanto Velázquez era considerado um bandido "mau". A classificação dos irmãos Mesazgi (ver pp. 15-19) era duvidosa segundo os critérios locais, pois não havia um consenso quanto à disputa que os levou à marginalidade: seria mesmo legítima? Mas assim que suas ações começaram a ajudar o povo, eles passaram a ser vistos como "bandidos especiais".

O único caso claro de banditismo social na Alemanha do século XVIII foi o de Mathias Klostermayer e seu bando na Baviera ("o Hiesel" bávaro), que atuaram por volta de 1770. Como Klostermayer se especializava na caça furtiva, atividade que os camponeses sempre consideraram legítima, eles o admiravam e ajudavam. "Centenas de pessoas", afirmava, "já me disseram: venha a meus campos, há ali abundância de caça, veem-se cem cabeças ou mais." Ele travava sua guerra privada contra os caçadores, os guardas-florestais, os agentes da lei e outras autoridades sem dissimulação e em público, e tinha fama de nunca roubar de outras pessoas senão essas, que ele via como seus "inimigos". Depois de atacar e saquear, à plena luz do dia, a administração local (Amtshaus) de Täfertingen, perto de Augsburgo, descreveu a ação como um "ato legítimo", e é evidente que os camponeses concordavam com ele.[4] E de modo algum todos os bandidos *gauchos* argentinos acabavam recebendo a auréola pública de santidade. Para isso tinham de ser mártires. A condição mínima era que o bandido "lutasse contra a justiça oficial e especialmente contra a instituição policial e que caísse nessa batalha". A bandida Martina Chapanay, em outros contextos muito idealizada, não foi objeto dessa canonização popular porque "nunca foi vítima da autoridade".[5] Isso poderia confirmar, é claro, a opinião de observadores realistas como Giuseppe Giarizzo, o eminente historiador da Sicília, sua ilha natal, uma ilha que não incentiva ilusões românticas. Ouvi dele, pessoalmente, que o mito do bandido é, em essência, uma mescla de consolo e distorção.

Ao contrário, em vista da universalidade e da padronização do mito do bandido, seria surpreendente que o proscrito que se vê, não importa a razão, desempenhando esse prestigioso papel no cenário da vida rural tentasse pelo menos às vezes, mantidas inalteradas todas as outras coisas, atuar de acordo com o roteiro? Sem dúvida é mais fácil converter bandidos mortos, ou até mesmo remotos, em Robin Hoods, qualquer que tenha sido seu comportamento real. Entretanto, há provas de que alguns bandidos tentaram, ao menos às vezes, corresponder a esse papel. No fim da década de 1960 os funcionários do Partido Comunista de Bihar, na Índia (CPI), tentaram em vão impedir que um ativista camponês que havia passado dos ataques por conta própria contra os proprietários de terras à militância comunista deixasse de repartir diretamente entre os camponeses o dinheiro que arrecadava para o Partido. Ele sempre havia repartido dinheiro: era difícil abandonar o hábito.

Uma segunda linha de crítica procura minimizar o caráter de classe do banditismo e até do mito do bandido, ligando uma coisa e outra ao mundo da classe governante local e não ao campesinato. Assim, os analistas do ciclo original de Robin Hood e dos cordéis sobre os cangaceiros brasileiros do século XX destacam o notável desinteresse deles com as preocupações concretas de sua suposta clientela, o campesinato da época.[6] Também é evidente que os homicídios que lançaram tantos moços na ilegalidade decorreram, com toda probabilidade, de disputas familiares e políticas locais, isto é, das rivalidades entre famílias com influência no lugar. Mas a tese de *Bandidos*, que não deixa de reconhecer a existência de cavalheiros-ladrões e de rivalidades políticas locais, não era que praticamente todo banditismo devesse ser visto como uma manifestação de protesto camponesa (Blok descreve isso corretamente como "vulgarização generalizada do modelo de banditismo social de Hobsbawm") e ainda menos que os bandoleiros só tenham interesse para os camponeses. Na realidade, um dos principais componentes do mito do bandido, o cavaleiro andante aventuroso e de preferência desinteressado que luta contra as injustiças, o espadachim (como nos filmes de samurais de Kurosawa) ou o pistoleiro (como nos faroestes), não pertence especificamente a sociedades camponesas. Ele atraía jovens briosos de todas as classes sociais e sobretudo os das classes armadas. (Até que ponto surtia o mesmo efeito nas moças é uma pergunta que terá de ser deixada em aberto.) Entretanto, qualquer que fosse a natureza do público original desse ou daquele ciclo de baladas, a essência do mito do bandido é a redistribuição social e a justiça para os pobres. E em sua maioria os pobres eram camponeses, como também a grande maioria dos que se tornavam bandidos.

Uma terceira linha de crítica, mais específica, se refere aos tipos de bandido que chamo de *haiduks*, isto é, grupos de bandidos que existem de forma permanente como possíveis "primitivos movimentos guerrilheiros de resistência e libertação". Essa visão, aceito agora, sofreu influência da imagem do *haiduk* como combatente pela liberdade e libertação nacional, que foi qualificada de "convenção literária da era romântica". Não obstante, também foi sublinhada a posterior importância do "modelo do *haiduk*" para os revolucionários balcânicos.[7] Além disso, especialistas no Império Otomano e nos Bálcãs, principalmente Fikret Adanir, argumentaram de forma convincente que não se pode falar simplesmente de "camponeses" numa região onde o equilíbrio entre a agricultura permanente e o pastoreio nômade ou transumante foi flutuante e instável durante séculos. E isso se torna ainda mais válido quando se leva em conta que, aparentemente, os *haiduks* procediam sobretudo das comunidades especializadas no pastoreio.[8]

Contudo, os "estratos militares surgidos do campesinato livre" (pastoril ou de outro tipo) continuam a ser tanto um exemplo de liberdade e possível resistência à autoridade quanto um exemplo para outros camponeses de situação não tão afortunada — e também para ideólogos posteriores — mesmo quando estavam, como tantas comunidades nas fronteiras militares de algum império, submetidos ao sistema imperial e, portanto, integradas a ele. (Recentemente, o biógrafo do mais famoso bandido transformado em revolucionário nos lembrou um equivalente ocidental: os camponeses livres que assumiam o papel de "colonos militares" contra os apaches na fronteira do Império Espanhol no México.[9]) Tal como os *gauchos* argentinos que se viam como inimigos da autoridade estatal e judicial, embora servissem a senhores e a aspirantes à presidência, as estirpes de guerreiros gregos que opuseram resistência à autoridade otomana ou a serviram consideravam-se independentes dela. E "o que a memória coletiva reteve é o conflito: as canções dos *klephts* falam de uma divisão clara entre o mundo da rebelião primitiva (...) e o mundo legal representado pelas autoridades otomanas e pelos notáveis. Por mais que se fizessem ajustes para chegar a um *modus vivendi* entre os dois, a divisão existia e não podia ser apagada".[10]

Entretanto, minha tese original, segundo a qual os bandidos sociais, à diferença do "submundo" e das comunidades de salteadores por vocação, continuam a fazer parte do universo moral do camponês, pode se mostrar mais debilitada de que pensei graças ao fato, por mim assinalado de passagem, de que as formações permanentes e estruturadas de bandidos constituem comunidades sociais independentes e voltadas para si mesmas. Tal como a antissociedade do submundo dos criminosos, elas criaram formas especiais de comportamento e linguagem (gírias) para distinguir-se do resto da sociedade, embora a "Selected List of Bandit Slang", em *Bandits in Republican China*, de Billingsley, não leve a crer que o vocabulário específico dos bandidos chineses fosse muito além de eufemismos e de expressões referentes a atividades específicas dos bandidos.

Entretanto, eles continuavam comprometidos com os fundamentos morais da comunidade e a seu império, ao contrário de grupos como os Bokkerijders mencionados por Anton Blok, deliberadamente blasfemos e que representavam de forma consciente a oposição à sociedade cristã.

Isso me leva à quarta linha de crítica, que se opõe às três primeiras e argumenta que a distinção entre o banditismo social e outros tipos de banditismo é errônea porque *todos* os crimes são em algum sentido protesto social e rebelião. A principal expressão desse ponto de vista é o estudo do submundo de criminosos alemães do século XVIII, realizado por Carsten Kuther, que critica meu livro de acordo com aquele ponto de vista.[11] Elementos do mesmo argumento podem ser vistos no importante estudo, feito por Blok, de um desses bandos, os formidáveis Bokkerijders holandeses (1730-1774).[12]

Esse argumento requer um pouco mais de espaço, não só porque o problema do "submundo" é examinado apenas de relance no texto principal, como também porque levanta questões importantes sobre a estrutura das sociedades europeias, em particular a distinção profunda, e em grande parte já esquecida, entre as ocupações "honrosas" (*"ehrlich"*) ou "respeitáveis" e as "desonrosas" (*"unehrlich"*) ou vergonhosas.[13] Aos olhos dos camponeses, os bandidos sociais nunca deixavam de fazer parte da sociedade, independentemente do que dissessem as autoridades, enquanto o submundo dos criminosos formava um grupo marginal e seus componentes procediam em grande parte desse tipo de grupo. O próprio fato de as palavras *"ehrlich"* e *"unehrlich"*, embora derivadas do termo que significa "honra", terem adquirido em alemão o significado principal de "honesto" e "desonesto" é significativo. Como de costume, a distinção é menos clara na prática do que na teoria. Os bandidos sociais, tal como o restante do campesinato sedentário, pertenciam ao mundo "decente" das pessoas respeitáveis ou "honradas" (*"ehrlich"*), enquanto os criminosos, que com frequência classificavam a si mesmos (e às vezes ainda se classificam) como "torcidos" ou "tortos" ("*krumm*"), não pertenciam àquele mundo. No caso dos que viviam no submundo, a distinção era igualmente clara: na Alemanha eles eram os espertos "Kochemer" (o termo, como tantos outros na gíria dos criminosos alemães, derivava-se do hebraico, ou melhor, do iídiche); os outros eram os "Wittische" estúpidos e ignorantes. Entretanto, recrutar pessoas do primeiro grupo para o segundo é fácil, embora grande parte do submundo da era pré-industrial fosse formada por membros dos tradicionais grupos de marginais ou das redes hereditárias de famílias de criminosos. Em maio de 1819 um bando de criminosos da Suábia afixou anúncios nos campos com o seguinte texto:

> Se você não teme o patíbulo
> E também não gosta de trabalhar
> Venha e una-se a mim:
> Preciso de gente corajosa!
> Chefe de um bando de 250 delinquentes.*

E, realmente, como era de esperar, nos bandos havia algumas pessoas descritas como filhos de pais "honestos".

O que está em questão é a natureza desse submundo ou mundo periférico. Consistia essencialmente em dois componentes que coincidiam em parte: de um lado, minorias de renegados ou "forasteiros" que viviam entre a gente "honesta" sedentária; de outro, nômades e vagabundos. Talvez possamos acrescentar o punhado de pessoas e famílias "não respeitáveis" que existiam em todos os povoados: os equivalentes ao pai de Huck Finn ou, aliás, ao próprio Huckleberry Finn. Em grande medida, estavam integrados funcionalmente à sociedade "decente" ou "respeitável", embora não fizessem parte dela:

---

*Anônimo, *Der schwarze Veri und die letzten Räuberbanden Oberschwabens* (Wangen im Allgäu, 1977), p. 9. Esse livro, para o qual a Sra. Alice Eisler me chamou a atenção, parece ser a reimpressão de um volume da biblioteca dos príncipes Zu Waldburg-Wolfegg. Esses bandos estavam longe de ter 250 membros.

os judeus eram necessários para comerciar com gado; os magarefes exerciam um ofício necessário embora desprezado; os afiadores de facas, os latoeiros e os mascates eram indispensáveis, não se falando dos saltimbancos que formavam a indústria do espetáculo na era pré-industrial. Como oficialmente a sociedade europeia não reconhecia castas, a separação e o caráter amiúde hereditário de tais grupos marginais só são facilmente reconhecidos nos casos que possam ser definidos do ponto de vista étnico, como os dos judeus e ciganos. Não obstante, de forma oficiosa eles formavam uma espécie de estrato de renegados e excluídos. É curioso que às vezes as autoridades os contratavam precisamente por sua exclusão da comunidade: o verdugo é um bom exemplo. Na Baviera, os meirinhos, beleguins e outros agentes governamentais de categoria inferior eram recrutados com frequência entre os que exerciam profissões excluídas (*"unehrliche"*): daí, conforme já foi sugerido (por Kuther), a hostilidade especialmente acentuada com que o "Hiesel bávaro" os tratava. Como bandido social, ele representava o mundo "honesto" do campesinato.

Até certo ponto, esses grupos não estavam integrados funcionalmente em nenhum momento, e sobretudo durante as numerosas épocas de fome, guerra ou crises e transtornos sociais provocados por outras causas, quando as estradas da Europa ficavam cheias de homens e mulheres que vagavam sem destino, esmolando, roubando e procurando trabalho. Não cabe dúvida alguma de que essa população errante podia ser numerosíssima. No caso da Alemanha, calculou-se que talvez representasse 10% da população total no século XVIII: uma massa de homens — e, nos maus tempos, de mulheres — composta de profissionais ambulantes, de gente que procurava trabalho (ou, como os oficiais artesãos, que cumpria seus anos de nomadismo institucionalizado), de "mendigos robustos" (45% dos delinquentes errantes franceses alcançavam uma estatura que só 10,5% da população geral chegava a ter),[14] e por aqueles que os franceses chamavam de *"gens sans aveu"*: vagabundos que não tinham sequer um lugar teórico na ordem social.

A tese de que as classes criminosas eram rebeldes sociais se apoia no argumento de que estavam vinculadas a essa numerosa, oprimida e discriminada classe marginal, sedentária ou nômade, de formas análogas às que ligavam o bandido social à sociedade camponesa, e que "representavam" seus interesses. Já houve quem argumentasse até que os bandidos comuns eram *mais* revolucionários, do ponto de vista social, que os Robin Hoods, uma vez que constituíam um desafio à existência da autoridade e do próprio Estado, ao passo que, como vimos, não era esse o caso dos bandidos sociais.

De fato, não resta dúvida de que os bandos de delinquentes encontravam ajuda e apoio entre a população excluída e os marginais da sociedade. Também é indubitável que em algum momento quase qualquer membro dessa população podia ver-se impelido — e provavelmente isso ocorreria se fosse errante — a cometer os tipos de ato que não só as autoridades como também a população sedentária local considerariam criminosos. Nas épocas em que a vadiagem aumentava sensivelmente, "apesar de frequentes demonstrações de solidariedade e compaixão pela miséria verdadeira, a imagem do 'pobre de Deus' dava lugar à do estranho perigoso, da pessoa que havia escolhido a estrada que conduz ao crime".[15] Não era só o burguês em ascensão, com sua ética puritana, mas também os trabalhadores comuns do campo, menos protegidos que os citadinos, que reclamavam medidas draconianas contra os ociosos, os vagabundos e os estrangeiros pobres. Em terceiro lugar, não há dúvida de que os bandos de delinquentes dependiam de maneira sistemática e deliberada de uma rede de apoio, refúgio e abastecimento, principalmente entre os excluídos do campo; sem ela, não poderiam atuar.

Contudo, os bandidos sociais e os bandidos comuns não podem ser comparados, mesmo que aos olhos da lei oficial fossem igualmente delinquentes, porque, segundo a moral da gente comum, os segundos eram criminosos, e os primeiros não. A distinção entre atos que são e que não são considerados antissociais pode variar bastante segundo o momento, o lugar e o ambiente social, mas existe em todas as sociedades. Em certos casos é possível que normalmente se reconheçam circunstâncias atenuantes para atos considerados antissociais ou "imorais", e entre os pobres e os fracos ou as pessoas que se solidarizam com eles essas circunstâncias atenuantes podem ser ainda mais generosas: mas isso não muda o caráter antissocial de tais atos.* Algumas sociedades são mais tolerantes do que outras. Entretanto, todas reconhecem a diferença entre o que é "criminoso" (imoral) e o que não é. A confusão surge entre os observadores que aplicam os critérios de outras épocas e outros lugares, ou de outros grupos sociais (inclusive das "autoridades"); e os pesquisadores que tentam definir uma analogia entre o banditismo social e o comum às vezes incorrem nessa confusão.

Consideremos uma sociedade — ou subsociedade — que estava estruturada de maneira muito frouxa e era muito individualista — na verdade, estava praticamente acéfala porque rejeitava a autoridade interna e externa — e mostrava uma tolerância pouco habitual. "Não acho que éramos o que muitos por aí podem chamar de gente tacanha", lembrava-se, na década de 1930, um velho trabalhador migrante dos montes Ozark, no Arkansas, "pelo menos em relação à maior parte das coisas (...) A gente nunca fazia nada com precipitação, (...) mas se um camarada não parava de roubar, um dia de manhã ele achava uma carta em sua porta dizendo que as pessoas estavam começando a ficar fartas com aquilo e lhe aconselhando a se mandar daquele lugar antes da mudança da lua. Alguns nos chamavam de justiceiros, alguns de encapuzados e alguns de mascarados, mas para o povo daqui da terra a gente era só o comitê."[16] Os matutos tinham sua própria definição da criminalidade — mas a tinham. Por outro lado, a "epidemia de assaltos a bancos" que varreu o antigo território indígena nos tempos difíceis depois de 1914 foi

---

*Na "jurisprudência" das sociedades camponesas, cujos membros se conhecem como famílias e como pessoas, geralmente não existe uma linha clara entre julgar os atos e o "caráter" das pessoas que os cometem.

diferente. Não só bandidos, mas cidadãos comuns assaltavam bancos. Os banqueiros do leste de Oklahoma não podiam confiar na proteção dos seguros (muitas companhias de seguros cancelaram as apólices porque "a opinião pública era tão contrária aos bancos que fomentava os assaltos") nem dos agentes locais da lei, alguns dos quais, na verdade, eram solidários com os assaltantes. Com efeito, "não resta dúvida de que entre grande parte do público existe um sentimento perigosíssimo no sentido de que assaltar um banco é um crime menor".[17] Em teoria, assaltar bancos podia ser criminalizado pela lei, tal como fabricar uísque clandestinamente ou (para a maioria dos cidadãos na década de 1980) contrabandear artigos estrangeiros pela aduana ou estacionar em local proibido, mas não era um verdadeiro crime. Na verdade, podia ser um ato de justiça social que recebia aprovação.

Como sempre, a distinção entre um tipo de ato e o outro, ou entre aqueles que os cometem, costuma ser pouco clara na prática — especialmente quando os atos são os mesmos. Por isso é possível que os meliantes se tornem objeto de admiração, ou até que adquiram fama de justiceiros se roubam (ou se consta que roubem) de instituições impopulares, e obviamente não façam mal a pessoas comuns. Mesmo hoje em dia os assaltantes de trens muitas vezes não são considerados inimigos do povo, ainda que nos últimos anos tenham ocorrido poucos casos como o de Al Jennings, o terror das ferrovias em território indígena, que fez uma campanha marcadamente populista para ser nomeado candidato democrata ao cargo de governador do Oklahoma em 1914, exibindo um filme que mostrava suas façanhas como fora da lei em todo o estado e teve grande êxito de público.[18] Era bem possível que um caipira antissocial, expulso de sua comunidade nos montes Ozark, aparecesse em outra parte como herói renegado. Além disso, não havia nenhuma linha clara, sobretudo em tempos difíceis e à margem da sociedade sedentária, entre a gente normal e os excluídos, os vagabundos, os proscritos. Os revolucionários que trabalhavam entre eles às vezes conseguiam, como os Wobblies,* "moralizar" muitos acampamentos de vagabundos proibindo ali o consumo de álcool e drogas, mas é lícito supor que nos trens de carga viajavam muitos que roubavam a quem pudessem, fosse a vítima rica ou pobre, ainda que, para viajar sem perigo, quando necessário exibissem o cartão vermelho.** Mesmo no caso, que não é improvável, de simpatizarem vagamente com a luta contra a injustiça. É possível que no mundo rural respeitador da lei na sociedade pré-industrial a linha divisória entre a gente "normal" e a "anormal" fosse traçada com mais nitidez, quando nada porque a distinção entre os membros da comunidade e os "forasteiros" era muito mais clara, como também era mais clara, dentro da comunidade, a posição das famílias e das pessoas. Abaixo de determinado nível de posição social e de meios de vida, era inevitável que houvesse uma certa superposição, mas a divisão continuava a existir, e as pessoas, entre as quais os excluídos, tinham consciência dela.

Portanto, sejam quais forem os elementos de dissidência social que detectemos no banditismo social e no submundo do crime, Macheath e Robin Hood não são realmente comparáveis, como tampouco seus defensores. Eles atuavam de maneira diferente: Robin Hood podia esperar boa vontade de todo homem que não fosse seu inimigo pessoal ou um agente da autoridade; para os salteadores de estradas, o campo era menos um mar em que nadavam do que — no melhor dos casos — um deserto que cruzavam a cavalo, confiando na existência de uns poucos oásis e abrigos, sua rede de pousadas de ladrões e receptadores.*** Os bandidos sociais eram uma forma especial de camponeses que só se distinguiam dos demais por sua capacidade de levantar a cabeça e, sobretudo, pela disposi-

---

*Trabalhadores filiados ao sindicato Industrial Workers of the World. (*N. do T.*)
**Cartão de identificação dos membros do sindicato Industrial Workers of the World. (*N. do T.*)
***Mesmo esses com frequência afirmavam que só prestavam tais serviços sob coação, e é bem possível que esse fosse o caso em tabernas e residências solitárias e isoladas.

ção de fazê-lo. Viviam às claras — e continuavam assim mesmo se trocavam o papel de bandidos camponeses pelo de servidores do senhor ou do Estado. Os delinquentes viviam em seu submundo: um submundo muito mais separado da sociedade "decente" do que nossa civilização urbana e comercial pode conceber. Os bandidos sociais podiam ser (e eram) pessoas das quais sua sociedade podia orgulhar-se. Os delinquentes só eram heróis entre os marginais e os excluídos, a menos que adquirissem a fama de ser bandidos sociais, e nesse caso o mito os transformava em não criminosos. Até as comunidades tradicionais de excluídos, na medida em que eram comunidades, hesitavam em reconhecê-los publicamente. Mesmo hoje em dia, os judeus, sempre prontos a reivindicar como seus os revolucionários que rejeitam a judeidade — um Marx ou um Trotski —, mostram-se constrangidos com seus Meyer Lanskys.

Não precisamos fazer aqui uma pausa para perguntar se o excluído criminoso era mais rebelde social que o bandido camponês. Nenhum dos dois, em si mesmos, era muito revolucionário se os julgarmos segundo critérios modernos, como este livro procurou demonstrar no caso dos bandidos sociais. Talvez, em tempos revolucionários, ambos se vissem combatendo nas fileiras da revolução, embora haja pouquíssimas provas de que os delinquentes tenham atuado assim por convicção nas grandes revoluções da Europa moderna. É possível que na China o caso tenha sido diferente. O que cumpre observar é que nas épocas em que ambos floresceram podia-se fazer revoluções recrutando a clientela dos bandidos sociais, mas não a de rebeldes criminosos. Isso não acontecia apenas porque a sociedade camponesa estabelecida fosse muito mais numerosa que a subclasse marginal, fixa ou errante, do campo, e sim porque era uma sociedade: velha ou nova, justa ou injusta. Na medida em que excluía ou marginalizava os forasteiros, seu caráter não se alterava. Na medida em que eles se excluíam dela, continuavam a se definir por sua relação com ela e dependiam dela para suas operações. Se existia uma simbiose entre os dois grupos, como em grande parte ocorria, era uma simbiose desigual. A sociedade "decente" podia funcionar sem mais que uma dependência marginal dos excluídos. Já estes só podiam funcionar nos interstícios da sociedade "decente".

Por isso, a sociedade "decente" dos camponeses, nela incluídos os bandidos camponeses, funcionava nos termos da "lei": a lei de Deus e os usos costumeiros, que era diferente da lei do Estado ou da do senhor, mas, apesar disso, constituía uma ordem social. E na medida em que concebia uma sociedade melhor, pensava nela como o retorno a uma lei antiga ou até mesmo, em alguns momentos, como o avanço para uma lei nova que poderia trazer não só verdadeira justiça, mas também liberdade. Os excluídos, exceto, até certo ponto, os que pertenciam a comunidades estruturadas permanentes, tais como os ciganos e os judeus, só tinham a opção de rejeitar a lei: a de Deus, a do povo, assim como a do senhor e a do rei. Era isso que os tornava criminosos potenciais ou reais. Não tinham nenhuma visão alternativa da sociedade, e nenhum programa implícito, e muito menos explícito, só um justificado ressentimento contra a ordem social que os excluía, e uma alienação em relação a ela, um conhecimento da injustiça. Nisso residia sua tragédia.

Sem dúvida, alguns pesquisadores recentes do banditismo tiveram bons motivos para procurar assimilar o bandido criminoso ao bandido social, ainda que (como Kuther) muito conscientes das distinções entre eles e de sua frequente hostilidade mútua. A semelhança entre o *modus operandi* dos bandos de delinquentes e o de alguns recentes militantes e terroristas políticos não passou despercebida. Estes também atuavam na clandestinidade, raramente se mobilizavam, exceto para operações específicas, depois das quais desapareciam no anonimato da sociedade de classe média urbana, do mesmo modo que os delinquentes se fundiam na população marginal. Também dependem de uma rede nacional e até internacional de apoio e contatos, em pequeno número mas de uma amplitude e uma mobilidade impressionantes. É possível que o espírito neoanarquista de parte da ultraesquerda posterior à década de 1960 haja fomentado a ideia de que a criminalidade como tal é uma forma de atividade revolucionária, como já havia sugerido Bakunin. Além disso, é possível que os revolucionários modernos da periferia social, desiludidos com a massa da população trabalhadora "regular" (que está visivelmente integrada na sociedade de consumo), e além disso propensos a buscar os verdadeiros e irreconciliáveis inimigos do *status quo* entre os grupos marginais e os forasteiros, olhem para os marginalizados do passado, para as subclasses "não respeitáveis", com mais simpatia que a mostrada pelos antigos rebeldes camponeses ou pelos militantes proletários organizados. E, de fato, por quaisquer normas imparciais, a situação em que se achavam era particularmente oprimida e lamentável; o tratamento que recebiam do mundo "honesto" era indefensável. A emancipação da humanidade não pode se limitar exclusivamente às pessoas respeitáveis. As não respeitáveis também se rebelam, à sua maneira. O propósito de minha argumentação não é discordar daqueles que analisam a história da criminalidade pré-industrial como uma espécie de protesto social. É simplesmente destacar que a rebelião social do Macheath de *Ópera dos três vinténs* não é a mesma de Robin Hood. E tampouco os dois são comparáveis.

A quinta e mais convincente crítica a meu livro é a que já aceitei no prefácio da presente edição. Ela se refere ao fato de eu utilizar como fonte, com pouco sentido crítico, a literatura e as lendas do banditismo. Pouquíssimo da realidade histórica do banditismo social, quanto mais da trajetória de algum bandoleiro real, pode ser inferida do conteúdo dos mitos que se contam sobre eles e das canções que inspiraram. E, na medida em que alguma coisa possa ser inferida, isso só é possível depois de um estudo atento e crítico de sua história textual, inteiramente ausente da versão original de minha argumentação. É claro que isso não afeta tais textos como fontes para o que as pessoas acreditavam sobre o banditismo, o que queriam dele ou o que viam nele, ainda que mesmo nisso seja necessário proceder com mais cautela do que às vezes tive.

Pelo menos uma crítica muito mais específica com relação ao banditismo na Sardenha deveria também ser mencionada, embora seja mais aplicável aos estudos sardos em geral do que a minhas referências ocasionais em *Bandidos*.[19] Houve quem comentasse que a identificação específica do banditismo sardo com os planaltos da Barbagia, região de pastoreio cuja estrutura social era tida como particularmente arcaica, só começou a ser feita em fins do século XIX. Isso, argumentou-se de modo plausível, foi consequência do crescimento de uma economia especializada e praticamente exclusiva que se baseava na exportação de queijos e produtos do gado ovino nessa região, mas não em outras partes. Desde então esse banditismo assumiu a forma de roubo sistemático de gado, que se combinou cada vez mais (desde a década de 1960) com a extorsão mediante sequestro. Não estou em condições de julgar até que ponto outros conhecedores da Sardenha aceitaram a explicação específica que David Moss dá para esse fenômeno em termos da relação entre os povoados das montanhas e os da área menos elevada ("uma atividade que atua como mediadora entre valores opostos mas os mantém separados"), cujas estruturas são diferentes.

Finalmente, estimulados por meu modelo de "banditismo social", alguns autores criticaram-me com razão por eu tê-lo limitado a sociedades agrárias pré-modernas. Fenômenos muito parecidos ocorreram na Austrália, no século XIX, e nos Estados Unidos, nos séculos XIX e XX. Nesses casos, é claro, não se pode falar de "campesinato tradicional", nem esses países constituem sociedades pré-capitalistas ou pré-industriais. Um pesquisador do assunto (L. Glenn Seretan) comenta: "O banditismo social é mais polimorfo e resiliente do que supôs Hobsbawm e (...) os caprichos da evolução histórica americana (ou de qualquer outra de EJH) tiveram plena capacidade de produzir variantes autênticas" — mesmo ainda nos anos do New Deal de F. D. Roosevelt. Por outro lado, não posso aceitar o argumento de meu principal crítico "modernista",

Pat O'Malley, especialista em Ned Kelly e nos bandidos do interior australiano, para quem o banditismo social nos campesinatos tradicionais é um caso especial de uma situação mais geral propensa a gerar banditismo social: (a) "a presença de uma luta de classes crônica que se reflete numa consciência unificada de conflito entre os produtores diretos", e (b) "a ausência de uma organização política institucional dos interesses dos produtores que manifeste um programa de ação eficaz para a consecução generalizada dos objetivos que se buscam em comum". É verdade que a condição (b) existe sobretudo na era pré-industrial, mas também pode ser encontrada mais tarde. Pelas mesmas razões, O'Malley vê com ceticismo minha ideia de que o declínio do banditismo social tem muito a ver com a melhora dos transportes, das comunicações e dos meios de fazer cumprir a lei nas regiões rurais do mundo moderno. Para ele, o banditismo social pode florescer apesar de tudo isso. Mas em sua própria obra posterior ele diz que os salteadores de estradas ingleses desapareceram no começo do século XIX, diante da melhora da organização e dos métodos policiais, mas atribui isso ao fato de carecerem esses salteadores "de uma base de classe social unificada".[20]

Na realidade, não há muito o que discutir. É evidente que o banditismo, como fenômeno social, diminui quando se dispõe de melhores métodos para a luta agrária. Faz quarenta anos que digo isso. É igualmente plausível que seu atrativo não tenha se esgotado nem mesmo numa sociedade obviamente capitalista como a dos Estados Unidos, contanto que seja uma sociedade na qual a lenda do banditismo social faça parte da cultura popular. Esse era o caso dos Estados Unidos na década de 1930. "Os principais proscritos da década de 1930", escreve Seretan, "tinham plena consciência de pertencerem a uma tradição: foram absolutamente nutridos e influenciados por ela; homenageavam-na em palavras e atos; e suas carreiras, breves e espetaculares, foram, em última instância, definidas por ela." Bonnie Parker e Clyde Barrow, Robin Hood e Jesse James estavam vivos e cruzavam de automóvel as planícies na mente de pessoas como Alvin Karpis.*

Nada disso altera o fato de que numa sociedade plenamente capitalista são excepcionais as condições em que o banditismo social à antiga pode persistir ou ressurgir. Continuarão a ser excepcionais, mesmo havendo muito mais espaço para o banditismo do que houve durante séculos, num milênio que começa com a debilitação ou mesmo a desintegração do poder do Estado moderno e a disponibilidade geral de meios de destruição portáteis, mas sumamente letais, para grupos não oficiais de homens armados. Na verdade, o que não é surpresa para ninguém, para todos os efeitos práticos Robin Hood já está mais do que morto e enterrado na maioria dos "países desenvolvidos" (e até em suas zonas rurais mais tradicionalistas). A análise de meu livro propunha-se mais a explicar o fim desse fenômeno antiquíssimo e generalizado do que definir as possíveis condições para que, ocasionalmente, ele ressurgisse e sobrevivesse.

Entretanto, é necessário dizer algumas palavras a respeito da sobrevivência e da modificação do banditismo social nas sociedades rurais claramente capitalistas.

II

A transição para uma agricultura capitalista é complicada e longa, e, como grande parte dessa agricultura continua nas mãos de famílias de agricultores que na realidade, à parte a tecnologia, não são tão diferentes dos camponeses de antigamente, dos quais muitos descendem, há muita sobreposição — no aspecto cultural isso é certo — entre o mundo rural antigo e o novo. Mesmo quando esses mundos novos se formaram em outro continente. A agricultura,

---

*Famoso bandido americano (Alvin Karpowicz, 1907-1979), o último dos "inimigos públicos" a ser preso pelo FBI, em 1936. (N. do T.)

afinal, continua a ser uma atividade de pequena envergadura, em comparação com a escala de operações da indústria e das finanças, e não só no tocante ao número de pessoas que uma empresa emprega. Além disso, a velha hostilidade do campo contra a cidade, dos camponeses contra os forasteiros, persiste visivelmente na forma de conflitos entre os interesses dos agricultores, como grupo econômico, e os demais agentes econômicos, como mostram os problemas da Comunidade Econômica Europeia. Assim, o avanço da economia capitalista no campo criou certo espaço — durante quanto tempo é algo que ainda se debate — para uma "modernização" do banditismo social.

Isso criou novos alvos para os descontentamentos populares (inclusive o dos agricultores capitalistas) e, por conseguinte, novos "inimigos do povo", contra os quais os bandidos podiam atuar como defensores do povo. No Brasil e nos Estados Unidos, a sociedade rural não compartilhava o entusiasmo da cidade pelas estradas de ferro, em parte porque queria manter longe o governo e os forasteiros, e em parte porque tinha as companhias ferroviárias na conta de exploradoras. No Brasil, os cangaceiros se opunham à construção de estradas de ferro, e, comemorando a morte de Jesse James, o governador Crittenden, do Missouri, disse que o estado havia se "livrado de um grande obstáculo para sua prosperidade", uma vez que o fato "provavelmente dará forte importância à especulação imobiliária, às empresas ferroviárias e à imigração estrangeira".

Entretanto, as mais óbvias das novas pragas que atormentavam os agricultores eram os bancos e as hipotecas. Como vimos, estavam muito presentes no espírito dos "selecionadores" australianos, como também dos agricultores de fronteira na Argentina e nos Estados Unidos. Os bandidos de Ned Kelly não eram absolutamente salteadores de estradas, pois se concentravam em assaltos a bancos. Os irmãos James eram famosos como especialistas em bancos e estradas de ferro. Como vimos, é provável que em épocas de depressão não houvesse nenhum camponês no sudoeste dos Estados

Unidos e poucos agricultores das pradarias que não considerassem isso natural e justo. O motivo pelo qual Mate Cosido não assaltava bancos argentinos, um alvo igualmente natural, era o fato de os agricultores locais apontarem um agente ainda mais diabólico do capital impessoal que o sistema financeiro nacional: os bancos estrangeiros. Embora os admiradores de Janošik e Musolino soubessem o que eram dívidas, só numa economia essencialmente capitalista os créditos bancários, as hipotecas etc. se transformam em elementos centrais daquilo que os agricultores ou os camponeses veem como a exploração de que são vítimas e, de passagem, em elementos que ligam a insatisfação da gente do campo à de outras classes, como os artesãos e pequenos comerciantes. Nessa medida, o período que transforma instituições como os bancos em vilões públicos por excelência e faz do assalto a bancos a forma mais compreensível de roubar dos ricos assinala a adaptação do banditismo social ao capitalismo.

Tal adaptação só poderia ser parcial e temporária, embora seja claro que a imagem favorável do rapaz do campo ou da cidade pequena (e, com Bonnie e Clyde, também da moça) como uma espécie de bandido social sobreviveu nos Estados Unidos até quando já ia bem avançada a Depressão dos anos 1930. Já foi demonstrado que isso influenciou a imagem de figuras como Dillinger e Pretty Boy Floyd, o que talvez tenha sido uma razão poderosa para que essas figuras, um tanto menores e marginais no cenário da criminalidade americana, fossem apontadas como "inimigos públicos". Ao contrário da "máfia", eles representavam um desafio para os americaníssimos valores da livre empresa, embora acreditassem nela. No entanto, como já assinalamos no caso dos irmãos James, na época em que estes atuaram, o grangerismo* e o populismo constituíam

---

*Atividades da organização americana The Grange (The National Grange of the Order of Patrons of Husbandry), fundada em 1867 para defender os interesses econômicos e políticos das famílias de agricultores. Teve grande força do fim do século XIX até a década de 1950. (*N. do T.*)

uma resposta mais coerente do que os assaltos para os problemas enfrentados pelo Meio-Oeste rural. Como política, o assalto já era anacrônico.* O espaço "social" para o banditismo estava diminuindo, e, embora os dois ainda desfrutassem a antiga fama de Robin Hoods, que tanto a reputação quanto, em certa medida, também a carreira deles reproduzem, um exame mais atento dos irmãos os mostra como uma variedade de empreendedores rurais, ainda que "conservassem intacta a maioria dos hábitos e preconceitos de sua classe". Certamente não pertenciam à classe dos pobres, pois (como a maioria dos guerrilheiros confederados do condado de Jackson, no Missouri, que deram origem ao bando dos James) eram os filhos mais velhos de agricultores prósperos que possuíam escravos e lutavam contra a perda de propriedades e de posição social.[21]

O impacto de uma economia capitalista moderna sobre um tipo muito mais tradicional de banditismo, o das montanhas da Sardenha, ficou patenteado recentemente com a visível transformação dos pastores-bandidos em sequestradores sistemáticos, que extorquem quantias enormes a título de resgate. Até a década de 1960, os sequestros ocorriam de forma esporádica, e tinham como motivação, meio a meio, a vingança e a obtenção de resgate. A nova onda de sequestros foi consequência direta do súbito e intenso desenvolvimento econômico, naquele decênio, nas planícies e costas da Sardenha. E em certo sentido pode ser vista como parte da resistência de uma sociedade tradicional à modernização, da resistência de montanheses fracos e pobres, esquecidos pelo crescimento econômico, contra os novos potentados da costa, locais e estrangeiros. E sem dúvida ela manteve algumas das características do antigo banditismo dos pastores, cruel, mas com suas próprias regras éticas.**

---

*Minha avaliação sobre os irmãos James deve muito a uma monografia importantíssima de Richard White, "Western Outlaws and Social Bandits", que saqueei livremente.
**Cf. o tratamento dispensado por seus captores a uma mulher britânica e sua filha, sequestradas em 1979-1980, e o sentimento de indignação local, que contribuiu para que fossem libertadas, depois que os bandidos deixaram de cumprir um acordo negociado adequadamente.

É claro, entretanto, que a nova técnica era agora cada vez mais um meio (se não para os próprios pastores-sequestradores, para os *prinzipales* e outros empreendedores das montanhas que os instigavam e empregavam) de adquirir rapidamente grandes quantias a serem investidas por eles mesmos em propriedades imobiliárias da costa, agora valiosas: o banditismo fundiu-se com a máfia,[22] o protesto social desapareceu por trás da atividade criminosa.

Portanto, em suas etapas históricas finais (e poucas pessoas creem realmente que Robin Hood não esteja a caminho de sua extinção permanente), o papel do bandido social rural se transforma — na medida em que é interpretado num novo palco, o da moderna sociedade capitalista/industrial, em meio a uma nova paisagem social, econômica e tecnológica, e possivelmente por novos atores, que já não podem ser descritos adequadamente como camponeses tradicionais, representantes de uma sociedade velha que luta contra a nova, ou como paladinos dos pobres rurais. Pouco a pouco é até possível que o bandido rural se liberte do campo e se mude para a cidade. Depois de 1873, só raramente o bando dos James visitou sua base natal no oeste de Missouri, e descobriu, como observou Frank James, que a segurança residia no anonimato, e não no apoio por parte dos admiradores rurais. Os James não se deixavam fotografar, poucos homens os conheciam de vista, mesmo nos condados de Clay e Jackson, e buscavam apoio junto a seus parentes, mais do que na comunidade em geral, embora provavelmente os bandidos tradicionais também preferissem os parentes de sangue. Mas o anonimato era mais fácil na cidade e parece que foi para ela que os James se sentiram atraídos. Porque se a cidade é o lugar dos segredos, no campo, pelo menos para seus habitantes, tudo se sabe logo, logo. Há ocasiões, mesmo hoje em dia, em que o conhecimento dos camponeses é ocultado coletivamente aos forasteiros, como no norte do País de Gales, onde um consenso de silêncio protege das investigações policiais quem queima as segundas residências de ingleses. Mas é possível que atualmente essa *omertá* (como a chamariam os sicilianos) rural repouse em formas de ideologia, como o nacionalismo moderno, a que os bandidos sociais tradicionais não eram capazes de recorrer, salvo de maneira incidental.

O mito do bandido também persiste no mundo urbanizado moderno como uma espécie de memória popular a que periodicamente os meios de comunicação públicos e o ressentimento privado dos fracos injetam vida nova. Todo mundo sabe, por experiência, o que significa ser tratado injustamente por pessoas e instituições, e os pobres, os fracos e os desvalidos sabem disso melhor do que ninguém. E, na medida em que o mito do bandido representa não só liberdade, heroísmo e o sonho de justiça para todos, mas representa também, de modo mais especial, a rebelião da pessoa contra a injustiça de que é objeto (a correção de *minhas* injustiças pessoais), perdura a ideia do justiceiro pessoal, principalmente entre os que carecem das organizações coletivas que são a principal linha de defesa contra tais injustiças. Não faltam pessoas na parte inferior da sociedade urbana moderna que sentem isso. Talvez, à medida que o Estado se torna mais remoto e as associações como os sindicatos passam a ser simples organizações de autodefesa de determinados grupos (como sucede em alguns países), o atrativo de semelhantes sonhos de rebelião e justiça privadas venha a crescer. Duvido que em nossas sociedades a principal maneira de dar expressão imaginária a essa rebelião seja a figura do bandido. Jesse James ou até John Wayne não podem mais competir com Batman e outros personagens parecidos. Por conseguinte, é desnecessário nos determos por muito tempo para analisar vestígios do clássico sonho do bandido nas metrópoles.

Entretanto, nas décadas de 1960 e 1970 surgiu um curioso epílogo para a história do banditismo social do tipo tradicional quando suas estratégias e, em certos aspectos, seu *éthos* e seus ideais se transferiram para um novo grupo social, integrado essencialmente por pequenos grupos de jovens de classe média que formavam o núcleo de células neorrevolucionárias. De vez em quando esse novo grupo encontrava ressonância nas abarrotadas universidades daquela época e procuravam passar por cima das antigas classes trabalhadoras e dos velhos movimentos trabalhistas (quaisquer que fossem suas bandeiras políticas), apelando diretamente para os pobres não organizados e sobretudo para as subclasses alienadas e marginalizadas da sociedade. Já houve quem propusesse semelhanças com os intelectuais russos chamados *narodnik*. Referindo-se a uma boa parte dessa nova dissidência cultural e política dos jovens, alguns autores, em particular o sociólogo francês Alain Touraine, descreveram-na como uma espécie de "rebelião primitiva". De fato, é possível que parte dela se visse sob essa luz.* E lembro alguns exemplos desse neoprimitivismo (com o vestuário ideológico do período).

O "Exército Simbionês de Libertação" (1973-1974), episódio de resto minúsculo da periferia mais alucinada da alienação californiana, só pode ser comparado com a insurgência privada à antiga porque protagonizou tão claramente pelo menos um ato público de roubar dos ricos (William Randolph Hearst, Jr.) para dar aos pobres (chantageando Hearst para obrigá-lo a distribuir alimentos entre eles). O movimento lembrou o banditismo social do tipo tradicional não só por tratar essa redistribuição como simbólica** e em concentrar-se principalmente na correção de injustiças pessoais — libertar presos fala à imaginação de grupos políticos partidários da linha dura —, como também pela brevidade de sua carreira. Outros grupos ativistas semelhantes, surgidos das cinzas da fermentação

---

*Para o conceito de "rebeldes primitivos", ver meu livro *Primitive Rebels* (Nova York, Norton, 1965), que provavelmente é o causador da difusão que essa expressão veio a ter. Entendo que alguns dos rebeldes de Berkeley na década de 1960 afirmam ter-se identificado com os bandidos sociais e de outros tipos mencionados nesse livro, que foi lido pela esquerda de tendência mais intelectual.

**Ao lhes ser dito que suas exigências excediam as possibilidades econômicas de Hearst, responderam: "Nunca tivemos a intenção de que o senhor alimentasse todo o estado. (...) Portanto, o que o senhor propuser para nós estará basicamente OK." John Bryan, *This Soldier Still At War*, Nova York e Londres, 1975. Minhas informações sobre o Exército Simbionês de Libertação provêm desse livro, para o qual um amigo já falecido, Ralph Gleason, me chamou a atenção.

estudantil mundial do fim da década de 1960, também demonstraram apreciar operações que Jesse James teria compreendido, especialmente a "expropriação" (ver o capítulo 9), que, por isso, ganhou proporções epidêmicas nas décadas de 1970 e 1980. Contudo, à diferença de outras imersões parecidas na ilegalidade política, o Exército Simbionês de Libertação (ESL) não estava ligado a nenhuma organização, estratégia, teoria ou movimento revolucionários mais amplos, de modo que o neoprimitivismo de suas ideias e ações caseiras é mais óbvio.

Os bandidos tradicionais estavam ligados aos parentes, aos vizinhos e à comunidade. Os membros do ESL eram pessoas desligadas umas das outras por sua origem, e nenhum deles conhecia ou tinha ouvido falar dos demais até se conhecerem no gueto subcultural da East Bay, do mesmo modo que os seixos se juntam num banco de areia depois que um complicado sistema fluvial os arrastou até ali. Embora a maioria dos onze membros principais do grupo pertencesse a uma espécie de intelectualidade estudantil, na realidade não estavam unidos por aquele catalisador comum dos grupos revolucionários que surgem da vida estudantil, os laços que unem pessoas da mesma idade que estudam na mesma universidade ou faculdade. Berkeley-Oakland era simplesmente um lugar aonde tinham ido dar, não importa onde haviam estudado antes.

Mais que numa comunidade — salvo no sentido puramente geográfico —, viviam num ambiente de fuga dos valores "burgueses", um Quartier Latin ou Montmartre, unidos pela sociabilidade informal despreocupada e mutável das ruas, das moradias, das manifestações ou das festas, pelo estilo de vida comum e boêmio, pela retórica comum de uma subcultura dissidente que via a si mesma como revolucionária, e pelo sexo — provavelmente o fator que com mais força unia esse grupo em particular. Por isso, as mulheres, que normalmente não tinham importância nos grupos de bandidos tradicionais ou representavam um estorvo para eles, eram o aglutinante essencial (homo ou hétero) desse grupo. O único modelo de uma minicomunidade autêntica, à parte as lembranças da família burguesa, era "a comuna" e os grupos pequenos, fechados e intensos de ativistas revolucionários, dos quais se formaram vários outros, mais por fissão que por combinação, nas margens da mobilização universitária. A fraseologia política do ESL provinha principalmente de tais grupos.

Por outro lado, os rebeldes primitivos tradicionais estavam unidos por uma série de valores e convicções comuns e herdados sobre a sociedade, tão fortes que dificilmente precisavam ou podiam ser expressos formalmente. Só era necessário aplicá-los. Mas com exceção do vocabulário da Declaração de Independência, que ainda ressoa nos manifestos do grupo, esses neoprimitivos não tinham nenhuma reserva comum de ideias que se assemelhasse àquela. Tiveram de traduzir sua experiência pessoal de alienação numa retórica (termo melhor do que "ideologia") formalizada, que consistia numa confusa seleção de frases do dicionário revolucionário da "nova esquerda" e do orientalismo e da "psicoblablablice" californianos. Essa retórica consistia em enigmáticos exercícios de uma oratória típica de manifestos que só se aproximavam da prática em algumas exigências negativas — a abolição das prisões e do "sistema de inquilinato explorador" de casas e apartamentos — e a reivindicação de um sistema "que não obrigue as pessoas a estabelecer ou manter relações pessoais que não desejarem".* Era um grito de pessoas perdidas contra uma sociedade cruel e atomizada, mas só lhes proporcionava uma justificação para gestos simbólicos de violência, uma afirmação de sua existência como pessoas às quais se devia prestar atenção por meio de sua imagem refletida no espelho de aumento dos meios de comunicação, e uma legitimação do estilo de vida do grupo pequeno e ilegal de ativistas — o que para eles substituía a comunidade e a sociedade. Seus membros "renasceram" pessoalmente no grupo, escolheram novos nomes e criaram um simbolismo privado.

---

*Bryan, op. cit., p. 312. O livro contém uma coletânea de documentos do ESL.

A ilegalidade como opção pessoal livre e atos ilegais abstraídos da realidade social e política: tais coisas, portanto, caracterizam os imitadores (ou equivalentes atuais) do tradicional bandido social. A maioria das pessoas mencionadas neste livro não *escolheu* colocar-se fora da lei (a não ser onde o banditismo era uma maneira consagrada de ganhar a vida, uma carreira profissional). Viram-se obrigadas a isso por algo que nem elas nem sua sociedade consideravam um ato criminoso, e o resto veio depois. O máximo que se poderia alegar é que jovens valentes que não baixavam a cabeça ao serem injustiçados ou ofendidos eram também os mais propensos a meter-se nesse tipo de encrenca. Isso liga os bandidos sociais do tipo tradicional a pessoas como os presidiários negros, que sem dúvida foram uma das fontes de inspiração e um dos modelos de grupos como o ESL, embora a sociedade que marca uma grande proporção de seu subproletariado negro com o sinal do cárcere e da experiência carcerária tenha muito pouco em comum com a que produziu seu pequeno grupo marginal de cangaceiros ou *haiduks*. Não obstante, ainda que o ESL e, sem dúvida, outros grupos parecidos e politicamente mais sérios possam conter algumas pessoas dessa espécie — e possam até, em sua busca de raízes populares e de legitimação ideológica, envidar grandes esforços para incluir negros, chicanos ou proletários a fim de guardar as aparências —, grande parte de seus membros provém de um grupo social totalmente diferente. São os filhos e as filhas das classes médias (tal como definidas localmente), e com frequência, embora não no caso do ESL, das classes médias altas. Na Argentina, a geração dizimada pelo terror com que os militares destruíram os rebeldes armados cursava os últimos anos dos estabelecimentos de ensino médio da elite. Esses ativistas escolheram livremente a ilegalidade. O máximo que se pode dizer é que nas décadas de 1960 e 1970, por motivos que não vêm ao caso neste livro, era mais provável que essa escolha livre fosse feita pelos filhos e pelas filhas das classes médias e das elites. Não tinham de fazê-la, tal como o jovem Friedrich Engels não tinha de se tornar comunista.

Do mesmo modo, as ações do bandido social tradicional, fossem elas profissionais ou "políticas", fazem parte do tecido de sua sociedade e, em certo sentido, derivam-se logicamente dele. Grande parte do presente livro dedicou-se a demonstrar isso. Com efeito, como mostrei, elas estão de tal modo enredadas nesse tecido que não são de fato revolucionárias, ainda que em certas circunstâncias possam chegar a sê-lo. As ações do bandido social tradicional podem ter valor simbólico, mas não se voltam contra símbolos, e sim contra alvos específicos e, por assim dizer, orgânicos: não são dirigidas contra "o sistema", mas sim contra o xerife de Nottingham. Às vezes os grupos terroristas, especialmente aqueles muito complexos e politicamente informados, montam operações contra vítimas específicas para obter resultados também específicos, como o assassinato de Carrero Blanco pelo ETA ou o sequestro e assassinato de Aldo Moro pelas Brigadas Vermelhas na Itália. Em tais casos, a própria complexidade dos cálculos políticos por trás das operações, que implica um elevado grau de informação sobre a política nacional de alto nível, coloca aqueles que os organizam muito longe da esfera em que atua o banditismo social, antigo ou moderno.*

Por outro lado, na maioria dos casos as listas de possíveis vítimas que às vezes se descobrem entre os papéis dos neo-Robin Hoods capturados, inclusive os do ESL, são arbitrárias, exceto na medida em que levam a cabo aquela guerra privada de policiais e ladrões, preocupados sobretudo com a defesa, a proteção e a libertação dos camaradas detidos e encarcerados, operações que — por motivos psicológicos — tendem a monopolizar cada vez mais as atividades desses grupos. Elas só têm uma relação cada vez mais indireta com

---

*Assim, o cálculo de que a morte de Aldo Moro poderia pôr fim às probabilidades da criação de um "compromisso histórico" entre o Partido Democrata Cristão e o Partido Comunista, do qual se dizia que Moro era o principal defensor no PDC, é um cálculo que na Itália só poderia ser feito por políticos profissionais de alto nível ou por intelectuais impregnados do tipo de sutilezas que enchem as colunas do jornalismo político e que não têm nenhum interesse para o italiano comum, mesmo que ele as compreenda.

os objetivos políticos ostensivos dos grupos. De resto, como são essencialmente símbolos do "sistema", outras vítimas possíveis poderiam substituir com facilidade as que tinham sido escolhidas: outro banqueiro em lugar do falecido Ponto,* outro industrial em lugar do falecido Schleyer,** vítimas da "Facção do Exército Vermelho". Além disso, no caso dessas vítimas simbólicas, não se espera que a ação tenha uma consequência política específica salvo uma afirmação pública da presença e do poder dos revolucionários, e a presença de sua causa.

Nesse ponto há uma semelhança entre os bandidos antigos e os novos ativistas, embora ela sublinhe a diferença básica em seus contextos sociais. Em ambos os casos "o mito" é um objetivo primordial da ação. Para o bandido clássico, ele é sua própria recompensa; para os neobandidos, seu valor reside em suas supostas consequências propagandísticas, e, seja como for, dada a natureza de tais grupos ilegais, ele tem de ser um mito coletivo, com as pessoas em geral permanecendo anônimas.*** Entretanto, em ambos os casos o que hoje chamaríamos de "publicidade" tem uma importância fundamental. Sem ela, os bandidos ou os grupos não teriam existência pública. Contudo, a natureza da existência pública alterou-se de forma fundamental com o advento dos meios de comunicação de massa. Os bandidos clássicos construíam sua reputação mediante o contato direto com seus partidários e o falatório de uma sociedade oral. Só ingressavam nos equivalentes primitivos dos meios de comunicação — as baladas, os folhetos de versos e outros — depois de construir aquela reputação. Alguns daqueles que são menciona-

---

*Jurgen Ponto, banqueiro alemão, presidente do Dresdner Bank AG, morto em 30/7/1977. (N. do T.)
**Hanns-Martin Schleyer, líder industrial alemão, assassinado em 18/10/1977. (N. do T.)
***Quase sempre são as autoridades ou os adversários do grupo que dão nome a ações anônimas: por exemplo, que personalizaram a "Facção do Exército Vermelho" como o "grupo Baader-Meinhof". Se as pessoas anônimas que ganham esses nomes ficam satisfeitas com sua reputação pública é outra questão.

dos neste livro nunca fizeram a transição da reputação cara a cara e oral para o mito mais amplo: por exemplo (a julgar pelo que sei), Mate Cosido no Chaco argentino. Há uma etapa tardia na história do banditismo social em que algo parecido com os modernos meios de comunicação já captam e difundem o mito do bandido: provavelmente na Austrália de Ned Kelly, nos Estados Unidos de Jesse James, possivelmente na Sardenha do século XX (se bem que os bandidos célebres da região, como Pasquale Tanteddu, apesar de sua inclinação para a publicidade, só ficaram famosos fora de sua região por meio dos intelectuais e entre eles), e sem dúvida na época de Bonnie e Clyde. Entretanto, a celebridade nos meios de comunicação continuou a ser, de modo geral, uma bonificação que era acrescentada à justa recompensa de fama como bandido.

Hoje em dia os meios de comunicação são, de longe, os criadores principais, talvez os únicos, dos mitos. Ademais, têm o poder de dar publicidade instantânea e, em circunstâncias apropriadas, mundial como em nenhuma outra época. (A utopia de Warhol — um momento de "celebridade" para todo cidadão — não poderia ter sido formulada num mundo sem meios de comunicação.) O mito criado por esses meios pode ter o inconveniente da transitoriedade, uma vez que é a criação de uma economia orientada para almas descartáveis, tanto quanto para latas de cerveja descartáveis, mas isso pode ser compensado mediante a repetição das ações que garantam a exposição nos meios de comunicação. Nesse sentido, a tartaruga, isto é, o bandido tradicional, pode realmente vencer a lebre elétrica, isto é, seus sucessores. Ninguém pergunta: "O que aconteceu com Jesse James?" Mas já é preciso explicar a muita gente quem foi Patty Hearst. Não obstante, o ESL construiu com enorme rapidez sua breve celebridade, que, enquanto durou, superou em muito a de Jesse James em vida.

Portanto, a imagem política e a eficácia dos neo-Robin Hoods não são resultado de suas ações propriamente ditas, e sim do fato de essas ações terem virado manchetes, e basicamente elas são planejadas com esse objetivo. Daí o paradoxo: algumas das ações com as quais o bandido clássico teria esperado construir seu mito são aquelas que seus sucessores preferem que não sejam divulgadas, uma vez que criariam a imagem errada (por exemplo, a de criminoso comum, em vez de militante político). Pode-se afirmar quase com certeza que a maior parte das extorsões mediante sequestro e dos assaltos a bancos, com os quais os militantes acumulam os recursos, com frequência bastante elevados, que lhes permitem executar operações (às vezes muito dispendiosas, em vista das circunstâncias em que atuam), permanecerá anônima e indistinguível de quaisquer outros assaltos ou sequestros cometidos por bandidos comuns, apesar do valor publicitário dos ataques aos ricos.* Poucas "expropriações" são anunciadas como obra de tais grupos, a menos que levem a uma vantagem política específica: por exemplo, revelar negociatas de certos depositantes. (Os tupamaros, no Uruguai, eram hábeis em "politizar" assim os assaltos a bancos, ao mesmo tempo que desviavam a atenção da essência da ação, que era o roubo.)

Por outro lado, essas ações não recebem publicidade por serem dirigidas contra alvos que a população vê como "inimigos do povo", embora os ativistas políticos muitas vezes as escolham por esse mo-

---

*Os autênticos ativistas populares podem não conseguir resistir ao instinto de Robin Hood, ainda que, por assim dizer, o façam privadamente. Diz um militante da classe trabalhadora, ao voltar para um "aparelho", depois de assaltar um banco: "Bem defronte ao apartamento (...) está um mendigo com o chapéu na mão, que me pergunta se tenho dinheiro. 'Ah', respondo, 'se tenho!' Em seguida despejo todo o troco miúdo em seu chapéu, e é tanto que cai um pouco no chão. E tudo o que o cara consegue dizer é 'O senhor merece uma vida longa, é o melhor homem do mundo', e eu respondo 'Sabe, eu estou me dando bem. A vida é simples, só é preciso você estar no lugar certo e no momento certo. Eu tive essa sorte, e agora ela está acontecendo com você, é só isso.' E sigo meu caminho." (Bommi Bauman, *Wie Alies Anfing*, Munique, 1975, p. 105). Esse livro, que critica muito a Facção do Exército Vermelho, é um guia valioso da subcultura, condicionada pelo *rock*, pelo *blues* e pelo haxixe, da juventude de classe baixa e marginal da qual pode surgir alguma coisa parecida com um antigo ambiente anarquista-boêmio. Entretanto, Bauman não é um exemplo típico do ambiente da "guerrilha urbana" da Alemanha Ocidental e, como mostra seu livro, sabe disso.

tivo. É possível que o nome de William Randolph Hearst, alvo do ESL, ainda produza um calafrio na velha geração de radicais americanos e talvez em cinéfilos intelectuais, mas é quase certo que o fato de Ponto ser um banqueiro proeminente e Schleyer o porta-voz representativo do capital industrial não granjeou nenhuma simpatia pela Facção do Exército Vermelho na Alemanha Ocidental exceto entre os círculos muito restritos que já simpatizavam com a ação armada desses pequenos grupos. Talvez os ataques contra policiais ainda possam ter algum efeito desse tipo. Entretanto, também se pode virar notícia com ataques a pessoas totalmente neutras ou que nada têm a ver com a política — atletas durante as Olimpíadas de Munique em 1972 ou os clientes de *pubs* ingleses mortos pelas bombas do IRA —, ou contra pessoas que, embora consideradas alvos apropriados para os propósitos de grupos limitados (por exemplo, informantes da polícia), não passam de ilustres desconhecidos para o restante da população. E, na medida em que os alvos reais da ação se transformam assim em baixas incidentais e arbitrárias numa guerra alheia, diminui a semelhança entre o "banditismo social" antigo e o novo. Tudo que fica é a demonstração de que grupos pequenos de proscritos anônimos, conhecidos apenas por títulos ou siglas abstratos e sem sentido, estão desafiando as estruturas oficiais do poder e da lei.*

Não faz parte do objetivo deste livro considerar a eficácia política nem avaliar as justificações teóricas ou de outro tipo que têm sido apresentadas para o atual ressurgimento das ações armadas protagonizadas por pessoas e pequenos grupos. Meu propósito é tão somente apontar as semelhanças e as diferenças entre elas e o "banditismo social" e a relação com sua tradição, herança e o modo de ação. Há uma certa relação, embora apenas um ou dois dos grupos

---

*Evidentemente, essas observações não se aplicam a movimentos que possam ser classificados corretamente como guerrilhas urbanas ou rurais de base popular, como, por exemplo, o IRA Provisional nas zonas católicas da Irlanda do Norte.

desse tipo mostrem alguma característica acentuada de neoprimitivismo. (Em geral esses grupos — exceto os neoanarquistas* — são os mais distanciados das ortodoxias mais influentes da ideologia, da estratégia e da organização revolucionárias.) Para os fins deste estudo do banditismo social clássico, a relação é marginal, talvez tangencial. A análise desses fenômenos pode ser deixada para quem estuda a sociedade capitalista em fins do século XX. Por outro lado, a continuação *direta* dos mitos e das tradições do banditismo social clássico no mundo industrial moderno é relevante para o propósito deste livro.

Em certos sentidos, ainda está viva. No fim da década de 1970, um entusiástico e combativo leitor mexicano de outro livro deste autor, *Primitive Rebels*, cujo capítulo sobre o banditismo foi ampliado e constitui o presente livro, recomendou aos ativistas de um movimento camponês do nordeste de seu país que lessem aquela obra. Abstenho-me de especular o que ele pretendia com isso. Os militantes do movimento *Campamiento Tierra y Libertad* acharam o livro difícil, e talvez isso fosse de esperar. Não entenderam grande parte dele, nem conseguiram captar o sentido de grande parte do que leram. Mas houve uma parte do livro que entenderam e que fez sentido para eles: a que trata dos bandidos sociais. Menciono essa homenagem, procedente de um público inesperado, não só porque é o tipo de experiência que faz a felicidade de um autor, mas porque os habitantes da região de Huasteca Potosina podem ser vistos como um grupo de críticos e comentaristas do assunto qualificados, competentes e, sem dúvida, no passado, experientes. Isso não prova que a análise feita em *Bandidos* seja correta. Mas talvez mostre aos leitores deste livro que ele é mais que uma lucubração sobre temas antigos ou uma especulação acadêmica. Robin Hood, mesmo em

---

*Vale a pena observar: ao que parece, em 1968 praticamente já não se encontrava nenhuma continuidade direta e histórica entre tais grupos neoanarquistas e os minúsculos vestígios dos antigos anarquistas.

suas formas mais tradicionais, ainda significa alguma coisa, no mundo de hoje, para pessoas como esses camponeses mexicanos. Há muitas delas. E elas devem saber das coisas.

Notas

1. Anton Blok, "The Peasant and the Brigand: Social Banditry Reconsidered", *Comparative Studies in Society and History*, 14, 1972, pp. 495-504. Para a afirmação mais madura, Anton Blok, *The Mafia of a Sicilian Village: A study of violent peasant entrepreneurs*, Oxford, 1974, pp. 97-102.
2. Blok, 1974, pp. 99-101.
3. E. J. Hobsbawm, Introdução a Ortalli, org., op. cit., p. 15.
4. *Leben und Ende des beruchtigten Anfuhress einer Wildchutzenbande, Mathias Klostermayers, oders des sogenannten Bayerischen Hiesels*, Augsburgo, 1772, pp. 155-160.
5. Hugo Chumbita, 1995, pp. 80-81.
6. Holt, op. cit.; L. Lewin, loc. cit., pp. 157-202.
7. Ver os comentários de Matci Cazacu em "Dimensions de la révolte primitive en Europe centrale et orientale" (Debat ouvert le 5/VI/1981. President: Marc Ferro), *Questions et debats sur l'europe centrale et orientale*, n° 4 (dezembro de 1985), p. 91, Paris, cópia.
8. Adanir, op. cit., 1982 *passim*.
9. F. Katz, op. cit., 1999, cap. 1.
10. Spiros Asdrachas em "Dimensions de la révolte primitive en Europe centrale et orientale", p. 88.
11. Carsten Kuther, *Räuber und Gauner in Deutschland das organisierte Bandenwesen im 18, und fruhen 19. Jahrhundert*, Göttingen, 1983.
12. A. Blok, *De Bokkerijders: Roversbenden en geheime Genootschappen in de Landen van Overmaas [1730-1774]*, Amsterdã, 1991. A. Blok, "The *Hokkerijders*: Eighteenth-century brigandage in the Meuse Valley", in Ortalli, org., op. cit., 1986, pp. 363-364.
13. Sobre essa distinção, ver K.-S. Kramer, "Ehrliche und Unehrliche Gewerbe", in A. Erler et al., orgs., *Handwörterbuch zur deutschen Rechtsgeschichte*, Berlim, 1971, pp. 855-858, W. Dankert, *Unehrliche Leute*, Berna/Munique, 1963.

14. N. Castan, "La justice expeditive", *Annales ESC*, 31/12 (1976), p. 338.
15. Ibid., p. 334.
16. Vance Randolph, *Ozark Mountain Folks*, Nova York, 1932, pp. 89, 91, citado *in* James R. Green, *Grass-Roots Socialism: Radical Movements in the Southwest 1895-1943*, Baton Rouge/Londres, 1978, pp. 336-337.
17. James R. Green, op. cit., pp. 339-342.
18. Ibid., p. 340.
19. David Moss, "Bandits and boundaries in Sardinia", *Man*, NS., vol. 14, 1979, pp. 477-496. Ver também John Day, *in* B. Vincent, org., *Les marginaux et les exclus dans l'histoire*, Paris, 1979, pp. 178-214.
20. Pat O'Malley, "Social bandits, modern capitalism and the traditional peasantry: a critique of Hobsbawm", *Journal of Peasant Studies*, 6/4, 1979, pp. 489-499. Ver também *The Class Production of Crime: Banditry and Class Strategies in England and Australia* (trabalho mimeografado, s.d.).
21. Don R. Bowen, "Guerrilla War in Western Missouri, 1862-65", *Comparative Studies in History and Society*, 19, 1977, pp. 30-51.
22. Cfr. Alberto Ledda, *La civiltá fuorilegge: natura e storia del banditismo sardo*, Milão, 1971, p. 94-106. Sobre os aspectos econômicos dos sequestros rurais na Calábria, ver P. Arlacchi, "The mafia and capitalism", *New Left Review*, n° 118, 1979, pp. 53-72 e princ. L. Ciconte, *'Ndrangheta dall 'unità a oggi*, Bari, 1992, pp. 323-329.

Leituras complementares

Desde as edições anteriores deste livro, o estudo comparado da história do banditismo fez notáveis progressos, embora esses trabalhos continuem a ter, em geral, um enfoque mais regional que global. Muitos deles surgiram a partir de conferências e colóquios sobre a história do banditismo, o que atesta a vitalidade do tema. A bibliografia é gigantesca, mas, em parte por motivos linguísticos, não tenho um conhecimento suficiente das obras publicadas fora da Europa ocidental e central e das Américas.

Com relação ao banditismo antigo, Brent Shaw, "Bandits in the Roman Empire", *Past & Present*, 105, 1984, pp. 3-52. G. Ortalli, org., *Bande armate, banditi, banditismo e repressione di giustizia negli stati europei di antico regime*, Roma, 1986, e Fikret Adanir, "Heiduckentum und osmanische Herrschaft: Sozialgeschichtliche Aspekte der Diskussion um das fruhneuzeitliche Räuberwesen in Südosteuropa", *Südost-Forschungen*, vol. XLI, 1982, Munique, pp. 43-116, cobrem juntos quase toda a Europa, com exceção da Rússia e da Polônia. Ver também três obras importantes: Karen Barkey, *Bandits and bureaucrats: The Ottoman route to state centralization*, Ithaca/Londres, 1994, R. Villari, "Banditismo sociale alla fine del cinquecento", em seu livro *Ribelli e riformatori dal XVI al XVIII secolo*, Roma, 1979, e P. Benadusi, "Un bandito del '500: Marco Sciarra. Per uno studio sul banditismo al tempo di Sisto V", *Studi Romani*, 1979. Talvez também sejam relevantes os estudos (italianos em sua maioria) do estatuto e do tratamento jurídicos do banditismo. Além de Ortalli, op. cit., ver D. Cavalca, *Il bando nella prassi e nella dottrina giuridica medievale*, Milão, 1978, e L. Lacché, *Latrocinium. Giustizia, scienza penale e repressione del banditismo in antico regime*, Milão, 1988. Outros títulos pertinentes serão mencionados sob suas rubricas geográficas.

Monografias sobre aspectos nacionais, regionais e até locais continuam a representar a maior parte dos estudos, que, com exceção da América Latina, se ocupam sobretudo das regiões clássicas de banditismo: o Mediterrâneo, o leste e o sudeste da Europa. Felizmente, porém, dispomos agora de uma série de estudos importantes sobre a CHINA em inglês. Phil Billingsley, *Bandits in Republican China* (Stanford, Cal., 1988), é fundamental, como também Jean Chesneaux, "The Modern Relevance of Shui-hu Chuan: Its influence on rebel movements in nineteenth-and twentieth-century China", *Papers on Far Eastern History*, 3 (março de 1971), Camberra, p. 1-25. Também são recomendáveis Jean Chesneaux, org., *Popular Movements and Secret Societies in China 1840-1950* (Stanford, 1972), e Elizabeth J. Perry, *Rebels and Revolutionaries in North China 1845-1945* (Stanford, 1980).

O banditismo em outras partes de Ásia não tem sido tão bem estudado. No subcontinente indiano, o estudo do banditismo, que figura nas tradições religiosas hindus, dá sinais de atividade. Entretanto, as monumentais compilações de administradores imperiais com espírito etnográfico no século XIX (por exemplo, R. V. Russell, *The Tribes and Castes of Central India*, 4 vols., Londres, 1916) ainda são fundamentais. O capítulo de Jacques Pouchepadass sobre as "tribos criminosas" *in* B. Vincent, org., *Les marginaux et les exclus dans l'histoire* (Paris, 1979, pp. 122-154), é importante. David Shulman analisa o banditismo em nome da divindade em "On South Indian Bandits and Kings", *Indian Economic and Social History Review*, vol. 17/3, julho-setembro de 1980, pp. 283-306. Amy Carmichael, *Raj, Brigand Chief: The True Story of an Indian Robin Hood Driven by Persecution to Dacoity: An Account of its Life of Daring, Feats of Strength, Escapes and Tortures, his Robbery of the Rich and Generosity to the Poor... etc.* (Londres, 1927), é recomendado aos admiradores de S. J. Perelman como a única obra sobre um bandido com prefácios a cargo de três bispos anglicanos e um membro da expedição de 1924 ao Everest ("eis uma história autêntica sobre um verdadeiro desportista"). Seu valor histórico é menos óbvio. David Arnold, "Dacoity and rural crime in Madras 1860-1940", *Journal of Peasant Studies*, VI/2, 1979, pp. 140-167, afirma que "os comentários de Hobsbawm sobre o sul da Ásia são infelizes e equivocados". O cinema comercial indiano já começou a ocupar-se do tema.

Outras regiões asiáticas parecem ter recebido menos atenção. Sobre a INDONÉSIA ou, melhor, Java, tem-se Sartono Kartodirdjo, *The Peasant Revolt of Banten in 1888* (Leiden, 1966), e P. M. van Wulfften-Palthe, *Psychological Aspects of the Indonesian Problem* (Leiden, 1949). Cheah Boon Kheng estudou a questão na MALÁSIA, "Hobsbawm's Social Banditry, Myth and Historical Reality: A Case in the Malaysian State of Kedah", in *Bulletin of Concerned Asian Scholars*, vol. 17/4, 1985, pp. 34-50, e *The Peasant Robbers of Kedah 1900-1929: Historical and Folk Perspectives*, Oxford University Press, Cingapura, 1988. Ver também David B. Johnston, "Bandit, Nakleng, and Peasant in Rural Thai Society", *Contributing to Asian Studies*, vol. 15, 1980, pp. 90-101. Na medida em que trata extensamente da ANATÓLIA, Karen Barkey, op. cit., também deve ser considerada obra referente à Ásia.

Talvez não surpreenda, em vista de sua história desde a revolução cubana, que tenha ocorrido na AMÉRICA LATINA um crescimento mais notável da historiografia sobre os bandidos que qualquer outra parte do mundo. Richard Slatta, org., *Bandidos: The Varieties of Latin American Banditry* (Westport, Conn., 1987), dá uma visão geral de todo o continente. Ver também Paul J. Vanderwood, "Bandits in Nineteenth-century Latin America: An Introduction to the Theme" (*Biblioteca Americana*, I, 2, novembro de 1982, pp. 1-28), e o número especial, com edição a cargo do mesmo autor, "Social Banditry and Spanish American Independence 1790-1821" (*Biblioteca Americana*, I, 2, novembro de 1982). O BRASIL e o PERU, países com uma forte tradição de banditismo, continuam a liderar nesses estudos, tal como no começo da década de 1970. No caso do Brasil, as principais obras novas sobre os cangaceiros são Peter Singelmann, "Political Structure and Social Banditry in Northeast Brazil", *Journal of Latin American*

Studies, 7/1, 1975, pp. 59-83; Billy Jaynes Chandler, *The Bandit King: Lampião of Brazil* (Texas A&M Univ. Press, 1978); e os textos de Linda Lewis, sobretudo "The Oligarchical Limitations of Social Banditry in Brazil: The Case of the 'Good' Thief Antonio Silvino" (*Past & Present*, 82, fevereiro de 1982, pp. 114-146). Com relação ao PERU, E. López Albujar, *Los caballeros del delito* (Lima, 1936, segunda edição, 1973), continua a ser um clássico, mas as publicações locais mais inacessíveis mencionadas em algumas de minhas referências podem ser complementadas agora com obras como Carlos Aguirre/Charles Walker, orgs., *Bandoleros, abigeos e montoneros: Criminalidad y violencia en el Perú, siglos XVIII-XX* (Lima, 1990), e Lewis Taylor, *Bandits and Politics in Peru: Landlord and Peasant Violence in Hualgayoc* (Cambridge, Reino Unido, 1986). Para a ARGENTINA, outro país com tendência a idealizar seu passado de *gauchos* e *montoneros* armados e foras da lei, as notas no capítulo de Richard Slatta em *Bandidos* proporcionam um guia (cético) do banditismo, mas o principal cronista do tema é Hugo Chumbita, em uma série de artigos, de difícil acesso para os leitores estrangeiros, na revista portenha *Todo Es Historia*. Hugo Nario, *Mesías e bandoleros pampeanos* (Buenos Aires, 1993), também é útil. Gonzalo Sánchez e Donny Meertens, *Bandoleros, gamonales y campesinos: El caso de la violencia en Colombia* (Bogotá, 1984), e Carlos Miguel Ortiz Sarmiento, *La violence en Colombie: Racines historiques et sociales* (Paris, 1990) — ambos com prefácios deste autor —, são os melhores guias do fenômeno na COLÔMBIA, país que — talvez por motivos que esses dois livros esclarecem — nunca teve uma tradição do tipo de Robin Hood. Erik D. Langer (*in* Richard Slatta, op. cit.) e Benjamín Orlove (*in* B. S. Orlove e G. Custard, orgs., *Land and Power in Latin America*, Nova York/Londres, 1980) exploram o terreno no caso da BOLÍVIA.

No que se refere ao MÉXICO, a introdução tradicional é C. Bernaldo de Quirós, *El banditismo en España y México* (Cidade do México, 1959). Paul Vanderwood é o maior especialista nesse campo — *Disorder and Progress: Bandits, Police and Mexican Development* (Lincoln, Nebraska, 1981) —, mas Friedrich Katz, *The Life and Times of Pancho Villa* (Stanford, 1999), é indispensável. Sobre a interação entre a revolução e o banditismo, ver Samuel Brunk, "The Sad Situation of Civilians and Soldiers: The Banditry of Zapatismo in the Mexican Revolution", *American Historical Review*, vol. 101/2, abril de 1996, pp. 331-353. Não surpreende que o banditismo histórico em CUBA tenha atraído historiadores. Mais inesperado, o interesse por esses estudos por parte das autoridades das ilhas CANÁRIAS (Manuel de Paz Sánchez, José Fernández Fernández, Nelson López Novegil, *El bandolerismo en Cuba 1800-1933*, 2 vols., Santa Cruz de Tenerife, 1993, 1994) explica-se pela importância dos emigrantes canarinos em Cuba. Ver também professor De Paz Sánchez, "El banditismo social en Cuba (1881-1893)", *in IX Jornadas de estudos Canárias-América: Las relaciones canario-cubanas* (Santa Cruz de Tenerife, 1989, pp. 29-50). Rosalie Schwartz, *Lawless Liberators: Political Banditry and Cuban Independence* (Durham, Carolina do Norte/Londres, 1989), provavelmente é mais acessível. Para o mais famoso dos bandidos cubanos, ver Marie Poumier Tachequel, *Contribution à l'étude du banditisme social à Cuba: L'histoire et le mythe de Manuel García 'Rey de los Campos de Cuba' (1851-1895)* (Paris, 1986).

Os estudos do banditismo na ÁFRICA ainda são incipientes, embora as pesquisas sobre o submundo urbano na África do Sul, realizadas por Charles van Onselen, lancem muita luz sobre o problema. Provavelmente ainda é cedo demais para um estudo exaustivo do continente ao sul do Saara.

Os estudos sobre os bandidos EUROPEUS continuaram a avançar.

No caso da ITÁLIA, cujos *banditi* foram durante muito tempo os mais famosos da literatura e da arte, é provável que as monografias sejam ainda mais numerosas que em qualquer outro país. Na maioria, tratam das clássicas regiões de bandidos do sul do país e das ilhas. Para o sul da Itália continental, continuam a ser importantes F. Moliese, *Storia del brigantaggio dopo l'unità* (Milão, 1964), principalmente todo o capítulo 3 da primeira parte; Gaetano Cingari, *Brigantaggio, proprietari e contadini nel Sud (1799-1990)* (Reggio Calabria, 1976), e Enzo D'Alessandro, *Brigantaggio e mafia in Sicilia* (Messina/Florença, 1959), bem como Anton

Blok, *The Mafia of a Sicilian Village: A study of violent peasant entrepreneurs 1860-1960* (Oxford, 1974). Cingari contém sessenta páginas fundamentais sobre o bandido calabrês Musolino. Para a persistência de uma tradição de bandidos regionais, ver também A. Scirocco, "Fenomeni di persistenza del ribellismo contadino: Il brigantaggio in Calabria prima dell'Unità" (*Archivio Storico per le Province Napoletane*, 3ª série, XX, 1981, pp. 245-279). A evolução do banditismo sardo, que recrudesceu no fim da década de 1960, é motivo de polêmica entre historiadores, antropólogos sociais e outros. Ver Pietro Marongiu, *Introduzione allo studio del banditismo sociale in Sardegna* (Sassari, 1973), John Day, "Banditisme et société pastorale en Sardaigne", *in Les marginaux et les exclus dans l'histoire* (pp. 178-213), e David Moss, "Bandits and boundaries in Sardinia" (*Man*, N.S., vol. 14, 1979, pp. 477-496). No tocante à importância da rixa de sangue no banditismo das ilhas, ver A. Pigliaru, *La vendetta barbaricina come ordinamento giuridico* (Milão, 1975), e (no caso da vizinha CÓRSEGA), Stephen Wilson, *Feuding, Conflict and Banditry in Nineteenth-Century Corsica* (Cambridge, 1988). A principal inovação foi a ampliação dos estudos sobre bandidos do sul e das ilhas de modo a incluir a Itália central e até o norte do país nos compilados in *Instituto "Alcide Cervi" Annali*, 2/1, 1980, principalmente a segunda parte, pp. 223-396, "Brigantaggio, ribellione e devianza sociale nelle campagne dell'Italia centrale". Para as regiões do norte da Itália, ver diversas monografias in G. Ortalli, op. cit. De especial interesse (não limitado a essa região) é a coleção de estudos do folclore da lei escritos por Luigi L. Lombardi e Mariano Meligrandea, que também se encarregaram da organização da obra, *Diritto egemone e diritto popolare: La Calabria negli studi di demologia giuridica* (Vibo Valentia, 1975).

No que diz respeito à ESPANHA, C. Bernaldo de Quirós e Luis Ardila, *El banditismo andaluz* (1933, reimpressão Madri, 1978), expõe os fatos tradicionais da região por excelência dos bandidos, mas as partes pertinentes de J. A. Pitt Rivers, *People of the Sierra* (Chicago, 1971), e J. Caro Baroja, *Ensayos sobre la literatura de cordel* (Madri, 1969), oferecem interpretações. Excelente e breve, Xavier Torres i

Sans, *Els bandolers (s. XVI-XVII)* (Vic, 1991), complementa agora Joan Fuster, *El bandolerisme català* (Barcelona, 1962-1963). As notas mencionam monografias sobre outras regiões espanholas.

Na GRÃ-BRETANHA continuam florescentes os estudos sobre Robin Hood. O tratamento mais sério é J. C. Holt, *Robin Hood* (Londres, 1982). O trabalho do professor Arfou Rees sobre proscritos e bandidos do País de Gales continua inédito. Não foi publicado nada de interesse comparável sobre salteadores de estradas. A obra mais interessante na FRANÇA trata também da evolução da lenda e da tradição sobre os bandidos e é citada sob essa rubrica. A obra mais completa, *Mandrin*, de L. F. Funck Brentano (Paris, 1908), é antiga e destituída de perspicácia. No entanto, para a delinquência e seu tratamento no Languedoc do século XVIII, várias obras de Nicole Castan e Yves Castan são confiáveis e perceptivas. Os trabalhos de Richard Cobb sobre o período revolucionário contêm interessantes detalhes. Os estudos sobre o banditismo floresceram na ALEMANHA, estimulados pelas controversas teses de Carsten Kuther, *Räuber und Gauner in Deutschland: das organisierte Bandenwesen im 18. und fruhen 19. Jahrhundert* (Gottingen, 1976). A principal contribuição é de Uwe Danker, *Räuberbanden im Alten Reich um 1700: Ein Beitrag zur Geschichte von Herrschaft und Kriminalitat in der Fruhen Neuzeit* (Frankfurt, 2 vols., 1988). Para uma análise de um bando famoso na ÁUSTRIA, ver Michael Pammer, "Zur Johann Georg Grasslischen Räuber Complicität" (*Historicum*, Salzburgo, 8/1988, pp. 29-33). Paul Hugger, *Sozialrebellen und Rechtsbrecher in der Schweiz* (Zurique, 1976), trata de um tema inesperado, o possível banditismo na SUÍÇA. Anton Blok, *De Bokkerijders: Roversbanden en geheime Genootschappen in de Landen van Overmaas [1730-1774]* (Amsterdã, 1991), é o tratamento mais completo desses bandos nos PAÍSES BAIXOS.

O banditismo na EUROPA ORIENTAL é analisado de maneira comparativa em Fikret Adanir, op. cit., e Imre Rácz, *Couches militaires issues da paysannerie libre en Europe orientale du quinzième au dix-septième siècles* (Debreczen, 1964). "Dimensions de la revolte primitive en Europe centrale et orientale", publicado no boletim do Groupe de Travail sur l'Europe Centrale et Orientale, Maison des Sciences de l'Homme, Paris: *Questions et débats l'Europe centrale et orientale*, n° 4, dezembro de 1985, pp. 85-135, não está em todas as bibliotecas, mas é muito relevante para a GRÉCIA, a ROMÊNIA e a ARMÊNIA. Sobre a RÚSSIA parece ter saído pouca coisa em outras línguas depois da publicação de Denise Eeckhoute, "Les brigands en Russie du dix-septième au dix-neuvième siècle" (*Revue d'Histoire moderne et contemporaine*, 2/1965, pp. 161-202). Sobre a BULGÁRIA, ver Georg Rosen, *Die Balkan-Haiduken* (Leipzig, 1878), obra velha mas valiosa, e B. Tsvetkova, "*Mouvements anti-féodaux dans les terres bulgares*" (*Études Historiques*, Sófia, 1965). Considero A. V. Schweiger-Lerchenfeld, *Bosnien* (Viena, 1878), útil para a antiga IUGOSLÁVIA, como também G. Castellan, *La vie quotidienne en Serbie au seuil de l'independance* (Paris, 1967). Com relação à GRÉCIA, os principais especialistas parecem ser Dennis Skiotis, "From bandit to Pasha: the first steps in the rise to power of Ali of Tepelen", *Journal of Middle Eastern Studies*, 1971/2, pp. 219-244, e S. D. Asdrachas (cf. "Quelques aspects du banditisme social en Gréce au XVIIIe siècle", *Études Balkaniques*, 1972/74, Sófia, pp. 97-112). Não conheço nenhum estudo em língua não eslava sobre o banditismo polonês ou eslovaco, mas no que se refere à região CÁRPATOS-UCRÂNIA temos a reportagem de Ivan Olbracht, *Berge und Jahrhunderte* (Berlim Oriental, 1952), a matéria-prima para seu esplêndido romance (ver adiante).

Na AMÉRICA DO NORTE o banditismo foi tratado em inúmeros livros especializados e em um número ainda maior de filmes e obras de ficção. Basta mencionar William Settle, *Jesse James was His Name* (Columbia, Mo., 1966), Stephen Tatum *Inventing Billy the Kid: Visions of the Outlaw in America, 1881-1981* (Albuquerque, 1982), e Richard White, "Outlaw Gangs of the Middle American Border: American Social Bandits" (*Western Historical Quarterly*, 12 de outubro de 1981, pp. 387-408). James R. Green, *Grass-Roots Socialism: Radical Movements in the American Southwest 1895-1943* (Bâton Rouge, 1978), é uma preciosidade. Kent L. Steckmesser, "Robin Hood and the American Outlaw" (*Journal of American Folklore*, 79, 1966, pp. 348-355), proporciona uma base para se fazer comparações. Pat O'Malley, "The Suppression of Banditry: Train Robbers in the Us Border States and Bushrangers in Austrália" (*Crime and Social Justice*, 16, inverno de 1981, pp. 32-39), vincula Estados Unidos e a AUSTRÁLIA, e sobre esta última cabe citar Pat O'Malley, "Class Conflict, Land and Social Banditry: Bushranging in Nineteenth-Century Austrália" (*Social Problems*, 26, 1979, pp. 271-283). Para a crítica de O'Malley a Hobsbawm, ver o Pós-Escrito. Sobre o mais famoso dos bandidos australianos, ver F. J. Mcquilton, *The Kelly Outbreak, 1878-1880: The Geographical Dimension of Social Banditry* (Melbourne University Press, 1978), John H. Philips, *The Trial of Ned Kelly* (Sydney, 1987), e D. Morrissey, "Ned Kelly's Sympathisers" (*Historical Studies*, 18, 1978, Universidade de Melbourne, p. 228-296).

Atualmente as boas biografias de bandidos em geral são escritas por historiadores (ver as citadas anteriormente), embora às vezes também por escritores, e entre essas destaca-se Gavin Maxwell, *God Protect Me From My Friends* (Londres, 1957), biografia do bandido siciliano Giuliano. Uma vez que os dados autobiográficos dos bandidos nos chegam quase sempre através das penas ou dos teclados de terceiros, devem ser vistas com cautela, como no caso de Panayot Hitov, o *haiduk* búlgaro (in G. Rosen, op. cit), e mais ainda no de Crocco, bandoleiro do sul da Itália (in F. Castella, *Il brigantaggio, ricerche sociologiche e antropologiche*, Aversa, 1907). E. Morsello S. de Sanctis, *Biografia di um bandito: Giuseppe Musolino di fronte alla psichiatria e alla sociologia. Studio medico-legale e considerazioni* (Milão, 1903), é outro produto da mesma escola de criminologia italiana. As declarações de primeira mão na bibliografia do banditismo sardo e dos cangaceiros brasileiros também devem ser tratadas com cuidado.

Os estudos eruditos da TRADIÇÃO DO BANDIDO e da LENDA DO BANDIDO avançaram consideravelmente. Além das obras de Torres i Sans e de Danker já mencionadas, cumpre destacar a importante introdução de Roger Chartier em *Figures da gueuserie: Textes présentés par Roger Chartier* (Paris, 1982), especialmente pp. 83-106, e

Dominique Blanc-Daniel Fabre, *Le Brigand de Cavanac: le fait divers, le roman, l'histoire* (Editions Verdier, Lagrasse, 1982). Linda Lewin, "Oral Tradition and Elite Myth: The Legend of Antonio Silvino in Brazilian Popular Culture" (*Journal of Latin American Lore*, 5:2, inverno de 1979, pp. 157-204), é um exemplo magnífico desses estudos. Para as baladas e poemas propriamente ditos, R. Daus, *Der epische Zyklus der Cangaceiros in der Volkspoesie Nordostbrasiliens* (Berlim, 1969). No caso da Espanha, Julio Caro Baroja, op. cit. A. Dozon, *Chansons populaires bulgares inédites* (Paris, 1875), e Adolf Strausz, *Bulgarische Volksdichtung* (Viena-Leipzig, 1895), oferecem uma seleção razoável de baladas sobre *haiduks*. O resumo em inglês de J. Horak e K. Plicka, *Zbojnicke piesne sloveskoho l'udu* (Bratislava, 1963), que contém 700 canções sobre bandidos, todos eles da Eslováquia, é uma indicação do quanto a ignorância linguística nos impede de tomar conhecimento desses tesouros.

Entre os numerosos romances sobre bandidos, o melhor que conheço é, de longe, Ivan Olbracht, *Der Räuber Nikola Schuhaj* (Berlim Oriental, 1953). *Mehmed My Hawk*, de Yashar Kemal (Londres, 1961) — outro literato comunista —, é excelente. O romance clássico sobre bandidos é, naturalmente, o chinês *Shuihu Zhuan* (na moderna transliteração Pinyin), que Pearl Buck traduziu com o título de *All Men are Brothers*, Nova York, 1937. *Le roi des montagnes*, de E. About, é um panorama desencantado do banditismo grego posterior à liberação. Walter Scott, *Rob Roy* (com uma útil introdução histórica), é muito menos capcioso sobre seu tema do que *Ivanhoe*, do mesmo autor, no caso de Robin Hood.

Os bandidos têm sido tema de inúmeros filmes, programas de televisão e vídeos. Nada disso tem valor como fonte histórica, mas pelo menos dois nos ajudam a compreender bem melhor o ambiente do bandido: *Banditi ad Orgosolo*, de V. de Seta, e o magistral *Salvatore Giuliano*, de Francesco Rosi.

ÍNDICE

About, M. Edmond, 139
Adanir, Fikret, 199
Adrover Font, Pedro "El Yayo", 147
África, 27, 44
Agostinho, Santo, 81
Albânia, 31, 52
Albujar, Lopez, 90
Alemanha, 31
  banditismo social na, 197
  Facção do Exército Vermelho, 224, 227
  guerras do século XVII, 31, 43
  ladrões criminosos, 60-62
  Liga dos Proscritos, 143
  "romantismo de bandidos", 166, 184
  submundo criminoso, 201-204
Alier, Juan Martinez, 71
Alvarado de Santa Cruz (proprietário de terras, Peru), 122-123
América Latina, 9, 44
  Bolívia, 55, 90
  tradições de bandidos, 187-191.
    Veja também Argentina; Brasil; Colômbia; México; Peru
  Uruguai, 25, 227
Anarquistas, 143-145, 147-149
Anatólia, 23

Andaluzia, 48
  guerrilheiros anarquistas, 143
  ladrão nobre, 65
  mulheres bandidas, 173
Anderson, Clayton & Co., 180
antinomianismo e ladrões, 60, 200, 208-209
Argélia, 52, 142-143
Argentina
  bandidos *gauchos*, 197, 200
  cultos a bandidos, 75, 185-186
  e *"settler capitalism"*, 38
  guerrilheiros, 240
  jovens de classe média na, 223
  mulheres no banditismo, 173
armas
  monopólio das armas pelo Estado, 29-30
assaltantes de trens, 206
assaltos a bancos, 205-206, 215, 226-227
Austrália, 38, 211, 224-225
Avalos, sargento José, 180

Babel, Isaac, 135
Bakunin, M., 143, 144, 210
baladas, 111, 185, 225
  haiduk, 97, 99, 102, 104, 105

Bálcãs, 23, 44-45
　haiduks, 58, 97-99, 101, 102, 104, 106-107, 172, 199
　Veja também Albânia, Bósnia, Bulgária, Grécia, Macedônia, Montenegro, Império Otomano
bandidos
　libertação nacional, 32, 134-141
banditismo social, 9-11, 15, 21, 35-50
　críticas à tese do, 195-213
　mitos do, 11, 183-184
"Barbas Ruivas" da Manchúria, 25, 136
Bauman, Bommi, 226
beduínos, 36
Berenguer, Francisco, 159
Billingsley, *Bandits in Republican China*, 200
Blanco, Carrero, 223
Blok, Anton, 9, 195-196, 199
Bokkerijders, 201
Bolívia, 55, 90
Bolotnikov, Ivan Isauevitch, 131
Bósnia, 92-93, 129
Brantôme, Pierre, *Vie de dames galantes*, 178
Brasil, 44-45, 120-121
　cangaceiros, 24, 48-49, 84-88, 92, 189-191, 214
　mitos de bandidos, 164
　mulheres e banditismo, 172
　proprietários de terras, 117-118
　tradições de banditismo, 188-1901
Braudel, Fernand, 25, 42
Bückler, Johannes "Schinderhannes" (Alemanha), 62
Bulavin, Kondrati Afanasievjch, 131

Bulgária, *haiduks*, 99, 100, 107, 134
Bunge & Born, 180

Calábria, 40, 53, 73, 74
Capdevila, Ramon ("Caraquemada"), 146-147, 155
Cárdenas, Lázaro, presidente do México, 140
Carnarvon, lorde, 182
casamento
　e *haiduks*, 104-105
　e recrutamento para o banditismo, 53-54, 56
castas, 39, 103
Catalunha, 138
　bandido, 71
　bandidos barrocos, 178
　bandoleiros, 88
　expropriadores, 146-160
　mitos de bandidos, 185-186
Cáucaso, 133. *Veja também* Chechênia, Daguestão
cavalheiros-salteadores, 36, 59-60, 198-199
Cervantes, Miguel de, 166, 178
Chartier, Roger, 184
Chechênia, 10, 186
China
　áreas de banditismo, 39-41
　bandidos revolucionários, 30-31, 139
　banditismo e poder do Estado, 27, 30, 43-44
　Comunista, 32, 192
　dinheiro de resgate, 114
　e banditismo social, 208
　gíria de bandidos, 200

haiduks, 99, 109
mitos de bandidos, 183-184
monte Liang, 186
mulheres e banditismo, 173
rebeldes individuais, 57
recrutamento para o banditismo, 53-54
romance *À margem d'água*, 70-71, 101-102, 109, 136, 173
sociedades secretas, 62-63
tradições de banditismo, 191-192
Cícero, padre, 49, 87, 120-121
ciganos, 55, 60, 203, 209
Colômbia, 23, 40
bandidos revolucionários, 137-138
governo, 26
guerrilheiros, 29+
mulheres e banditismo, 171
Violencia, 88-89, 138, 190-191
Comunidade Econômica Europeia, 214
Conesa, 158
Confúcio, 191
Córsega, 40, 52, 75
cossacos, 55, 98, 104, 105, 109, 118, 128
como revolucionários, 130-131, 134-135
de Zaporójia, 105
costumes de bandidos, 57-58
crueldade no banditismo, 90-96
haiduks, 100-101
Cuba, 134

Daguestão, 68
Davis, Natalie, 29
desenvolvimento capitalista, e banditismo, 22-23, 27, 37, 38-39, 125-126, 213

desenvolvimento econômico e banditismo, 23, 27, 37, 38-39, 124-126
Díaz, Porfírio, 187
Djilas, Milovan, *Terra da Justiça*, 92-93
Donugayev (oficial muçulmano), 68
Dreyfus & Co., 180

economia do banditismo, 111-120
e intermediários, 113
e resgates, 112-114
"El Abissínio" (Jaime Pares), 147
"El Cubano" (Julio Rodríguez), 147
"El Sheriff" (Santiago Amir Gruana), 147
"El Yayo" (Pedro Adrover Font), 147
Engels, Friedrich, 222
Eritreia, 15-19
Escócia, Clã Macgregor, 123
Espallargas, Victor, 147
Espanha, 44, 58
bandidos nobres na, 178
conquistadores, 59
ETA Basco, 223. *Veja também* Andaluzia; Catalunha
mitos sobre bandidos, 185-186
Estados Unidos
"*robber barons*", 125-126
bandidos criminosos, 205-206
e "*settler capitalism*", 38
e banditismo social, 211-213, 214-216
Exército Simbionês de Libertação (Califórnia), 219-221, 222-223, 224, 227
faroeste, 187
ladrões nobres, 65-66

Nova York, 79
suprimento de armas, 29-30
ETA, 223
Etiópia, 15-19, 25-27
Exército Simbionês de Libertação (ESL), 219-221, 222-223, 224, 227
ex-militares no banditismo, 55, 56
expropriadores, 143-160

Facção do Exército Vermelho, 224, 226-227
Facerías, José Luis, 147, 155, 156, 157, 160
FARC (Forças Armadas da Revolução Colombiana), 138, 190
"filhos da violência", 93-95
Finn, Huckleberry, 166, 202
Floresta de Sherwood, 70, 102, 186
folhetos, 175, 185, 189, 225
Folville, Lei de, 179
fome, e banditismo, 24, 42
Ford, Robert, 75
França
  nômades, 202
  Os três mosqueteiros, 59
  Poitou, 184
  sul, 187
Franco, general Francisco, 128,129

Garibaldi, Giuseppe, 47, 128, 136
Garrett, Pat, 75
Giarizzo, Giuseppe, 197-198
Gíria, 60, 101, 200
Gramsci, Antonio, 23
Grécia, 44-45
  klephts, 97, 101, 102, 104, 134, 140, 164, 200
  montanhas Ágrafas, 108

Gruana, Santiago Amir "El Sheriff", 147
Guerra Civil Espanhola (1936-1939), 143
guerras balcânicas, 129
guerras revolucionárias francesas, 31, 43
Guzmán, M. L., *Memórias de Pancho Villa*, 176
Guzmán, monsenhor Germán, 94-95

haiduks, 39, 58, 97-110, 164, 184, 199
  crueldade, 100, 101
  e bandidos revolucionários, 129, 134, 136
  mitos de, 177
  mulheres, 105-106, 172
  organização social, 104-105, 106-107
Hearst, Patty, 225
Hearst, William Randolph Jr., 219, 227
Homem e super-homem (Shaw), 44
Hungria, 59
  bandidos guerrilheiros, 133-134
  haiduks, 98
  Kuncsàg, 38
  szégeny légeny das planícies, 53

Iêmen, 176
Império dos Habsburgos, 41
Império Otomano (Turco), 26-27, 28, 29, 31, 37, 41, 129, 199
Império Romano, 30
Índia, 41
  aheriya de Uttar Pradesh, 42
  badhaks, 104
  banditismo social, 198

British Raj, 125
chuars de Midnapur, 52
comunidades *dacoit*, 103, 113-114, 118
gujars, 129-130
ladrão nobre, 70
ladrões criminosos, 61
sansia, 102-103
Indonésia
  magia e banditismo, 77
  haiduks, 99
  bandidos revolucionários, 129, 131-132, 136. *Veja também* Java
Internacional Comunista, 189-190
IRA (Exército Republicano Irlandês), 227, 228
Istrati, Panait, *Les Haidoucs*, 166
Itália
  Brigadas Vermelhas, 223
  Calábria, 40-41, 53, 73, 74
  e Etiópia, 16
  guerra dos bandidos (1861-5), 44-46, 49-50, 56-57, 128, 136
  Nápoles, 47

Japão, 25, 43, 192, 199
Java, 42, 48, 49, 77, 122, 132, 136
João Paulo II, papa, 182
Johnson, Samuel, 9
jovens como bandidos, 53-61
jovens de classe média e grupos neoanarquistas, 223, 228-229
Jover, Gregório, 150
Juarez, Benito, 187
judeus, 60, 61, 105, 203, 208, 209
justiça
  e banditismo social, 46
  e o ladrão nobre, 67-70, 78-81

"Kamo" (Semeno Ter-Petrossian), 146
Katz, Friedrich, 10
Kemal, Yashar, *Mehmed, meu gavião*, 72, 89, 166
Kraljevic, Marko, 165
Krassin, L.B., 145
Küther, Carsten, 201, 203, 209
Kurosawa, Akira, 30, 199

Ladrão nobre, 65-81
  e a justiça, 67-70, 78-81
  e *haiduks*, 101
  imagem do, 66-67
  mitos de, 177-182
  moderação no uso de violência, 70-73
  proteção por meio de magia, 77-78
ladrões, 26, 35, 36
Langland, William, (*Piers Plouman*), 179
"La Violencia" (Colômbia), 40, 93-95, 138, 190-191
Leguía, presidente do Peru, 123
lei, poder do Estado e banditismo, 27-28
Lenin, V.I., 135, 145
Levi, Carlo, 165
Liga dos Proscritos, 143
línguas, de excluídos criminosos. *Veja* gíria Meyer Lansky, 208
Litvinov, 145
Lope de Vega, 178
Lopes, Manoel, 85
López Penedo, José, 147, 154-155

Macedônia, 40
  bandidos nobres, 73-74

BANDIDOS | 245

Organização Revolucionária Interna da Macedônia (ORIM), 73, 136
Madero, Francisco, 135
Madrigal Torres, Rogelio, 158
magia, proteção de bandidos por meio de, 77-78, 165
Mao Tsé-tung, 136, 141
Maquiavel, N., 171
Martí, José, 134
Martínez, Paco, 147
Marx, Karl, 143, 208
meios de comunicação e banditismo social, 224-226
México
  e banditismo social, 228-229
  revolução mexicana, 135, 140, 188
  tradições de banditismo, 187-188
milênio, 14, 48, 51, 110, 132, 191, 213
Miracle, Antonio, 158
Mirditi (albaneses), 39
modernização e o desaparecimento do banditismo, 38-39, 41
Montanhas Ágrafas, 108
Montejo, Esteban, 70
Montenegro, 92-93
montoneros, 173, 187
moralidade sexual
  e cangaceiros, 87
  e "filhos da violência", 94
Moricz, Zsigmond, 166
Morlachs da Dalmácia, 106
Moro, Aldo, 223
Moss, David, 211
movimento apocalíptico, 48, 49-50
movimento Cristero, 140-141

mulheres e banditismo, 171-174, 197-198
  e "defesa da honra", 173-174
  e estupro, 171
  e o Exército Simbionês de Libertação, 221
  haiduks, 105-106, 172-173
muridismo, 133
Murphy, Jum, 75

Nápoles, 47
Nepal, 52
Nolan, Sydney, 167
nômades, 202-203
Nun, José, 180

O'Malley, Pat, 212
Oklahoma, 206-207
Olbracht, Ivan, 169
Olimpíadas de Munique (1972), 227
Oliver, Garcia, 149-150
Ópera dos três vinténs, 210
Os sete samurais (Kurosawa), 30

pacto com o diabo, 60
País de Gales, 186, 217
Pares, Jaime, "El Abissínio", 147
Partido Comunista
  Brasil, 189
  China, 137, 192
  Índia, 198
  Montenegro, 93
pastores, 56
Pasvan (Osman Pasvanoglu), 108
Pedrero, José Pedrez, "Tragapanes", 147

Peru
  bandidos de "oposição", 122-124
  dos Estados nacionais, 28-29
  dos Estados territoriais, 28-29
  e política, 119-126
  ladrões nobres, 70
  mulheres e banditismo, 172-173
  o banditismo e a história do, 25-32
  poder e aspectos econômicos do banditismo, 115-117
  recrutamento para o banditismo, 54
  rixas de sangue em Huanuco, 88, 90
  variações regionais no banditismo, 41, 47
política do banditismo, 119-126, 138-141, 196
Polônia, lenda de Salapatek, 181-182
Prestes, Luis Carlos, 120-121, 191
Primitive Rebels (Hobsbawm), 9, 228

Quintela, señor (policial de Barcelona), 154, 155

Ramos, irmãos (Peru), 122, 123
Razin, Stenka, 131, 164
rebeldes individuais, 57
resgates, 114
Retana, Antonio, 69
revolucionários, 48, 127-141
  e ladrões nobres, 80-81
  e *haiduks*, 109-110
  e o submundo de criminosos, 127-128, 201
  e expropriadores, 143-160
  grupos neoanarquistas, 228-229
revoluções francesas, 128

Richter, Herr, 104
Ritson, Joseph, 183-184
rixas de sangue, 22, 88
  na Eritreia, 15
  no Peru, 88-90
  violência e crueldade nas, 91-93
robber barons, 58, 125, 177
Rodríguez, Julio, "El Cubano", 147
Romantismo e mitos sobre bandidos, 183-184
Roosevelt, F. D., 211
Ruíz, Martin, 158
Rússia, 41, 125-126
  bolchevistas, 145-146
  Cáucaso, 133
  desaparecimento do banditismo na, 37-38
  expropriadores na Rússia czarista, 144
  intelectuais *narodnik*, 145, 219. *Veja também* cossacos
  recrutamento para o banditismo, 54-55

Sabaté Llopart, Francisco "Quico", 146-160
Sabaté Llopart, Manolo, 150, 155-156
Sabaté Llopart, Pepe, 150, 151, 154-155
salteadores de estradas, 38, 211-213
sansia, 103
Sardenha, 37-38, 42, 44, 115, 136, 211, 216, 225
Schiller, Friedrich, *Os ladrões*, 60, 68, 167
Scott, Walter, 166
  The Two Drovers, 22

Segunda Guerra Mundial, 17, 71
sequestros, 114, 176, 211, 216-217, 223-224, 226
Seretan, L. Glenn, 211-212
Shamyl, 133
shiftas. *Veja* Etiópia
Shuihu Zhuan (romance de bandidos da China imperial), 32, 70, 183, 191
Sicília, 133, 218
  e a política do banditismo, 126
  máfia, 58, 63, 115
Skanderbeg, 165
SLA. *Veja* Exército Simbionês de Libertação (SLA)
Sleeman, Sir W. H., *Jornada através do reino de Oudh*, 122
Sociedades agrícolas
  e banditismo social, 38-39
  e banditismo, 22-25, 27, 43
  e o recrutamento de bandidos, 52-56
  transição para o capitalismo, 214-218
  Veja também sociedades camponesas
sociedades camponesas
  e aspectos econômicos do banditismo, 113, 114-115, 116-117
  e bandidos revolucionários, 127-130
  e banditismo social, 35-39, 43, 49-50, 198-199, 205, 206-209, 211-213
  e ladrão nobre, 74, 75
  e o bandido como símbolo, 163-166
  política nas, 119-126
  recrutamento para o banditismo nas, 51-56
sociedades de classes, e banditismo, 23-24, 27, 198-199

sociedades rurais
  Veja sociedades agrícolas, sociedades camponesas
Stalin, Joseph, 145-146
submundo de criminosos, 60-63
  Alemanha, 201-204
  e banditismo social, 204-210
  e revolucionários, 127-128
Suíça, 52
Sukarno, Ahmed, 132, 136
Surovkov (cossaco), 134-135
Ter-Petrossian, Semeno "Kamo", 146
Tirso de Molina, 178
Touraine, Alain, 219
trabalhadores sem terra como bandidos, 52, 56
Trotski, L.D., 208
Tunísia, 113
Tupamaros, 226
Turco, Império. *Veja* Império Otomano (Turco)

Ucrânia, 37
  haidamaks, 97
Uma residência na Bulgária, 100
urbanização e banditismo, 166-168, 218-219
Uruguai, 25, 226

valentões, 59, 75
variações regionais no banditismo, 40-42
vingadores, 36, 83-96, 177

Warhol, Andy, 225-226
Weitling, Wilhelm, 143-144

Zabelê (poeta), 85-86
Zapata, Emiliano, 140-141
Zapata, Victor, 50
Zlotnicky, Konstantin, 95-96

Os bandidos

Alama, Froilán (Peru), 172-173
Andras, Juhasz (o Pastor Andras), 165, 167
"Angiolillo" (Angelo Duca, sul da Itália), 67, 76
Angrok, Ken (javanês lendário), 109
Arriaga, Jesus (México), 188
Artigas, José Antonio (Uruguai), 25

Baader-Meinhof, grupo, 224
badhaks (comunidade *dacoit* do norte da Índia), 70
Bai Lang (China), 191
Barrow, Clyde (EUA), 126, 213, 215, 225
Bass, Sam (EUA), 75
Benel Zuloeta, Eleodoro (Peru), 122
Bernal, Heraclio (Sinaloa), 188
Billy the Kid (EUA), 70, 71
Bonita, Maria (Brasil), 106, 172
Bonnie e Clyde (EUA), 126, 212, 215, 225
Borrego, Luis, 72
Bujadin (Bósnia), 107
Bukovallas (*klepht* grego), 164, 168

Cartouche, Louis-Dominique (França), 62, 164
Caruso, Michele (sul da Itália), 83

Casanova, Mamed (Galiza), 182
Chang-Tsolin, *ver* Zhang Zuo-lin
Ch'ao Kai (chinês lendário), 70
Chapanay, Martina (Argentina), 173, 198
Christov, Kota (Macedônia), 73
Chucho El Roto (México), 188
"Cinicchio" (Nazzareno Guglielmi, Úmbria), 184
Corisco (Brasil), 138, 172
Corrientes, Diego (Andaluzia), 54, 66, 70, 76, 79, 164, 168
Cosido, Mate (Argentina), 68, 180, 197, 215, 225
"Crocco" (Carmine Donatelli), 45, 49

Dadá (Brasil), 172
Dillinger, John (EUA), 215
Donatelli, Carmine "Crocco" (sul da Itália), 45
Dovbus, Oleksa (Cárpatos-Ucrânia), 75, 95, 168
Duca, Angelo ("Angiolillo", sul da Itália), 67

"El Barbudo" (Jaime Alfonso), 182
"El Pernales" (Francisco Ríos, Andaluzia), 44, 76

"El Tempranillo", José María, 54, 67, 72, 79

Floyd, Pretty Boy, 215

Gajraj (norte da Índia), 118
Gallo, Giacomo del (Bolonha), 21, 22
García, Manuel (Cuba), 134, 168
Giuliano, Salvatore (Sicília), 13, 67, 75-76, 79, 133, 168, 176-177
Golowran, Luka (Bósnia), 107
Grujo (Bósnia), 107
Guglielmi, Nazzareno "Cinicchio" (Úmbria), 184
Guilleri (Poitou), 184

He Jong (China), 137
Hitov, Panayot (Bulgária), 51, 99, 100, 108, 134, 138
Hood, Robin, 19, 38, 39, 65-78, 100-101, 166, 169, 175, 228-229
  baladas, 179
  e neoanarquistas, 226
  e banditismo social, 183-184, 186-187, 198-199, 207-208, 211, 213, 214
  e *haiduks*, 101-102, 103-104
  e ladrões criminosos, 62
  e ladrões nobres, 177, 178-180
  mito de, 24, 163-164, 164-165, 167-168, 196-197

Indje (Bulgária), 74

James, irmãos, 215, 216, 217-218
James, Jesse (EUA), 68, 71, 74, 75, 76, 126, 212, 214-215, 217-218, 220, 225

Janosik, Juro (Esováquia), 54, 66, 89, 164, 168
Jennings, Al, 206
José, Don. *Veja* "El Tempranillo"

Kallua (norte da Índia), 130
Kelly, Ned (Austrália), 167, 212, 214, 225
Klostermayer, Matthias ("o Hiesel bávaro"), 197, 203
Koryo (Macedônia), 108

La Gala, Cipriano (sul da Itália), 47
Labareda (Ângelo Roque, Brasil), 67, 87
Lampião (Virgulino Ferreira da Silva, Brasil), 49, 54, 84-87, 92, 106, 113, 120-121, 138, 185
  e mulheres, 171-182
  e política, 189-190
  filme de, 189
  folhetos de cordel sobre, 168
  inventário do equipamento, 112

Mandrin, Robert (França), 62, 80, 164
Márquez Zafra, Maria (La Marimacho), 174
Martino, Nino (Calábria), 91
"Mehmed Magro" (Turquia), 54
Melnikov (Rússia), 70
Mesazgi, irmãos, 15-19, 197
Mesazgi, Weldegabriel (Eritreia), 15-19
Mihat, o Pastor (Bósnia), 107, 165, 168
Millionis, Christos (Grécia), 164

minas (Comunidade *dacoit* Indiana), 70, 118
Murieta, Joaquín (californiano lendário), 24, 88, 90, 166
Musolino, Giuseppe (Calábria), 65, 74, 79, 168, 180-182, 215

"Ninco Nanco" (Giuseppe Nicola Summa, sul da Itália), 45
Novak (Bósnia), 107

Palafox, Santana Rodríguez (México), 188
Palma, Rosa (Peru), 173
Pardo, Luis (Peru), 69
Parker, Bonnie (EUA), 126, 212, 215, 225

Radivoj (Bósnia), 107
Rado de Sokol (Bósnia), 107
Ramos, Bárbara, 173
Ramosi (Comunidade *dacoit* Indiana), 118
Barbas Ruivas (Manchúria), 136-139
Rinaldini, Rinaldo (bandido literário alemão), 166
Rio Preto (Brasil), 84
Ríos, Francisco ("El Pernales", Andaluzia), 44
Rob Roy Macgregor (Escócia), 124, 164, 166
Roca, Antonio (Catalunha), 178
Rocaguinarda (Espanha), 178
Rojas, Teófilo "Chispas" (Colômbia), 94
Romano, Sargento (sul da Itália), 76
Roque, Ângelo "Labareda" (Brasil), 67, 87

Rósza, Sandor (Hungria), 133, 166, 168
Ruirías, Rosa, 173

Salapatek, Jan "O Águia" (Polônia), 181-182
Salembier, grupo (França), 61
Santanon (México), 168
Schattinger (Bavária), 61
"Schinderhannes" (Johannes Bückler, Alemanha, 62, 164
Schuhaj, Nikola, 166, 169
Sciarra, Marco (sul da Itália), 164, 196
Serrallonga (Catalunha), 164, 168
Silva, Virgulino Ferreira da. *Veja* Lampião
Silvino, Antônio (Brasil), 84, 86, 185, 189
Su Sanniang, 173
Summa, Giuseppe Nicola "Ninco Nanco" (sul da Itália), 45
Sung Chiang (chinês lendário), 168

Tatuncho (Bulgária), 99-100
Tewodros (Teodoro) II da Etiópia, 25
Turpin, Dick (Inglaterra), 62, 164

Vardarelli (sul da Itália), 80
Vatach, Doncho (Bulgária), 100, 168
Villa, Francisco "Pancho" (México), 10, 57, 67, 69, 113, 135, 139, 140, 176, 188, 189
Visnic, Ivan (Bósnia), 107

Zelim Khan (Cáucaso), 68, 133
Zhang Zuo-lin (guerreiro manchu), 25

Este livro foi composto na tipografia Dante MT Std, em corpo 12/15,5, e impresso em papel off-white no Sistema Digital Instant Duplex da Divisão Gráfica da Distribuidora Record.